JN123960

憲法判例集 要旨

中里 和伸 ［著］

三惠社

は　し　が　き

1. 本書の目的

　憲法を学ぶ目的は、憲法の条文（前文を含む全 103 箇条）に何が書かれているかということを知ることだけにとどまらない。

　筆者が考える「憲法を学ぶこと」の大きな意味の一つは、世の中に生起する多数の出来事の中で、いわゆる「憲法問題」と評価されるべき事柄を見極める力を身につけること、及び、それが仮に裁判所に事件として持ちこまれた場合に裁判所がどのような論理を使ってどのような判断（結論）を下すだろうかということを合理的に推測できる力を身につけることである。そして、これらの力は憲法の条文だけを何度繰り返し読んだとしても決して身につかないのである。

　この点に関連してわかりやすい例を挙げれば次のとおりである。

　例えば、憲法 21 条 1 項は、「集会、結社及び言論、出版その他一切の表現の自由は、これを保障する。」と規定しており、この「一切の」という文言からすれば、ありとあらゆる表現の自由が人権として保障されているかのようにも読める。

　しかしながら、実際には他人の名誉を侵害する内容の言動（表現）は許されていないし、脅迫的な言辞等も同様に許されない。

　このように、「一切の表現」の「自由」といっても、そこには自ずから一定の限界がある。

　そうすると、憲法上「許される表現」と「許されない表現」という区別が存在することになるが、その具体的な区別の基準を知るためには、それが実際に争点となった事件（裁判例）を知ることが最も効果的である。

　筆者が本書を執筆した最大の動機はこの点にあり、「憲法問題」が何であるかを知るためには、現実に憲法の適用等が問題となった裁判例（憲法裁判）を知る必要がある。

　そこで、本書では「憲法判例」を古いものから順にできるだけ数多く網羅的に紹介することとした。

　また、高校生を対象にして書かれたと思われる「用語集　政治・経済　新訂第 8 版」（清水書院、2021 年）には、「平和的生存権」という項目があり、その用語の説明として「…人権のなかで最も基本的な権利とされる。」と記述されている（同書、74 頁）。

　同様に、同書 71 頁には「環境権」の用語説明として「人間が健康で文化的な生活のために必要な環境を保有・維持する権利。憲法第 13 条の幸福追求権、第 25 条の生存権を根拠にして主張されている。」と記述されている。

　これらを読むと「平和的生存権」や「環境権」は憲法上重要な権利として実際に人権として国民に保障されているかのようにも見える。

　しかしながら、現実の裁判においてこの「平和的生存権」や「環境権」を根拠とした主張が認められることは殆ど無いし、このことは本書に掲げた裁判例一覧表を見れば一目瞭然であろう。

　このように、本書は、巷に流布している「憲法についての誤解」を解くこ

とも付随的ではあるがその目的としているといえる。

2. 本書執筆のきっかけ

　憲法学者の先生方が書かれた憲法の教科書・基本書の類には、重要な憲法判例を文献とともに日付順に羅列した索引（「判例索引」）が付されているものが多い。

　その中で、尾吹善人教授が書かれた「基礎法学双書1　基礎憲法」（東京法経学院出版、1978 年）には、読者の便宜のための工夫が施されていて、その巻末（349 頁以下）の「判例索引」には、通常の書籍のそれとは異なって、憲法判例の年月日・文献のみならず、各裁判例の判断の要旨が端的にまとめられているという点が特徴的である。

　筆者はこの尾吹先生の工夫に倣い、これを全ての憲法判例に応用できないかと考えた結果、本書の執筆を思いついたのである。

　「憲法判例集」と銘打った書籍はこれまでも数多く出版されていることは筆者も重々承知しているが、従前の「憲法判例集」は筆者から見ると網羅性の点で不十分であった。

　そこで、本書ではその点を克服すべく、収集可能な憲法判例は全て収録することを心掛けた。

3. 掲載判例の選択の基準

　本書に掲載した裁判例の取捨選択の基準について説明しておく。

　一口に憲法判例といっても、およそ裁判例は一般的に「民事判例」、「行政判例」、「刑事判例」の3つに区分されており（いわゆる「律令制度」における「律」は刑事法であり、「令」は民事・行政法のことである。）、「憲法判例」という分類は存在しない。

　そして、憲法81条が規定する違憲審査権は、具体的な事件を前提にして、その事件の解決に必要な限りで行使されることからすれば、憲法判例というのは、民事・行政・刑事のあらゆる事件において下される可能性があるし、実際にもそうである。

　他方で、何をもって「憲法判例」と呼ぶべきかという点については曖昧模糊としており、渡辺康行教授は、ジュリスト臨時増刊号 1420 号（2 頁）において、「憲法判例の特色の一つは、どこまでを憲法判例として扱うべきものかが明確でないことである。」と指摘している。

　そこで、筆者の方針としては、憲法学者の先生方がその書籍（判例索引）の中で憲法判例として紹介している裁判例を「憲法判例」として分類し掲載することとした。

　この判例の分類・取捨選択のために参考にさせて頂いた憲法学者の先生方の憲法に関する書籍は夥しい数に上る。例えば、戸松秀典先生は、「憲法」（弘文堂、2015 年）の「はしがき」において「憲法概説書といえる書は、他の法分野の概説書と比べ、おそらくもっとも多く存在するといえる。」、また、橋本基弘先生は、「憲法の基礎」（北樹出版、2000 年）の「はしが

き」において「憲法のテキストはおびただしい数にのぼる。」、さらに、覚道豊治先生も、「憲法[改訂版]」（ミネルヴァ書房、1977 年）の「はしがき」において「日本国憲法の概説書はすでに秀れたものが沢山出版されていて、あらたに加えるべきこともないようである…。」と各々述べられているように、憲法の概説書は、1977 年（昭和 52 年）当時でさえ、とにかくその数が多いため、本書においてそれらの全てを参考文献として紹介することはできない。

　ただ、その一方で、筆者は、憲法学者の先生方が書かれた憲法の概説書が一体何冊くらいあるのかということについて関心があり、それについて調査しそれらを読み漁ったことがある。そして、それらの書籍の中でも、憲法上の各論点についての筆者の考え方と波長の合うものとそうでないものとがあり、筆者はそれをその都度記録に残しているので、この点については別の機会に書籍にまとめてみたいと思っている。

4. 憲法判例の重要性

　憲法判例の重要性については、宮澤俊義教授が「判例タイムズ　第一輯」（1948 年、1 頁以下）にて、「新憲法と判例研究の意義」と題して次のように述べられているのが参考になる。

　「判例研究の重要性は、新憲法の施行と共に、飛躍的に大きくなつた。明治憲法の下においても、それが大きなものであつた…が、新憲法の下では、それと比較にならないくらいに、大きなものになつたのである。…新憲法によつて、司法權の獨立が明治憲法時代よりも強化されることになつた…。…しかし獨立には責任を伴うことを忘れてはならない。權力をもつ者は、謙抑でなくてはならない。權力者が謙抑の心を失うことは、權力を濫用することであり、權力を濫用することは權力の存在理由を否定することである。」

5. 判例一覧表作成の際の留意点

　本書に掲載した判例一覧表を作成するに当たって留意した点は以下のとおりである。

　第一に、条文は特に断りのない限り「憲法」を意味する。

　第二に、同一事件について上級審と下級審がある場合には、原則として上級審の方を優先して掲載した。

　第三に、同一の論点であっても、事件を異にする場合には重複を厭わず掲載することとした。このことにより、当該論点が裁判所で争われている頻度が理解できるはずである。

　第四に、本書は、憲法を試験科目とする資格試験等のいわゆる「受験対策」を直接の目的とはしていない。

　したがって、巷間の受験対策本にありがちな、例えば、判例としての重要度を☆の数などで示すというようなことはしていない。

　ただし、現在の大学の法学部などで行われている憲法や法学の講義において、学生が学ぶべき憲法判例は全て網羅しているという自負はあるので、短

時間にそれを一覧したいという要望には一定程度対応できると思われる。

　その一方で、個々の裁判例に対する説明は極めて簡素であるため、その点については定評のある憲法の教科書（基本書）や「憲法判例百選」（有斐閣）等の判例集にて補う必要があることは当然である。

　その意味において、本書はいわゆる副読本（サブリーダー）として辞書代わりに使用することも可能であろうと思われる。

　第五に、個々の判例の年月日の表記は元号年に統一した。

　この点については、芦部信喜「憲法［新版・第二版］」（岩波書店）の「はしがき」に、「近時刊行の概説書をみると、日本の判例等で用いられる元号年に西暦年を併記したり、もっぱら西暦年を用いるものも目につくが、本書では判例については判例原本どおりすべて元号年のみとした。」とあるので本書もこれに倣うこととした。

6. 本書の使用方法等

　本書は通常の書籍と同様最初から通読することもできるが、それ以外にも最高裁（大法廷）判例だけを優先して読むという方法、あるいは、事件名が付されている有名な判例だけを先に読むという方法等が考えられる。その他にも考えられるだろうが、この点については個々の読者の方々のご判断に委ねたい。

　筆者にとって「憲法の本を書く」ということは永年の念願であった。判例一覧表の作成には相当の労力を費やしたが、漸くこのような形で出版できる機会を得たことは大変に嬉しい。

　憲法を学ぶ一人でも多くの方々が本書を手に取って頂き、かつ、何らか僅かでも得るものがあったと感じて頂けたならば、筆者としては正に恐悦至極の思いである。

　本書を著すにあたっては、当然のことながら多くの先生方の著書・論文などを参照させて頂いた。

　また、筆者の所属する法律事務所の優秀な事務員（宮代明日香さん、山口友香さん）には、本書の企画の段階から判例の収集、原稿のワープロ入力、及び校正作業等を手伝って頂いた。この場を借りて深く厚く御礼申し上げたい。

　本書にて紹介した各裁判例については、要旨のまとめ方が簡素に過ぎ、かつ、筆者の力量不足に伴う誤読やまとめ方の不備等もあり得るので、詳細については読者の方々において極力原典に当たって頂きたい。

　最後に、今後も出され続けるであろう憲法判例については、本書に対する大方のご批判やご助言等も踏まえて、時期を見て補充することができればと思っている。

令和5年11月　日

辯護士　中　里　和　伸

【凡例】

　本書に掲載した「判例一覧表」の作成にあたり、略記した判例集は次の略語によった。

一審刑集→第一審刑事裁判例集
下刑→下級裁判所刑事裁判例集
下民→下級裁判所民事裁判例集
行月→行政裁判月報
行集→行政事件裁判例集
金商→金融・商事判例
刑資→刑事裁判資料
刑集→最高裁判所刑事判例集
刑録→大審院刑事判決録
高刑→高等裁判所刑事判例集
高刑速→高等裁判所刑事裁判速報集
高刑特→高等裁判所刑事裁判特報
高検速報→高等裁判所刑事裁判速報
高民→高等裁判所民事判例集
交民→交通事故民事裁判例集
裁時→裁判所時報
裁判集刑／集刑→最高裁判所裁判集刑事
裁判集民／集民→最高裁判所裁判集民事
ジュリ→ジュリスト
ジュリ臨増→ジュリスト臨時増刊号
訟月→訟務月報
新聞→法律新聞
税資→税務訴訟資料
大刑集→大審院刑事判例集
大民集→大審院民事判例集
弾裁集→裁判官弾劾裁判所裁判例集
東高民時報→東京高等裁判所民事判決時報
判時→判例時報
判自→判例地方自治
判タ→判例タイムズ
別冊ジュリ→別冊ジュリスト
法教→法学教室
法セ→法学セミナー
民録→大審院民事判決録
労経速→労働経済判例速報
労民→労働関係民事裁判例集
D1LAW→第一法規判例データベース
TKC→TKC法律情報データベース
WLJ→Westlaw Japan

番号	最高裁長官	裁判例		判例通称名	主な出典	
1		大審院	明治 24.5.27	大津事件	新聞	214・27
2		大審院	明治 43.11.2		民録	16・745
3		大審院	大正 2.7.11		刑録	19・790
4		大審院	大正 5.6.1		民録	22・1088
5		大審院	大正 7.9.30		民録	24・1759
6		大審院	大正 14.11.28	大学湯事件	大民集	4・670
7		行政裁判所	昭和 2.12.27		行政裁判所判決録	38・1330
8		大審院	昭和 3.12.28		大民集	7・1128
9		大審院	昭和 4.5.31		大刑集	8・317
10		大阪地裁	昭和 8.3.7		新聞	3528
11		大審院	昭和 10.3.25		大刑集	14・339
12		大審院	昭和 12.3.3		大刑集	16・193
13		大審院	昭和 16.2.27		大民集	20・118
14	初代最高裁長官	最判	昭和 22.11.29		裁判集刑	1・115
15		最大判	昭和 23.3.10		刑集	2・3・175
16		最判	昭和 23.1.27		刑集	2・1・11

1　これは文科省検定済の高等学校の歴史教科書にて、当時就任したばかりの大審院長児島惟謙が『司法権の独立』を守ったとして扱われることが多いが、筆者としては、この事件の際に、日本の将来を憂い被害者に対する謝罪の遺書を残し若くして自殺した畠山勇子（「烈女」とも呼ばれる）にも是非言及して欲しいと思う。

番号	憲法判断等

1　被害者ニコライ二世は日本の皇族ではない以上、日本の皇族を被害者とする旧刑法116条（大逆罪）を類推適用することをせず、謀殺未遂罪により無期徒刑とした。なお、事件の発生日は明治24年5月11日であるから、極めて異例のスピード判決である。

2　論評によっても名誉毀損は成立する。

3　裁判所が司法権を行使するに当り、適用すべき法律・命令がいやしくもその形式において欠けるところがない以上は、さらに進んでその実質が憲法違反の法律ではないか、もしくは、法律違反の命令ではないかを審査し、その適用を拒むことができるものではない。

4　国家権力の行使を「権力的作用」と「非権力的作用」に区分し、後者については、民法の不法行為の規定を適用し、国の損害賠償義務を認めた。

5　選挙訴訟の審判にあたり人証検証または鑑定等の方法により誰に投票したかの公表は強制できない。

6　「老舗」を法益として認めた。

7　行政裁判所は法律の内容が憲法に違反するや否やを審査する職権を有せざるものなり。

8　手形金支払請求事件における期日の呼出は当事者たる外国（中華民国）に対して強制することはできない。

9　我帝国は萬世一系の天皇君臨し統治権を綜覧し給ふことを以てその國體となす。

10　流木権（河川の流れを利用する権利）は慣習によって認められた一種の財産権たる私法上の権利である。

11　人の病気平癒の祈祷を業とする者が精神病者に憑いた狸を追い出す目的で身体を押さえつけ硫黄や線香の燻煙を吸引させて苦通悩乱の末に心臓麻痺で死亡させた行為について業務上過失致死罪を認めた。

12　外為法に基づく命令において密輸出の予備をしてはならない旨の規定を設けることは委任の範囲を超え無効である。

13　官吏又は公吏が統治権に基づく権力行動に属する職務を執行するに当たり不法に私人の権利を侵害しこれに損害を被らしむるも国家又は公共団体としては被害者に対し不法行為上の責任を負うことなきものとする。

14　被告人の公判廷の自白は38条3項等にいわゆる「本人の自白」に当たらない。

15　事実認定に対する非難を理由とした上告を認めないこととした刑事訴訟法応急措置法の規定は憲法違反ではない。また、刑事裁判における審級制につき、事後審査制・覆審制のいずれを採用するかは立法事項であり、現行法を違憲とはいえない。

16　「本人の自白」の内には、公判廷においてなした被告人の自白は含まれない。

3　現行憲法における違憲審査権（81条）と対比して理解するのに格好の素材となる裁判例であるものの、この裁判例を紹介する基本書は稀である。

17		最大判	昭和 23.2.6		刑集	2・2・17
18	三淵忠彦（みぶちただひこ）	最判	昭和 23.2.12		裁判集刑	1・335
19		最大判	昭和 23.3.12	尊属殺人死体遺棄事件	刑集	2・3・191
20	在任期間	最大判	昭和 23.4.7		刑集	2・4・298
21	昭和22年8月4日〜同25年3月2日	最大判	昭和 23.5.5		刑集	2・5・447
22		最大判	昭和 23.5.26		刑集	2・5・517
23		最大判	昭和 23.5.26	不敬罪事件	刑集	2・6・529
24		最判	昭和 23.6.1		民集	2・7・125
25		最判	昭和 23.6.1		刑集	2・7・618
26		最大判	昭和 23.6.9		刑集	2・7・658
27		最大判	昭和 23.6.23		刑集	2・7・715
28		最大判	昭和 23.6.23		刑集	2・7・722
29		最大判	昭和 23.6.30		刑集	2・7・777
30		最大判	昭和 23.7.7		刑集	2・8・801
31		最大判	昭和 23.7.14		刑集	2・8・846
32		最判	昭和 23.7.17		裁判集刑	3・197

19　「生命は尊貴である。一人の生命は、全地球よりも重い。」という表現は有名である。

17 被告人が拘禁されてから原審公判で保釈されたまでの期間は、数名の共犯者の取調、弁護人の不出頭等、特殊な状態の下において審理に必要であったものと認められ、不当に長く拘禁された後の自白に該当するものということはできない。

18 38条3項等にいわゆる「本人の自白」には被告人の公判廷の自白は含まれない。

19 13条は公共の福祉に反するときは生命の剥奪も予想している。
死刑それ自体は36条の禁止する残虐刑ではない。「残虐な刑罰」とは「不必要な精神的、肉体的苦痛を内容とする人道上残酷と認められる刑罰」をいう。

20 被告人に実刑を科するため、その家族が生活困難に陥るとしても、その判決は、25条に違反するものではない。

21 37条1項の「公平な裁判所」とは構成その他において偏頗のおそれのない裁判所をいう。

22 刑の執行を猶予しない理由が、人種、信条、性別、社会的身分又は門地により、被告人を差別するものでない限り、14状の規定の趣旨に反する判決ということはできない。

23 不敬罪（旧刑法74条）につき、日本国憲法の公布に伴う大赦令による大赦があった以上公訴権は消滅しており免訴判決を下した。なお、本件の第一審東京地裁（昭和21年11月2日）は名誉毀損罪を認め（懲役8ヶ月）、第二審東京高裁（昭和22年6月28日）は免訴とした。被告人が無罪を求めて上告したのが本件である。

24 選挙権のない者の投票についても、その投票が何人に対してなされたかは、議員の当選の効力を定める手続において、取り調べてはならないが、詐欺投票や投票偽造に関する刑事手続はこの限りではない。

25 犯罪構成要件である事実の一部についての証拠が、被告人の自白だけであっても、他の補強証拠と総合して犯罪構成要件たる事実全体を認定することは許される。

26 勾留状なくして被告人を警察署に留置した違法があったとしても、それがため爾後の手続がすべて違法となるものではない。

27 不当に長い抑留または拘禁と因果関係がないことの明らかな自白を証拠として用いることは38条2項に反しない。

28 98条1項により、違憲でない緊急勅令は有効である。

29 36条の「残虐な刑罰」とは、不必要な精神的、肉体的苦痛を内容とする人道上残酷と認められる刑罰を意味する。

30 81条はアメリカで樹立された違憲審査権の明文化である。
81条の「処分」とは、行政処分や裁判をさす。
大審院係属事案を東京高裁の管轄とすることを定める裁判所法施行令は合憲である。

31 供述拒否権の事前の告知は憲法上の要請ではない。

32 旧麻薬取締規則にいわゆる「所有又は所持」については、何等の制限も条件もないから、麻薬取扱者たる麻薬小売業者が同規則所定の者以外の者から麻薬を受取り、これを所有又は所持するに至った場合も含む。

33	最大判	昭和 23.7.19		刑集	2・8・944
34	最大判	昭和 23.7.19		刑集	2・8・952
35	最大判	昭和 23.7.29		刑集	2・9・1012
36	最大判	昭和 23.7.29		刑集	2・9・1045
37	最大判	昭和 23.7.29		刑集	2・9・1007
38	最大判	昭和 23.7.29		刑集	2・9・1115
39	最判	昭和 23.9.29	食糧管理法違反事件	刑集	2・10・1235
40	最大判	昭和 23.10.6		刑集	2・11・1275
41	最判	昭和 23.10.30		刑集	2・11・1427
42	最大判	昭和 23.11.5		刑集	2・12・1479
43	福島地裁	昭和 23.11.5		行月	10・28
44	最大判	昭和 23.11.8		刑集	2・12・1498
45	最大判	昭和 23.11.17		刑集	2・12・1565
46	弾劾裁判所	昭和 23.11.27		弾裁集	1
47	最大判	昭和 23.12.1		刑集	2・13・1661
48	最大判	昭和 23.12.15		刑集	2・13・1783
49	最大判	昭和 23.12.22		刑集	2・14・1853

39 社会権（生存権）についての裁判所の考え方の基本はこの裁判例であるといってよいだろう。また、食管法と聞くと、筆者は闇米を食べることを拒否して栄養失調で亡くなった山口良忠裁判官を想起する。

33 被害者が金品を窃取されて約10分後に、窃取された場所から五町と離れていない商家で発見せられた被告人の所持品中から右金品が出て来たという窃盗事件について、被告人を109日間拘禁し得られた自白で、且つ、被告人が逃亡するおそれがなかったときは、右自白は、38条2項の「不当に長く抑留若しくは拘禁された後の自白」にあたる。

34 37条2項は、請求の有無にかかわらず、被告人側が反対尋問しなかった第三者の供述を証拠とすることができないという意味ではない。

35 公判廷における自白は38条3項の「本人の自白」にふくまれない。

36 37条2項は被告人の要求するすべての証人を喚問することを要求するものではない。当該事件の裁判をなすに必要適切な証人に限定することができる。

37 強盗及び準強盗等の事件については、地方裁判所の一人の裁判官が取り扱い得ると定めたのは、32条等の規定に違反するものではない。

38 略式命令は憲法に違反しない。

39 25条1項により、国は国民一般に対し生活水準の確保向上をはかる責務を負うにとどまる。すなわち、国家は、個々の国民に対して具体的、現実的にかかる義務を有するのではない。

40 裁判所が、犯情の差異により、共同被告人の一人を他の被告人より重く処罰しても、14条に違反しない。

41 38条3項から必要となる自白の補強証拠は、自白にかかる事実の真実性を保障する程度のものであればよい。

42 第1回公判期日に訊問の請求をした証人につきその請求を却下し、その後15日以上開廷しなかったため第2回公判期日に公判手続を更新し右更新後の公判期日に重ねて右証人につき訊問の請求がなかった場合において、右証人の提出した被害始末書を証拠とすることはできない。

43 農地が自作農創設特別措置法により適法に買収の対象となり、しかも右買収により農地所有者の生活の道を全く絶たしめるような特別の事情がない場合には、農地買収は25条・29条に違反しない。

44 第一回公判期日における取調準備のため被告人の訊問ができる旨を規定している刑事訴訟法について、公判の準備手続は「対審」ではないから、37条及び82条に違反しない。

45 裁判官が良心に従うというのは、裁判官が有形無形の外部の圧迫ないし誘惑に屈しないで自己内心の良識と道徳感に従うの意味である。

46 訴追の事由は、懇意の弁護士から商用等のため旅行する際の協力を依頼され、一緒に旅行したが、欠勤に必要な手続を取らず、約1週間無断欠勤した等の内容であったところ、欠勤中不時の緊急事務がなかった等として不罷免となった。

47 食糧管理法が憲法に違反するかしないかについての回答を原裁判所が行なわなかったことをもって81状に違反するとはいえない。

48 凡て裁判官は法（有効な）の範囲内において、自ら是なりと信ずる所に従って裁判をすれば、それで憲法のいう良心に従った裁判といえるのである。

49 刑事裁判が迅速を欠き37条1項に違反したとしても上告理由とはならない。

50	最大判	昭和 23.12.27	刑集	2・14・1934
51	最判	昭和 24.1.18	民集	3・1・10
52	最大判	昭和 24.2.9	刑集	3・2・146
53	最判	昭和 24.2.22	刑集	3・2・221
54	最判	昭和 24.3.12	刑集	3・3・293
55	最大判	昭和 24.3.23	刑集	3・3・352
56	東京地裁	昭和 24.3.23	行月	20・135
57	最大判	昭和 24.4.6	刑集	3・4・456
58	最大判	昭和 24.4.20	民集	3・5・135
59	最大判	昭和 24.4.20	刑集	3・5・581
60	仙台高裁	昭和 24.5.10	刑資	55・601
61	最大判	昭和 24.5.18	民集	3・6・199
62	最大判	昭和 24.5.18	刑集	3・6・839
63	最大判	昭和 24.5.18	刑集	3・6・789
64	最大判	昭和 24.5.18	刑集	3・6・772
65	最大判	昭和 24.5.18	刑集	3・6・734

58　15条1項の文言解釈からしても、国民主権という概念が理念的なものであることが分かる。

50 37条2項が、被告人は、「公費で」自己のために証人を求めることができるとしていても、刑の言渡しを受けた被告人に、その分をふくめて訴訟費用を負担させるのはさしつかえない。

51 夫婦離婚等の場合において、不法に子を拘束する夫婦の一方に対して、法律上子の監護権を有する他の一方は、人身保護法に基づいて救済を請求することができる。

52 裁判所が、被告人に対してその陳述を求めるに先立ち、自己に不利益な答弁をする義務がない旨を説示しなくても、38条1項に違反しない。

53 刑の執行を猶予すべき情状の有無を判断するには、証拠調をした証拠にのみよることは要しない。

54 37条1項に違反し迅速を欠いた裁判であるということは、原判決破棄の理由にならない。

55 32条は、すべて国民は、憲法又は法律に定められた裁判所においてのみ裁判を受ける権利を有し、裁判所以外の機関によって裁判をされることはないことを保障したものであって、訴訟法で定める管轄権を有する具体的裁判所において裁判を受ける権利を保障したものではない。

56 弁護士の如き正義の顕現たる法律を運用する重責に任じ当事者との間、最高の信頼関係に立ち社会の信用を受けることを前提要件とする職業に在りては、その職に就かんとする者に対し国家が全般的に一定の資格と条件とを要求するは固より当然であることなどを指摘した上で、会の秩序又は信用を害するおそれある者について弁護士登録の進達の拒否を定めた旧弁護士法は14条、22条1項に違反しないとした。

57 98条1項により、違憲でない太政官布告は有効である。
公選投票賄賂罪の規定を適用するに当たっては、15条4項の趣旨に従い何人に投票したかの審理をすることは許されない。

58 15条は公務員の選定をすべて選挙の方法によるべきものとしたものではない。

59 公判廷における被告人の自白は、38条3項にいわゆる「本人の自白」にあたらない（9対6）。

60 職業安定法の目的とする個人の職業安定と産業界における労働力の充足は極めて緊要な事項であるから、営利的職業紹介事業料又は営利的職業紹介事業を規制しても22条1項に違反しない。

61 行政処分の効力を争う出訴期間を限定することは、不合理に短く実質上裁判拒否と認められる場合でないかぎり、32条に反しない。39条後段は、原則として刑罰法規に関するものであることから、民事法の遡及効を禁ずる趣旨のものではない。

62 米の供出義務の不履行の扇動を罰する（食糧緊急措置令）のは21条1項に反しない。

63 37条2項の証人審問権は、裁判所の職権により、又は訴訟当事者の請求により喚問した証人につき、反対尋問の機会を充分に与えなければならないことを意味する。

64 28条は、企業者対勤労者すなわち使用者対被使用者というような関係に立つものの間において、経済上の弱者である勤労者のために団結権乃至団体行動権を保障したもので、勤労者以外の団体又は個人の単なる集合に過ぎないものに対してまで団結権乃至団体行動権を保障したものではない。

65 共犯者の自白には補強証拠は不要であるが、共同被告人の自白には補強証拠を必要とする。

66	最大判	昭和 24.6.1	刑集	3・7・901
67	最判	昭和 24.6.16	刑集	3・7・1077
68	最大判	昭和 24.6.29	刑集	3・7・1150
69	最大判	昭和 24.7.13	刑集	3・8・1290
70	最大判	昭和 24.7.13	刑集	3・8・1286
71	最大判	昭和 24.7.22	裁判集民	2・463
72	東京高裁	昭和 24.7.29	高刑	2・1・53
73	最大判	昭和 24.10.5	刑集	3・10・1646
74	最大判	昭和 24.11.2	刑集	3・11・1737
75	最大判	昭和 24.11.30	刑集	3・11・1857
76	東京高裁	昭和 24.12.5	高民	2・3・325
77	最判	昭和 24.12.13	裁判集刑	15・349
78	最大判	昭和 24.12.21	刑集	3・12・2048
79	最大判	昭和 24.12.21	刑集	3・12・2062
80	最判	昭和 25.1.19	刑集	4・1・23
81	最判	昭和 25.1.24	刑集	4・1・54

66 議院における証人の宣誓及び証言等に関する法律が規定する偽証罪等の告発の規定からすると、議院内部の事は、議院の自治問題として取扱い、同罪については同条所定の告発を起訴条件としたものと解する。

67 原判決において、「被告人は土木請負業関根組の最高幹部であったが…」と判示された部分は、単に被告人の経歴を示したにすぎず、身分門地による差別的取扱い（14条）には該当しない。

68 刑訴319条2項が公判廷における自白についても補強証拠が必要と定めたのは38条3項の趣旨を前進させたものである。

69 略式手続は、正式裁判請求権の保障がある限り合憲である。

70 29条3項は、国家の補償が私人の財産供与と同時になされるべきことを保障しているものではない。

71 下級審のなした決定に対する最高裁への抗告事由を規定した民事訴訟法の特別抗告期間は憲法に違反しない。

72 軽犯罪法が規制対象とするはり札をする行為における「みだりに」とは社会通念上正当な理由ありと認められない場合を指す。

73 金1000円の罰金不完納の場合の労役場留置期間の割合を1日金20円と定めたことは違法ではない。

74 被告人が貧困その他の事由で弁護人を依頼できないときでも国に対して弁護人の選任を請求する者に対して弁護人を附すれば足るのみならず、被告人が自ら弁護人を依頼できない事由があるかどうかは、被告人側に存する事由で国には判らないのであるから、被告人の請求によって弁護人を附することにすることが相当である。

75 34条前段及び37条3項前段所定の弁護人に依頼する権利は、被告人が自ら行使すべきもので、裁判所検察官等は被告人にこの権利を行使する機会を与え、その行使を妨げなければよいのであり、弁護人に依頼する方法及びその費用等についてまで被告人に説示する必要はない。

76 新憲法下における司法権は、その性質上当然に行政事件に関する裁判権をも含むものと解するを相当とする。

77 押収物は押収手続が違法であっても物其自体の性質、形状に変異を来す筈がないからその形状等に関する証拠たる価値に変りはない。それ故裁判所の自由心証によってこれを罪証に供すると否とはその専権に属する。

78 無期懲役は残虐刑ではない。

79 刑法56条・57条の再犯（累犯）加重は39条に違反しない。

80 主要食糧を政府に売り渡さないことを煽動したことを犯罪として処罰する食糧緊急措置令は21条の条規に反するものではない。

81 刑法57条によると、再犯者は同じ罪について初犯者の2倍の刑を科せられる可能性があるが、犯人の処罰は、かような理由に基づく差別的処遇ではなく、刑罰制度の目的に応じて各犯罪各犯人毎に妥当な処置を講ずべきものであるから、各箇の場合にその処遇の異なることあるのは当然であり14条に違反しない。

82		最大判	昭和 25.2.1	刑集	4・2・73
83		最大判	昭和 25.2.1	刑集	4・2・100
84		弾劾裁判所	昭和 25.2.3	弾裁集	20
85	二代目最高裁長官　田中耕太郎 （たなかこうたろう）	最大判	昭和 25.3.6	刑集	4・3・308
86		最大判	昭和 25.3.15	刑集	4・3・355
87		最大判	昭和 25.3.15	刑集	4・3・371
88		最大判	昭和 25.4.21	刑集	4・4・675
89		最大判	昭和 25.4.26	刑集	4・4・707
90	在任期間　昭和25年3月3日〜同35年10月24日	東京高裁	昭和 25.4.27	刑集	5・2・341
91		最判	昭和 25.5.12	刑集	4・5・793
92		甲府地裁	昭和 25.5.16	行集	1・4・552
93		最大判	昭和 25.6.7	刑集	4・6・966
94		最大判	昭和 25.6.7	刑集	4・6・956
95		最大判	昭和 25.6.21	刑集	4・6・1049
96		最判	昭和 25.6.22	刑集	4・6・1056

82 下級裁判所も違憲審査権を有する。73条6号但書においては、内閣の制定する「政令には、特にその法律の委任がある場合を除いては、罰則を設けることができない」と規定しているのであって、これを裏から云えば、特に法律の委任がある場合においては、政令で罰則を設けることができること及び法律は罰則を設けることを政令に委任することができることの趣旨を表明していることは、一点の疑いを挿む余地がない。

83 刑訴289条の必要的弁護人の制度は37条3項の要求ではない。

84 訴追の事由は、知人が闇販売目的で相当多量の繊維製品を保有しているという疑いで家宅捜索を受けることを探知し、事前にその妻に対して家宅捜索も行なわれるであろうから織物類でもあれば他に隠した方がよいと告げ、押収の目的物を持ち出させた行為等であったが、隠した方がよいと言った事実は認められないとして不罷免となった。

85 37条2項前段は、刑事被告人が公判廷で証人を審問する機会を充分に与えられる旨規定したものであり、尋問の形式や時期までをも規定したものではない。

86 裁判所が証人訊問中被告人を退廷させても、訊問終了後被告人を入廷させた上証言の要旨を告げて証人訊問を促し、且つ弁護人は終始右訊問に立ち会って補充訊問もした場合は、裁判所の右措置は、37条2項前段に違反しない。

87 裁判所が証人を裁判所外において尋問する場合に、被告人が監獄に拘禁されているときは、特別の事由がない限りその弁護人に右証人尋問の日時、場所等を通知して立会の機会を与えた以上、必ずしも常に被告人自身を該証人尋問に立ち会わせなくても、37条2項に違反しない。

88 申立人の責に帰すべき事由により上訴期間を徒過したときは上訴回復請求を否定しても憲法に違反しない。

89 衆議院議員選挙法を準用して地方公共団体の議員の選挙権被選挙権について特定の欠格事由（成年被後見人など）を定めている地方自治法は15条3項及び93条2項に違反しない。

90 議院のみならず、特別委員会も議院の自律権に基づいて国政調査権に証人喚問兼などを行使することができる。

91 判事が当該事件についての保釈決定に関与したことは除斥原因に当たらない。

92 自作農創設特別措置法による農地売渡処分は、農業生産力の発展と農村の民主化とを目的とする行為であるから、公共の福祉にそうものであり、また、当該権利者は、通常生ずべき損失の補償を与えられるから、売渡処分は29条、11条に違反しない。

93 国選弁護人に支給された報酬を、刑の言渡しを受けた被告人の負担とすることは37条3項に反しない。

94 ①戦後産業の回復のための石炭営業の制限は22条1項に違反しない。②罰金刑が受刑者の貧富の程度如何によってその受刑者に与える苦痛に差異があることは貧富という各人の事実的差異から生ずる必然的な差異であり、刑罰法規の制定による社会秩序維持という大局からみて已むを得ない差異であるから14条に反しない。

95 職業安定法が有料職業紹介事業の禁止または制限をしていることについて、事業の公共性と従来の有料職業紹介事業の弊害を理由に22条などに反しないとした。

96 31条は、憲法又は法律に定められた裁判所以外の機関によって裁判のされることのないことを保障したものであり、訴訟法で定める管轄権を有する裁判所において裁判を受ける権利まで保障したものではない。

97	東京高裁	昭和 25.6.22		下民	1・6・963
98	最大決	昭和 25.6.24		裁時	61・6
99	最判	昭和 25.7.6		刑集	4・7・1187
100	東京地裁	昭和 25.7.19		行集	1・6・892
101	福岡高裁	昭和 25.9.11		行集	1・6・860
102	最大判	昭和 25.9.27		刑集	4・9・1799
103	最大判	昭和 25.9.27		刑集	4・9・1805
104	最大判	昭和 25.10.11		刑集	4・10・2000
105	最大判	昭和 25.10.11		刑集	4・10・2037
106	最大判	昭和 25.10.25		刑集	4・10・2126
107	最大判	昭和 25.10.25		刑集	4・10・2151
108	最大判	昭和 25.11.8		刑集	4・11・2215
109	最判	昭和 25.11.9		民集	4・11・523
110	最大判	昭和 25.11.15	生産管理・山田鋼業事件	刑集	4・11・2257
111	最大判	昭和 25.11.22		刑集	4・11・2389
112	最大判	昭和 25.11.22		刑集	4・11・2380
113	東京地裁	昭和 25.12.5		別冊ジュリ	69・220
114	最判	昭和 25.12.28		民集	4・12・683

98 本件は、最高裁判所誤判事件として当時も話題になり（朝日新聞昭和24年10月30日等参照）、日弁連会長も各判事の
責任を明らかにするよう求める声明を出した。

97 法令の登載された官報が、所定の手続の下に印刷され、その官報を一般的に頒布するための発送手続が完了した時をもって公布があったものとしなければならない。

98 小法廷の裁判官が最高裁規則をうっかり失念してまちがった裁判をしたのは職務上の義務に違反したものにあたる。

99 勤労者の団体交渉において、刑法所定の暴行罪又は脅迫罪にあたる行為が行われた場合にまで、労働組合法の適用により正当化されるわけではない。

100 風俗営業取締法が風俗営業について営業の許可制等を規定しているのは、この種の営業が社会秩序の維持、善良の風俗および公共の福祉を増進せんとする国家目的に反する行為を誘起する危険があるから、これを防止するためであって、憲法の各規定に違反するものではない。

101 地方議会が議員に対して行った出席停止の議決に対して司法審査が及ぶことを認めた。

102 選挙運動としての戸別訪問の禁止は、公共の福祉のための言論の時、所、方法についての合理的制限であり、21条1項に反しない。

103 下級審の無罪又は有罪判決に対し、検察官が上訴をなし、有罪又はより重い刑の判決を求めることは、39条に違反しない。同条の「刑事上の責任を問はれない」とは、「罪の有無に関する裁判を受ける危険」にさらされないことであるから、起訴以降の手続を禁ずる趣旨である。

104 被告人の公判廷外における自白と公判廷における供述とによって犯罪事実を認定しても、38条3項に違反しない（8対7）。

105 尊属・卑属は「社会的身分」ではない。
尊属傷害致死の重罰は14条1項に反しない。

106 尊属殺の重罰は14条1項に反しない。

107 法律と裁判所規則が競合した場合の効力関係について法律優位説に立ったと評価されている。

108 検察官が付帯控訴をすること及び第一審で無罪となった事実を控訴審で有罪とすることは、39条に違反しない。

109 選挙権のない者又はいわゆる代理投票をした者の投票についても、その投票が何人に対してなされたかは、議員の当選の効力を定める手続において取り調べてはならない。

110 「生産管理」は私有財産の基幹をゆるがす争議手段で、許されない。

111 食糧管理法により米の移動制限をすることは29条に反しない。

112 刑法の賭博場開張図利罪の規定は13条に違反しない。

113 警察職員が民事関係に関与して脅迫暴行したとしても、国家賠償の要件としての職務行為には該当しない。

114 不法に入国した外国人でも基本的人権を主張できる。

---

105 この最高裁判決では、裁判官齋藤悠輔の意見が際立っている。すなわち、裁判官穂積重遠に対しては「…何が立法として筋が通らないのであるのか、休み休み御教示に預りたい。」、裁判官真野毅に対しては「…得手勝手な我侭を基底として国辱的な曲学阿世の論を展開するもので読むに堪えない。」等と批判した。真野毅裁判官（弁護士出身）は、齋藤悠輔裁判官とは六法全書を投げ合うほどの論争をしたと述懐したという（「二弁フロンティア」（第二東京弁護士会）2003年6月号47頁）。

115	福島地裁	昭和 25.12.28		行集	1・12・1769
116	最大判	昭和 26.1.10		判タ	10・55
117	札幌地裁	昭和 26.1.16		下民	2・1・39
118	最判	昭和 26.1.19		判タ	10・57
119	最判	昭和 26.1.30		刑集	5・2・374
120	東京地裁	昭和 26.2.19	皇位不適格訴訟	別冊ジュリ	131・351
121	最判	昭和 26.2.23		刑集	5・3・450
122	最判	昭和 26.3.1		刑集	5・4・478
123	最大判	昭和 26.4.4		判タ	12・66
124	最大判	昭和 26.4.18		刑集	5・5・923
125	大阪高裁	昭和 26.4.23		行集	2・6・917
126	最判	昭和 26.4.28		民集	5・5・336
127	最判	昭和 26.5.10	サンデー娯楽事件	刑集	5・6・1026
128	最判	昭和 26.5.18		刑集	5・6・1175
129	最大判	昭和 26.5.30		刑集	5・6・1205
130	横浜地裁	昭和 26.6.19		裁時	87・3
131	最大判	昭和 26.7.18		刑集	5・8・1491

127 いわゆるわいせつ概念の3要件を明示した裁判例である。

115 前会期の会議における議員の非行に対し、後の会期において懲罰を科することは許されない。

116 公職追放令のいわゆる「政治上の活動」とは、必ずしも現実の政治に対し具体的に影響を与え若しくは影響を与えるような具体的可能性あることを要するものではない。

117 電信事業を維持して正常な機能を発揮させるためには、少なくとも取扱上不可避的に発生する過誤による損害に対しては国に賠償責任がないこととしなければならない。電信法が国の賠償責任を排除しているのは、まさに排除すべき充分な合理的理由があり、17条に違反するものではない。

118 下級審の無罪又は有罪判決に対し、検察官が上訴を為し、有罪又はより重い刑の判決を求めることは39条に違反しない。

119 取締規則である刑罰法令が公布と同時に施行され、その法令に規定された行為の違法を認識する暇がなかったとしても、犯意の成立を妨げるものではない。

120 「天皇裕仁（昭和天皇）は正当な南朝天皇から不法に帝位を奪い国民を欺いているのであるから天皇に不適格である」と訴えたが、「天皇は裁判権に服さない」と判断された。

121 法律が77条1項所定の事項に関する規定の制定を裁判所規則に委任することは憲法の禁ずるところではない。

122 臨時物資需給調整法の有効期間を延長するため、その附則中「昭和23年4月1日」を「昭和24年4月1日」に改めた昭和23年3月31日法律第21号が、実際には同年4月9日に印刷発行された3月31日附の官報号外に登載公布されたとしても、同法が同年4月1日に失効したことにはならない。

123 21条所定の言論、出版その他一切の表現の自由は、公共の福祉に反し得ないばかりでなく、自己の自由意思に基づく特別な公法関係上又は私法関係上の義務によって制限を受ける。

124 刑法の死刑の規定は9条に違反しない。

125 地方議会が議員に対して行った出席停止の議決に対して司法審査が及ぶことを認めた。

126 地方議会による除名処分には司法審査が及ぶ。

127 刑法上の猥褻文書頒布販売罪にいわゆる「猥褻」とは、徒らに性欲を興奮又は刺激せしめ、且つ、普通人の正常な性的羞恥心を害し、善良な性的道義観念に反するものをいう。

128 量刑の当否を判断するに際し、諸般の事情とともに被告人の公務員としての地位に伴う社会的・道義的責任を斟酌しても14条に違反しない。

129 39条前段の後半に「既に無罪とされた行為については刑事上の責任を問われない」というのは、行為時の法令によれば有罪であったが、裁判時の法令に従えば無罪である行為につき、刑事上の責任を問われないという趣旨ではなく、既に無罪の裁判のあった行為については、再び刑事上の責任を問われないという趣旨である。

130 司法警察職員の行ったトリックにより、はじめて麻薬を所持するに至った者が、あらかじめ逮捕、押収すべく待ちうけていた警察職員に現行犯として逮捕され、その所持する麻薬を押収された場合に、その者を処罰することは、13条の規定の趣旨に抵触して許されない。

131 会社の従業員等（労働組合員）が、会社との争議中、会社側の意向を全然無視し、強いて会社の建造物に立ち入ってこれを占拠し、他の従業員の就業を阻止し、あるいは会社所有の物品をほしいままに管理処分するが如き一連の行為は、争議行為として適法視することはできない。

132	東京地裁	昭和 26.7.31		下民	2・7・965
133	最大判	昭和 26.8.1		刑集	5・9・1684
134	最大判	昭和 26.8.1		刑集	5・9・1709
135	最判	昭和 26.8.9		刑集	5・9・1750
136	最判	昭和 26.9.21		刑集	5・10・1941
137	京都地裁	昭和 26.10.26		刑集	14・11・1523
138	福岡高裁	昭和 26.11.14		行集	2・11・1845
139	最判	昭和 26.11.30		判タ	17・42
140	最大判	昭和 26.12.5		刑集	5・13・2463
141	最大判	昭和 26.12.5		刑集	5・13・2471
142	最大判	昭和 27.1.9		刑集	6・1・4
143	最大判	昭和 27.1.23		刑集	6・1・104
144	仙台高裁	昭和 27.2.15		行集	3・1・182
145	最大判	昭和 27.2.20	最高裁判所国民審査事件	民集	6・2・122
146	最判	昭和 27.2.22	愛好堂印刷事件	刑集	6・2・288

145　この国民審査の制度については、ほとんどその機能を果していないのではないかと思われる。

132 国家賠償法に「国又は公共団体がその責に任ずる」と規定したのは結局第一次的には専ら国又は公共団体がその責に任ずる趣旨を表示したものと解するを相当とする。
公務員は直接被害者に対して国家賠償の責任を負わない。

133 手錠をしたまま行われた取り調べ等により得られた自白について任意性の疑いがあるとした。

134 賭博常習者は「社会的身分」ではない。

135 団体交渉に際し、組合員多数が共同して会社側交渉委員に対し脅迫的言辞を弄し組合側の要求を承諾すべき旨執拗に迫り、両者の間に置いてある机を叩いてその表面に張ってあるベニヤ板を損壊し、交渉を打ち切って退場しようとする会社側交渉委員を包囲するようにして退路を遮断する等その身体に対し危害を加えるような行為に出で脅迫畏怖させた上、組合側の要求事項を受諾する旨の確約書を作成交付させた場合は正当な団体交渉行為にあたらない。

136 39条前段の刑罰不遡及は刑罰の実体法についてのもので、手続法についてのものではないから、犯行後に施行された法律によって新たに証拠能力を認められた証拠によって審判することは違憲ではない。

137 京都市公安条例のように、一般的制限に近い程度に広範に集会・集団行進等を取締の対象としている条例は21条に違反する。

138 投票が候補者の何人を記載したものであるかは、投票の記載自体について判定すべきであり、場合により当時の一般情勢を参酌することはあり得ても、無記名投票制度の下では特定の選挙人が候補者の何人に投票する意思であったかということを詮索し、または憶測することは許されない。

139 自作農創設特別措置法が出訴期間を1箇月に制限していることは32条に違反しない。

140 食糧管理法は、主要食糧に関する移動等に関して政令で必要な枠を定めることをこれに委任し、同時にこの枠の範囲内で必要な規定を定めることを命令（政令以外の命令）に委任する趣旨であって、29条に違反しない。

141 無罪判決確定後は、それを覆して有罪としてはならない。

142 食糧管理法令上の供出制度について、29条の公共のために用いるものに外ならないとした。

143 殺人は尊厳や個人の生命を奪うものであって社会的人間生活の安全を根底から破壊する憎むべき反社会的行為である。今日の時代と環境とにおいて、殺人罪に対し社会の秩序と公共の福祉を護るために刑罰として死刑を科する場合のあることは、必要であり是認さるべきである。

144 村議会の議決によって除名された職員の提起した除名決議取消請求訴訟の係属中に総選挙が行われ、その者が再選された場合においても、右の訴訟を維持する利益がないものということはできない。

145 最高裁判所裁判官の国民審査は、解職制度であり、積極的に罷免の意思をもつ人にだけ表示させる現行の投票方法は思想の自由、良心の自由を制限するものといえない。

146 使用者側に属する生産手段の管理を排除してそれを組合側の実力支配の下におくところのいわゆる生産管理は、適法の争議行為といえない。

147	最判	昭和 27.2.22	十勝女子商業事件	判タ	19・60
148	静岡地裁	昭和 27.3.13		行集	3・2・369
149	最大判	昭和 27.3.19		刑集	6・3・502
150	最判	昭和 27.3.28		刑集	6・3・526
151	最大判	昭和 27.4.2		判タ	20・59
152	最判	昭和 27.5.13		刑集	6・5・744
153	最大判	昭和 27.5.14		判タ	21・50
154	最大判	昭和 27.6.25		判タ	22・47
155	長崎地裁	昭和 27.7.4		行集	3・6・1255
156	最判	昭和 27.7.11		刑集	6・7・890
157	最大判	昭和 27.7.30		民集	6・7・699
158	最大判	昭和 27.8.6	石井記者事件	刑集	6・8・974
159	最判	昭和 27.8.29		判タ	23・45
160	福井地裁	昭和 27.9.6	人事院違憲訴訟	行集	3・9・1823
161	最判	昭和 27.9.12		判タ	25・47
162	札幌高裁	昭和 27.10.6		高刑	5・11・1904

147 憲法で保障されたいわゆる基本的人権も絶対のものではなく、自己の自由意思に基づく特別な公法関係または私法関係上の義務によって制限を受けるものであって、自己の自由意思により、校内において政治活動をしないことを条件として教員として学校に雇われた場合には、その契約は無効ではない。

148 ポツダム命令（いわゆるポツダム緊急勅令に基づいて発せられた一群の命令の総称）は違憲ではない。

149 同時に捜索と押収を行なう場合には一枚の捜索差押許可状にまとめても35条2項に反しない。

150 麻薬使用者が麻薬取締規則上の報告書を提出するにあたっては、年末に現在した麻薬は、その現在するに至った事情の如何を問わずその数量中に加算しなければならない。

151 報道機関が、その従業員を、共産党員またはその支持者たることを理由として解雇した場合には、その解雇は、昭和25年7月18日付連合国最高司令官より内閣総理大臣あて書簡による指示に従ったものとして有効である。

152 委任立法において、包括的授権は許されないが特定的、限定的なものであれば許される。

153 満16歳に満たない少年に対し交流の必要を認められないような事件について7か月余勾留して、その間別罪たる放火罪について取調をした場合において、その間にされた自白に一貫性がなく、取調の途中で一旦犯行を否認したことがあるようなときは、その勾留後になされた自白は、不当に長く抑留または拘禁された後の自白にあたる。

154 38条3項にいわゆる「本人の自白」には、判決裁判所の公判廷における被告人の自白を含まない(8対7)。

155 懲罰の種類の裁量につき著しく判断を誤った違法があるとして議会の議員に対する除名議決を取り消した。

156 裁判官が間接国税犯則者処分法により発した臨検捜索許可状および差押許可状は、35条にいわゆる「令状」にあたる。

157 戦犯者として刑が科せられた当時日本国民であり、かつ、その後引き続き平和条約発効の直前まで日本国民として拘禁されていた者に対しては、日本国は平和条約により刑の執行の義務を負い、平和条約発効後における国籍の喪失または変更は、右義務に影響を及ぼさない。

158 21条は、新聞記者に取材源についての証言拒絶権を保障するものではない。

159 被告人が室蘭市警察吏に配布した文書の内容が、地方警察吏に対して怠業的行為を慫慂するものであることは明らかであり、地方警察吏が怠業を行うことは法の禁ずるところであって、かかる行為を慫慂するがごときことは、憲法の保障する言論の自由の範囲を逸脱するものであることは明瞭であるといわなければならない。

160 人事院の設置は65条、66条、73条4号に違反するものとすることはできない。

161 併合罪の関係にある一部の罪について確定裁判がなされても、その既判力は他の部分の罪には及ばないし、右両者の罪は同一の犯罪ではなく別個の犯罪であって、後者の罪を審理裁判したことは確定判決に判示された前者の罪につき再び審理裁判をしたものということはできないから、39条に違反しない。

162 被告人の氏名の記載の無い弁護人選任届は不適法であり無効である。

163	最大判	昭和	27.10.8	警察予備隊違憲訴訟	民集	6・9・783
164	最大判	昭和	27.10.15		判タ	25・41
165	最判	昭和	27.10.31	全逓労組政令第201号取消事件	判タ	25・41
166	最判	昭和	27.11.21		刑集	6・10・1240
167	仙台高裁	昭和	27.11.29		高刑	5・13・2384
168	最判	昭和	27.12.4		行集	3・11・2335
169	最判	昭和	27.12.4		判タ	27・49
170	最大判	昭和	27.12.24		判タ	27・51
171	最大判	昭和	27.12.24		判タ	28・50
172	最大決	昭和	28.1.16	米内山事件	民集	7・1・12
173	東京高裁	昭和	28.1.26		判タ	28・61
174	最大判	昭和	28.2.18		判タ	29・50
175	最判	昭和	28.2.27		刑集	7・2・348
176	最判	昭和	28.3.5		判タ	30・43
177	最大判	昭和	28.3.18		刑集	7・3・577
178	最大判	昭和	28.4.1		刑集	7・4・713
179	最大判	昭和	28.4.1		行集	4・4・923

163　当時の社会党委員長鈴木茂三郎が提起した訴訟である。

163 具体的な事件をはなれて、警察予備隊を設置する政令などの合憲違憲を裁判所は審査できない。

164 執行停止に対する総理大臣の異議（行政事件訴訟特例法）は、本案の訴訟に附随する手続の問題であり、本案訴訟では、請求の当否につき独立に審判することができるのだから違憲ではない。

165 わが裁判所は具体的な争訟事件が提起されないのに抽象的に法律命令等の合憲性を判断する権限を有するものでない。

166 日雇労働者を中心として組織された小樽市合同労働組合が、市長の諮問機関である同市失業対策委員会に対し日雇労働者の労働条件改善のための交渉をする行為は、労働組合法上のいわゆる団体交渉行為にあたらない。

167 食糧管理法が主要食糧の処分等に関し犯罪の個別的構成要件を規定することを命令に委任していることは31条の罪刑法定主義に違反しない。

168 地方議会による除名処分には司法審査が及ぶ。

169 候補者の氏を記載した小紙片が選挙事務担当者の知らぬ間に、投票記載所の机上に一、二時間放置されていたからといって、公職選挙法上の選挙の規定に違反するものということはできず、選挙争訟の対象とはならない。

170 32条の効果の中にも、刑事裁判を受ける権利の保障が含まれる。32条は被害者訴追主義や一般訴追主義を保障した規定ではない。

171 鉄砲火薬類取締法施行規則45条の規定は、昭和22年法律第72号「日本国憲法施行の際現に効力を有する命令の規定の効力等に関する法律」1条により、昭和23年1月1日以降は国法としての効力を失った。

172 地方議会による除名処分には司法審査が及ぶ。

173 酒税法により外国人に納税義務を負わせることは可能である。

174 自作農創設特別措置法による農地買収処分については民法177条は適用がない。

175 争議行為にあたり行われた住居侵入等は争議手段の正当性を超えるものであり有罪として処断したことは正当とした。

176 いわゆるおとり捜査は、これによって犯意を誘発された者の犯罪構成要件該当性、有責性若しくは違法性を阻却するものではなく、また公訴提起の手続に違反し若しくは公訴権を消滅せしめるものでもない。

177 古物商の営業許可制は22条1項に反しない。

178 刑事訴訟規則上の裁判所のなす弁護人選任の照会手続は、37条3項前段の要請に基づくものではない。

179 81条は、単に最高裁判所が司法裁判所として、法律、命令等が憲法に適合するか否かを審査すべき最終審たるべきことを要請したに止まり、同裁判所が違憲審査を固有の権限とする始審にして終審である憲法裁判所たる性格を併有すべきことを規定したものと解すべきではない。

172 裁判官真野毅は意見の中で「苟くも法律上の訴訟である限り…憲法上は当然出訴することを得るのであり、別段法律をもって出訴を許す明文規定を要しないのみならず、却って法律をもって出訴を禁ずることの方が憲法上一般的に禁止されている…」と指摘しており参考になる。なお、真野毅裁判官が詠んだ句に「けがれなき　雪を頂き　聳えたつ　富士は司法の　姿なりけり」というのがある（法曹新聞46号1頁）。

180	最大判	昭和 28.4.8	政令201号事件	刑集	7・4・775
181	最大判	昭和 28.4.15		民集	7・4・305
182	最判	昭和 28.4.28		判タ	30・34
183	最判	昭和 28.4.30		刑集	7・4・909
184	福岡高裁	昭和 28.5.4		高刑	6・5・681
185	最大判	昭和 28.5.6		判タ	31・66
186	最判	昭和 28.5.12		判タ	31・67
187	最大判	昭和 28.5.20		行集	4・5・1229
188	最判	昭和 28.5.21		判タ	31・69
189	最判	昭和 28.5.28		判タ	31・61
190	最判	昭和 28.6.4		判時	6・19
191	最判	昭和 28.6.9		行集	4・6・1542
192	最大判	昭和 28.6.24		刑集	7・6・1366
193	最判	昭和 28.6.26		判時	4・5
194	最判	昭和 28.7.10		判時	10・15

180 労働基本権も公共の福祉のために制限を受ける。政令201号による国家公務員の争議行為の全面禁止と処罰は、国家公務員は「全体の奉仕者」とされているので、28条に違反しない。
占領軍の要求の実施は、憲法適合性如何を問わず有効である。

181 具体的な事件をはなれて、衆議院の解散の合憲違憲を裁判所は審査できない。

182 農地委員会が自作農創設特別措置法の目的に反する判断の下に買収決定をした場合は、その行政処分は違法であるが、買収が相当であるかどうかは法律の解釈適用の問題であり、農地委員会の自由裁量に属する事項ではない。

183 県税賦課徴収条例の定める地方税の徴収義務者に関する定めについて、地方税法の委任に基づくものであるとして違憲ではないとした。

184 熊本県屋外広告物条例が、その母法たる屋外広告物法に遵拠し美観風致の維持（および公衆に対する危害の防止）という具体的な公共の福祉のため、広く言論その他一切の表現の自由を全般的に禁止するのではなく、単に特定の手段方法による表現活動につきしかも一定の地域または場所のみを対象としてある程度の制限をしているのは、右両者の均衡を失しない止むを得ざる措置であり、21条に違反しない。

185 外国人登録令が外国人に対し、居住地の市町村の長に対し所要の事項の登録を命じ、これに違反して登録の申請をなさずまたは虚偽の申請をなしたときは処罰する旨規定したからといって22条1項に違反しない。

186 暴行被告事件を第一審において審理するにあたり、要証事実に関する証拠調を終了し、量刑に関する諸般の情状を調査する手続上の段階において、検察官から、被告人に暴行の習癖あることを立証するためなされた証人尋問の請求を許容しても違法ではない。

187 現行法制上裁判所に与えられているのは司法権を行う権限であり、そして司法権が発動するためには具体的な争訟事件が提起されることを必要とするから、裁判所にかような具体的な争訟事件を離れて、抽象的に法律命令等の合憲性を判断する権限はない。

188 名古屋中公共職業安定所笹島労働出張所に登録している日雇労働者を代表して、当日就職の斡旋を受け得なかった労働者のために、愛知県労働部長等に対し就職の斡旋を要求交渉する行為は28条の保障する団結権ないし団体行動権の行使に該当しない。

189 地方公共団体の長を被告として、議会を招集すべき旨の判決を求める議員の訴えは不適法である。

190 原審で下された死刑判決が重すぎるとしてこれを破棄して無期懲役とした。

191 81条所定のいわゆる違憲審査権は、最高裁判所が、司法裁判所として具体的な法律上の争訟について審判するため必要な範囲において行使するものに過ぎないところ、法令が憲法に違反して無効であることの確認を求める訴について、最高裁判所が司法裁判所として第一審の管轄権を有することを定めた法律の規定は存在しないから、最高裁判所に対して提起されたかかる訴は、不適法として却下せらるべきものである。

192 強姦罪の規定は性別による差別ではない。

193 行政処分の無効を理由としても、その行政処分の効力を停止する趣旨の仮処分申請は許されない。

194 被疑者として警察に身柄を拘束されていた間に弁護人との面接時間が2分ないし3分を指定され、しかもその面接の際警察官が立ち会っていたとしても、その自白が任意にされたものでない疑いがあるとは断定し得ない。

195	東京高裁	昭和	28.7.14		判時	9・3
196	最大判	昭和	28.7.22		刑集	7・7・1621
197	岡山地裁	昭和	28.8.4		行集	4・8・1849
198	福岡高裁	昭和	28.8.14		高刑	6・7・926
199	東京高裁	昭和	28.9.11	イラン石油仮処分事件	判時	9・7
200	最判	昭和	28.10.1		判タ	36・35
201	最判	昭和	28.10.6		判タ	35・45
202	最判	昭和	28.11.17	教育勅語合憲確認等請求事件	行集	4・11・2760
203	東京高裁	昭和	28.11.25		判タ	36・43
204	最大判	昭和	28.11.25		判タ	37・51
205	最大判	昭和	28.12.9		刑集	7・12・2415
206	最大判	昭和	28.12.23	農地改革訴訟	民集	7・13・1523
207	最大判	昭和	28.12.23	皇居前広場事件	民集	7・13・1561

199 平成28年に公開された東宝映画『海賊とよばれた男(原作:百田尚樹)』の題材にもなった。司法権の限界を考察するのに適した裁判例といえるだろう。

195 聴取（盗聴）が捜査目的を達成するに必要な範囲と限度とにおいて行われた限りにおいては、たとえその為に対象者等の基本権等の行使に軽度の悪影響が与えられたとしても、それは聴取行為に必然的に伴う結果であって、これを目して職権を濫用するものであるとすることはできない。

196 占領軍軍事裁判所は、連合国最高司令官によって設立されたもので、その裁判権は同司令官の権限に由来し、わが国の裁判権に基づくものではない。従って、すでに占領軍軍事裁判所の裁判を経た事実について、重ねてわが裁判所で処罰をすることがあっても39条に違反しない。

197 地方議会が議員に対して行った出席停止の議決に対して司法審査が及ぶことを認めた。

198 公選法が、選挙に際して、新聞紙に制限を設け、選挙運動の期間中に限り所定の条件を具備する新聞紙以外の新聞紙に対して、当該選挙に関する一切の報道または評論を掲載することを禁止することは21条に反しない。

199 昭和28年、イラン国は、石油国有化法を定め、それまで条約により採掘権を有していたアングロ・イラニアン石油会社の施設を補償もせず収用したが、同国から石油を購買した出光興産を被告として石油不転売の仮処分を日本の裁判所に申し立てたところ、裁判所は、当該事案について判断しないことが「独立主権国相互間の主権尊重、友好維持の必要から生ずる国際礼譲の要求するところと条理に合致する」とした。

200 議員の会期外の行為でも、議会の開会を阻止し流会に至らしめるような議会運営に関する行為は、懲罰事由（除名決議）となる。

201 共同被告人として起訴された共犯者らと被告人との弁論が分離された結果、判決裁判所の裁判官が、右共犯者らの公判審理により、被告人に対する公判審理の開始前に被告事件の内容に関し、予め知識を有していたからといって、37条1項の「公平な裁判所の裁判」でないということはできない。

202 国会を被告として教育勅語が憲法に違背するものでないことの確認および衆、参両議院の右勅語失効決議の取消決議をなすべきこと等を求める訴は、具体的な権利義務または法律関係の紛争に関するものでなく、また法律の適用による解決の可能な事項に関する請求でもないから、不適法である。

203 証拠としての収集の手続に違法な点があったからといって、その物の形状、性質自体になんらの変化を生ずるというわけのものでもないし、かかる違法を抑制するためにその物の証拠能力を否定しようというのは考え方として筋違いの感を免れない。

204 国税犯則取締法上の通告処分は犯則者に対し財産上の負担を通告し、これが履行を期待するものであるから、犯則者がその通告の内容たる財産上の負担を履行しうる能力を持っていることが前提であって、これを欠いていると認められる場合にも、なお、これに対し通告処分を行うことは無意味であるから、財産の有無又は貧富の程度によって、通告処分を行う場合と行わない場合があっても14条に違反しない。

205 起訴状の瑕疵を理由とする公訴棄却の判決後の再起訴は39条に違反しない。

206 直接に公共の用に供する場合でなくとも、公共の利益のためなら私有財産を収用できる（10対5）。

207 メーデーのため皇居前広場の使用申請に対する不許可処分を争った行政処分の取消し訴訟で、すでに集会予定日はすぎ、訴えの利益はなくなったとしたあと、上告人の21条違反の主張に答え、不許可処分は21条、28条に違反するということはできないとした。

208	最判	昭和 29.1.22	民集	8・1・225
209	最判	昭和 29.2.11	民集	8・2・419
210	東京地裁	昭和 29.3.6	判時	22・3
211	東京高裁	昭和 29.3.10	判時	23・10
212	最判	昭和 29.3.11	刑集	8・3・240
213	東京高裁	昭和 29.3.18	判時	23・3
214	最大判	昭和 29.4.26	民集	8・4・848
215	最判	昭和 29.4.27	刑集	8・4・555
216	最判	昭和 29.5.20	刑集	8・5・692
217	最判	昭和 29.6.11	判タ	42・28
218	最判	昭和 29.6.24	刑集	8・6・951
219	最判	昭和 29.7.2	刑集	8・7・1009
220	最判	昭和 29.7.15	刑集	8・7・1137
221	最判	昭和 29.7.16	刑集	8・7・1151

212　この裁判例に限らず、職業選択の自由はこのように制約の契機が相対的に強いといえる。

208 自作農創設特別措置法による宅地の買収は公共のためであって29条3項に違反しない。

209 村議会の予算議決は、単にそれだけでは村住民の具体的な権利義務に直接関係なく、村長において、右議決に基づき、課税その他の行政処分を行うに至ってはじめて、これに直接関係を生ずるに至るのであるから、村議会の予算議決があったというだけでは、未だ行政処分はないのであり具体的な権利義務に関する争訟があるとはいえず、従って「法律上の争訟」に当るということはできない。

210 議員の逮捕を許諾する限り逮捕の正当性を承認するものであって逮捕を許諾しながらその期間を制限するが如きは逮捕許諾権の本質を無視した不法な措置といわなければならない。

211 アジア太平洋地域平和会議参加のため中華人民共和国行きの旅券発給の申請を拒否した外務大臣の処分の取消訴訟の係属中にその会議が終了したときは、その訴の利益も消滅する。

212 職業安定法が公衆衛生上有害な業務につかせる目的での職業紹介を禁止しても22条1項に違反しない。

213 皇居外苑において集会を催し、または示威行進を行おうとする者に対する厚生大臣の許可は、管理者たる厚生大臣の単なる自由裁量に委ねられたものではない。

214 平和条約等が憲法に違反するとの主張を前提として、これに基づいて拘束されている戦争犯罪人につき、人身保護法により釈放を請求することは許されない。

215 地方公務員法にいう「そそのかす」とは、同法の違法行為を実行させる目的をもって、人に対し、その行為を実行する決意を新に生じさせるに足りる慫慂行為をすることを意味し、これにより、相手方が新に実行の決意を生じて実行に出る危険性があるかぎり、実際に相手方が、新に実行の決意を生じたかどうか、あるいは既に生じている決意を助長されたかどうかは、右「そそのかす」罪の成否に影響しないものと解すべきであり、これが憲法の保障する言論の自由の限界を超え、これを犯罪として処罰することは21条に違反するものでない。

216 国税犯則取締法の文書による煽動罪の成立には、その文書を他人によって閲覧されるような状態におくをもって足り、必ずしも他人において現実に認識または了解することを必要としないと解すべきであり、これは21条に違反しない。

217 公職選挙法によって選挙に関する報道等が許される「新聞紙」とは、当該選挙の選挙期日の公示または告示の日前6箇月以来、現実に毎月3回以上頒布されてきたものであることを要する。

218 浅川町自由労働者組合と須賀川公共職業安定所間における失業対策事業の適格審査についての交渉のごときものは、使用者対勤労者というような関係に立つものではないから、28条の保障する権利の行使に該当しない。

219 弁護士法上の懲戒処分は刑罰ではないから、同一事実に基づいて刑事訴追を受け有罪判決を言い渡されても39条には違反しない。

220 夜間道路上で、警邏中の警察官から職務質問を受け、巡査駐在所に任意同行され、鞄内の所持品等の呈示要求に従わず、質問中隙をみて逃げ出した者を、更に質問を続行すべく追跡して背後から腕に手をかけ停止させる行為は、正当な職務執行の範囲を超えるものではない。

221 麻薬取扱者として免許を受けた者は、取締法の定める記帳義務を受諾した者であるから、不利益供述拒否権を援用できない。

222	最判	昭和	29.7.30		民集	8・7・1501
223	札幌高裁 函館支部	昭和	29.9.6		判時	40・11
224	釧路地裁	昭和	29.9.15		判時	36・3
225	最判	昭和	29.9.21		刑集	8・9・1508
226	東京高裁	昭和	29.9.22	抜き打ち解散事件	判時	35・8
227	最判	昭和	29.9.24		判時	35・4
228	東京高裁	昭和	29.9.30		判時	41・13
229	最判	昭和	29.9.30		D1-LAW	27610643
230	青森地裁	昭和	29.10.6		行集	5・10・2383
231	最大判	昭和	29.10.13		判タ	44・21
232	最大判	昭和	29.10.20		判時	37・3
233	最判	昭和	29.11.5		判時	39・15
234	東京高裁	昭和	29.11.9		行集	5・11・2698
235	最大判	昭和	29.11.10		民集	8・11・2034
236	東京地裁	昭和	29.11.10		判タ	43・32
237	最大判	昭和	29.11.24	新潟県公安条例事件	判時	39・3

222 公立大学学生の行為に対し、懲戒処分をするかどうか、懲戒処分のうちいずれの処分を選ぶかを決定することは、その決定が全く事実上の根拠に基づかないと認められる場合であるか、もしくは社会観念上著しく妥当を欠き懲戒権者としての学長の裁量権の範囲を超えるものと認められる場合を除き、その裁量に任される。

223 公用自動車の故障と運転手の過失が競合して生じた損害につき国家賠償法2条1項による責任を認めた。
警察職員が地区警察署の自動車で署長を官舎に送った後、私用で他所に寄り署に戻る途中で交通事故を起こしても国家賠償の対象とはならない。

224 破壊活動防止法が基本的人権を制限するものであることを理由に憲法違反であるということは正当でない。

225 業務上横領罪における業務者は、犯罪者の属性による刑法上の身分であって14条の「社会的身分」に該当しない。

226 衆議院の解散権は内閣にあり、解散事由は69条の場合に限定されない。

227 公職選挙法に基づく候補者氏名および所属政党の投票所における掲示で、候補者一名の所属政党を誤記した違法は、特段の事由のない限り、選挙の結果に異動を及ぼす虞があり、選挙争訟の対象となる。

228 17条は、国に対する賠償請求につき具体的要件を法律に譲ることを定めている以上、この要件を規律する法律が存しない限り、この請求はなしえない。

229 市民が市長に対し生活資金を要求するための交渉は、28条の保障する団体交渉権の行使に当らない。

230 地方議会が議員に対して行った出席停止の議決に対して司法審査が及ぶことを認めた。

231 簡易裁判所を第一審とする民事事件の上告審を高等裁判所としている民事訴訟法および裁判所法の規定は32条、76条、81条のいずれにも違反しない。

232 通常の学生の選挙法上の住所は、郷里ではなく寮等の修学地にある。

233 いわゆるおとり捜査は、これによって犯意を誘発された者の犯罪構成要件該当性、責任性若しくは違法性を阻却するものではない。

234 最高裁判所の裁判官の国民審査は国民の公務員選定権に基づき裁判官の任命の適否を国民に問う制度ではなくて、国民の公務員罷免権に基づき裁判官の今後の在任の可否を国民において審査する制度である。

235 自作農創設特別措置法の農地買収対価は、29条3項にいう「正当な補償」にあたるから右の買収対価による農地の買収は無効ではない。

236 三権分立の原則を採用する日本国憲法において、76条が、裁判所に固有の権限として帰属せしめている司法権とは、当事者間に具体的な権利義務の紛争が存する場合に、法を適用実現して、紛争を解決する国家作用をいう、とすべきである。そして新憲法のもとにあっては、右の紛争は、具体的な法律的紛争である限り、公法上の事項たると私法上の事項たるとを問わず、その一切を含むものと解すべきである。

237 法律に準拠して条例が罰則を設けることは憲法上禁止された事項とは解されない。行列行進又は公衆の集団示威運動について、一般的な許可制を定めてこれを事前に抑制することは、憲法の趣旨に反し許されない。

238	最大判	昭和 29.11.24		刑集	8・11・1860
239	仙台高裁	昭和 29.11.29		高刑特	1・10・462
240	旭川地裁	昭和 29.12.2		行集	5・12・3015
241	最判	昭和 29.12.27		刑集	8・13・2435
242	最判	昭和 30.1.11		判タ	47・51
243	最大判	昭和 30.1.26	公衆浴場距離制限事件	刑集	9・1・89
244	東京高裁	昭和 30.1.28		訟月	1・1・77
245	東京地裁	昭和 30.2.5		下民	6・2・212
246	最大判	昭和 30.2.9		刑集	9・2・217
247	最大判	昭和 30.2.16		判タ	49・60
248	最判	昭和 30.2.17		判タ	49・60
249	最大判	昭和 30.3.16		刑集	9・3・461
250	福島地裁	昭和 30.3.18		訟月	1・3・51
251	最大判	昭和 30.3.23		判タ	48・40
252	最判	昭和 30.3.25		刑集	9・3・519
253	最大判	昭和 30.3.30		刑集	9・3・635
254	大阪地裁	昭和 30.4.2		判タ	49・72

238 貸金業について届出制を採用しても22条1項に違反しない。

239 刑事補償法3条2号が「一個の裁判によって併合罪の一部について無罪の裁判を受けても、他の部分について有罪の裁判を受けた場合」に補償しないことができると定めていることは40条の趣旨に反しない。

240 地方議会が議員に対して行った出席停止の議決に対して司法審査が及ぶことを認めた。

241 午後1時20分頃、警ら中の警察吏員が一通行人の服装、年令、態度、携帯品などから推して、当時同一警察署管内に頻発していた窃盗事件に関係があるのではとの疑を抱き、これを呼び止めて職務質問をなし、更にその所持に係る風呂敷包みの内容について呈示を求めたところ、同人が俄かに歩きはじめ更に逃げ出す等の異常の態度を示したときはこれが停止を求め職務質問を続行するためにその跡を追いかけても違法ではない。

242 いかなる被告事件をいわゆる必要弁護事件となすべきかは、専ら刑事訴訟法によって決すべきものであって、31条、37条3項によって定まるものではない。

243 公衆浴場開業の距離制限は、乱立を防ぎ、ひいて公衆衛生を維持するためであるから、22条1項に反しない。

244 厚生大臣において中央メーデーの集会のための皇居外苑使用許可申請を拒否したのが違法であっても、右申請を許すべきかどうかの判断がきわめて微妙である等の場合、その判断の誤りにつき国家賠償の要件たる過失があったものと認めることはできない。

245 電報電話局の宿直員の失火に基づく隣家の火災には国家賠償法の適用はない。

246 選挙犯罪者の公民権停止は不合理な差別ではない。

247 公職選挙法の「選挙運動の期間中及び選挙の当日において定期購読者以外の者に対して頒布する新聞紙又は雑誌については有償である場合に限る」との規定は21条に違反しない。

248 被告人が、投票偽造罪の取調を受けるにあたり、いわゆる供述拒否権の告知後、検察官に対し自ら進んで、正規に投票した1票および不正に投票した1票の被選挙人の氏名を表示し、その投票した2票を指示したにすぎないことがうかがわれるときは、検察官が投票の秘密を犯したものとは認められない。

249 農業会の会長、理事長は自由意思に基づく地位であるから社会的身分（14条）に当たらない。

250 司法警察職員による捜査の結果の発表がその職務の範囲に属さず国家賠償の対象とならない。

251 土地台帳若しくは土地補充課税台帳に一月一日に所有者として登録されている者は、納期において所有権を有しないときでもその年の四月一日に始まる年度の固定資産税の納税義務を負うとする地方税法は11条、12条、14条、29条、30条、65条に違反しない。

252 刑事訴訟法に基づく第1回公判期日前の証人尋問をした裁判官は、当該被告事件の審判から除斥されるものではない。

253 選挙期間中の文書活動の制限をすることは憲法上許された必要且つ合理的の制限と解することができる。

254 建築制限等を受けた土地について、その拘束を受けない状態における客観的取引価格により補償額を決定するべきである。

255	最大判	昭和 30.4.6	帝銀事件	刑集	9・4・663
256	最大判	昭和 30.4.6		刑集	9・4・819
257	最判	昭和 30.4.19		判時	51・4
258	最判	昭和 30.4.22		刑集	9・5・911
259	最大判	昭和 30.4.27		刑集	9・5・924
260	東京高裁	昭和 30.5.21		判時	55・31
261	最大判	昭和 30.6.1		判時	51・3
262	最大判	昭和 30.6.8		判時	54・8
263	東京高裁	昭和 30.6.16		判時	55・30
264	最大判	昭和 30.6.22	三鷹事件	判時	52・1
265	最判	昭和 30.7.19		判タ	53・52
266	山形地裁	昭和 30.7.21		行集	6・7・1884
267	最判	昭和 30.8.18		刑集	9・9・2031

255 豊島区の帝国銀行で発生した毒殺強盗事件であるが、極めて謎が多い事件である。

255 死刑執行方法は、絞殺、斬殺、銃殺、電気殺、瓦斯殺等であるが、これらの比較考量において一長一短の批判があるけれども、現在わが国の採用している絞首方法が他の方法に比して特に人道上残虐であるとする理由は認められない。
甲事件を理由として勾留された被告人を、検察官が乙事件の被疑者として約39日間連続約50回にわたり取り調べたからといって、右取調をもって直ちに不利益な供述を強要したものということはできない。

256 公職選挙法は、公職の選挙につき文書図画の無制限の頒布、掲示を認めるときは、選挙運動に不当の競争を招き、これが為、却って選挙の自由公正を害し、その公明を保持し難い結果を来すおそれがあると認めて、かかる弊害を防止する為、選挙運動期間中を限り、文書図画の頒布、掲示につき一定の規制をしたのであって、この程度の規制は、公共の福祉のため、憲法上許された必要且つ合理的な制限と解することができる。

257 公権力の行使に当たる公務員の職務行為に基づく損害については、国または公共団体が賠償の責に任じ、職務の執行に当たった公務員は、行政機関としての地位においても、個人としても、被害者に対しその責任を負担するものではない。

258 法律により刑事に関する訴訟手続を規定することは77条に違反しない。

259 法律が司法官憲によらず、また司法官憲の発した令状によらず犯行の現場において捜索・押収をなし得べきことを規定したとしても35条違反の問題は生じない。

260 刑事補償の対象となるのは形式的に無罪となった事件を被疑事実とする逮捕勾留に限る。

261 39条後段は、日本国による一事不再理の保障にすぎず、同一行為に対して、占領軍軍事裁判による問責と日本国による刑事問責とが重ねられても違憲ではない。

262 20条の保障する信教の自由は、宗派の管長が宗派の規則に従ってなした寺院の住職の任命を、その住職が徳行を欠き、檀信徒の信服しない者であるとの理由で排除できる権能を檀信徒に与えたものではない。

263 刑事補償上の未決の抑留または拘禁には、当該無罪となった事件の公訴事実に基づく逮捕状勾留状による執行の場合のみならず、別罪による既存の勾留を利用し、公訴事実について取調を受けた場合の右既存の勾留をも含む。

264 わが刑法が刑罰として死刑を存置するのは、死刑の威嚇力によって重大犯罪に対する一般予防をなし、死刑の執行によって特殊な社会悪を根絶し、これによって社会を防衛せんとするものであって、結局社会公共の福祉のため死刑制度の存置の必要性を承認しているものと解せられる。
国鉄職員の争議禁止は28条に反しない。

265 巡査から挙動不審者として職務質問を受け、派出所まで任意同行を求められた者が、突如逃走した場合に、巡査が単に職務質問をしようとして追跡しただけでは、人の自由を拘束したものではなく巡査の職務行為として適法である。

266 町地区農業委員会が、同委員会会議規則中委員懲罰に関する規定を規則制定前の委員の行為に適用してなした懲罰決議は、違法である。

267 業務上横領罪における業務上他人の物を占有するということは、犯罪者の属性による刑法上の身分であるが、14条のいわゆる社会的身分と解することはできない。

---

264 三鷹駅構内で起きた無人列車暴走事件であり、下山事件、松川事件と並ぶ国鉄3大ミステリー事件の一つである。

268	札幌高裁	昭和 30.8.23	高検速報	32・1
269	大阪高裁	昭和 30.9・19	判時	60・24
270	東京高裁	昭和 30.9・20	高刑	8・8・1024
271	最大判	昭和 30.9・28	判時	60・9
272	最大判	昭和 30.10.7	判時	61・3
273	最判	昭和 30.10.14	刑集	9・11・2213
274	最大判	昭和 30.10.26	民集	9・11・1690
275	最大判	昭和 30.10.26	刑集	9・11・2313
276	東京高裁	昭和 30.11.10	判タ	55・43
277	最判	昭和 30.11.22	判時	66・28
278	最判	昭和 30.12.2	判時	66・5
279	最決	昭和 30.12.8	判時	66・3
280	最判	昭和 30.12.9	判時	68・30
281	最大判	昭和 30.12.14	刑集	9・13・2760

268 おおよそ国政に関する調査の機能は、国会両議院に属しその調査のため、証人尋問、記録の提出要求を行うことのできることは62条により明らかであるが、これ以上の強制力を有する住居侵入、捜索、押収、逮捕のごときは許されていない。

269 未決勾留は被告事件の審理上止むをえず行うのであるが、勾留せられた被告人の受ける苦痛は自由刑の執行に匹敵するものであるから、被告人の責に帰し難いような未決勾留日数は、これを刑の執行の一部とみなすのが衡平の観念に合致するというのが未決勾留日数参入の制度の精神である。

270 人事院規則上の「特定の候補者」とは「法令の規定の基づく立候補届出または推薦届出により候補者としての地位を有するに至った特定人」を指称し、「立候補しようとする者」または「候補者たりし者」を含まない。

271 人身保護法により救済を請求することができるのは、非拘束者の拘束または拘束に関する裁判もしくは処分が権限なしにされ、または法令の定める方式もしくは手続に著しく違反していることが顕著な場合にかぎられる。

272 16歳未満の未成年者を相当の長期間娼婦として仕込み、稼働せしめその所得金をもって前借金の弁済に充当するが如きは、人の身体の自由を著しく束縛するもので、公序良俗に反する無効の契約である。

273 公判審理前に、これと必要的共犯の関係にある他の被告事件の証人として被告人を尋問し、被告事件の内容に関し、予め知識を有していたからといって、その裁判官のした審理判決が37条1項にいわゆる「公平な裁判所の裁判」でないということはできない。

274 自作農創設特別措置法によって農地を買収する場合は、もとより29条3項の場合に当り、所有者に正当な補償をしなければならないこと。この場合の正当な補償とは、その当時の経済状態において成立することを考えられる価格に基づき、合理的に算出された相当の額をいい、必ずしも常にかかる価格と完全に一致することを要するものでない。

275 一旦適法に制定された法令は、その内容が憲法に違反しない限り、その後の法令により廃止されるまではその効力を失うものではない。

276 国民金融公庫の役職員を公務員とする規定は、その地位が職員になろうとする者の自由意思に基づき任命権者の任命により取得される身分関係であり、14条のいわゆる社会的身分ではない。

277 連合軍占領下における紡績会社の共産党員である従業員の解雇が、その従業員の企業の生産を阻害すべき具体的言動を根拠とするものであって、解雇当時の事情の下でこれを単なる抽象的危虞に基づく解雇として非難することができないものと認められる場合には、かかる解雇をもって共産党員であることもしくは単に共産主義を信奉すること自体を理由とするものということはできない。

278 農地売渡処分の取消処分に対する出訴期間については、自創法の規定によるべきではなく、一般法により処分のあったことを知ったときから6ヶ月以内と解すべきである。

279 パチンコ屋の景品買いなどの行為を禁止した県条例は、風俗営業等取締法の委任の範囲をこえるものではない。

280 言論・出版会において記事の出所を秘匿する慣習法があるとは認められず、仮にそれがあるとしても、だからといって言論、出版の業にたずさわる者らに限って、特に事実の証明が不十分であっても名誉棄損罪の成立が阻却されると解すべき理由はない。

281 緊急逮捕（刑事訴訟法210条）は33条の趣旨に反しない。

282	最大判	昭和 30.12.14		判タ	56・62
283	最判	昭和 30.12.20		判タ	57・39
284	最判	昭和 30.12.26		判時	69・3
285	最判	昭和 31.2.16		刑集	10・2・201
286	最判	昭和 31.2.17		民集	10・2・86
287	津地裁	昭和 31.3.2		判時	80・23
288	最大判	昭和 31.3.14		D1-LAW	27002940
289	東京地裁	昭和 31.3.17		判タ	56・100
290	札幌高裁	昭和 31.3.30		判時	74・21
291	弾劾裁判所	昭和 31.4.6		弾裁集	37
292	最大判	昭和 31.5.30		判タ	60・57
293	大阪高裁	昭和 31.6.19		判時	79・6
294	最大判	昭和 31.7.4	謝罪広告事件	民集	10・7・785
295	最判	昭和 31.7.12		刑集	10・7・1058
296	最大判	昭和 31.7.18		刑集	10・7・1173
297	最大判	昭和 31.7.18		判タ	62・64

282 外国人に対する規制（外国人登録令）が、外国人一般に対するものである限り直ちには人種差別にはならない。

283 控訴事件の被告人の地位というものは畢竟或る事件についての起訴及び控訴によって生じた訴訟法上の地位ないし法律関係に過ぎないので、14条の社会的身分にはあたらない。

284 裁判所が、同一被告人に対する数個の公訴事実を併合して審理する場合には、無罪とした公訴事実につき発せられた勾留状の執行により生じた未決勾留日数を、他の有罪とした公訴事実の本刑に算入することができる。

285 新聞紙・雑誌の不法利用を禁ずる公職選挙法の規定は21条に違反しない。

286 特別区長選任無効確認を求める住民の訴えは、その具体的権利義務に関係がないから不適法である。

287 自由労働組合（各公共職業安定所に登録された日雇労働者の全国的単一組織）は労働法上にいう労働組合にあたり職業安定所長に対して団体交渉権がある。

288 農地調整法附則3条（賃借権の回復等）は、不法又は不当な農地の取上げを是正して農地調整法の目的たる耕作者の地位の安定を図るという公共の福祉の為に、必要已むを得ない規定というべきで29条に違反しない。

289 終戦の混乱期における在外公館の私人からの借入金の返済額を5万円に制限した法律（在外公館等借入金の返済の実施に関する法律）は29条に違反し無効とされた。ただし、この判断は控訴審（東京高裁昭和44年12月25日）により取り消された。

290 破壊活動防止法は憲法に違反しない。

291 訴追の事由は、事件記録の不整頓等を放置し、395件の略式命令請求事件を失効させ、そのうちの約3分の2について検察官に再起訴を断念させた等というものであり罷免された。

292 家庭裁判所は一般的に司法権を行う通常裁判所であって、76条2項にいわゆる特別裁判所ではない。

293 違法の手続によって押収された本件麻薬、その捜索差押調書等は証拠としてこれを利用することは禁止せられるものと解する。もし、違法に押収せられた物件も適法な証拠調を経たときは証拠として利用できると解するならば、憲法の保障は有名無実になってしまうであろう。

294 判決で謝罪広告を命ずることは単に事態の真相を告白し陳謝の意を表明するに止まる程度のものであれば19条の良心の自由を侵害するとはいえない（13対2）。
名誉毀損は言論の自由の濫用である。

295 公務員が法令上管掌するその職務のみならず、その職務に密接な関係を有するいわば準職務行為又は事実上所管する職務行為に関して賄賂を収受すれば収賄の罪は成立する。

296 麻薬取締法が麻薬取扱者に対し業務所ごとに帳簿を備え、麻薬に関する所定の事項の記入を命じ、この違反に対し刑罰制裁を定めていることは38条1項に違反しない。

297 第一審判決が被告人の犯罪事実の存在を確定せず無罪を言い渡した場合に、控訴裁判所が何ら事実の取調をすることなく第一審判決を破棄し、訴訟記録並びに第一審裁判所において取り調べた証拠のみによって、直ちに被告事件について犯罪事実の存在を確定し有罪の判決をすることは、37条、31条に違反し、刑事訴訟法400条但書の許さないところである。

298	最判	昭和 31.7.20		判タ	62・57
299	最判	昭和 31.7.20		民集	10・8・1059
300	東京地裁	昭和 31.7.23	二重煙突事件	判時	86・3
301	最判	昭和 31.8.22		判タ	63・49
302	東京地裁	昭和 31.8.22		判タ	61・106
303	最判	昭和 31.9.11		判タ	65・84
304	最判	昭和 31.9.25		判タ	65・85
305	最大判	昭和 31.9.26		判時	89・27
306	東京地裁	昭和 31.10.23		行集	7・10・2505
307	最大判	昭和 31.10.31		判タ	66・51
308	最判	昭和 31.11.30		判タ	67・62
309	最判	昭和 31.12.11	三井炭鉱事件	判時	96・1
310	最大判	昭和 31.12.24		刑集	10・12・1692
311	最大判	昭和 31.12.26		刑集	10・12・1769

300 検察が法務大臣経験者を訴追対象にした極めて異例な事件である。

298 被拘束者が不法入国による退去強制処分の確定した朝鮮人を母としその不法入国後本邦において出生した幼児であること、退去強制令書に退去強制を受くべき者の表示として被拘束者が右母と共に記載されていること等の関係のもとにおいては、未だ人身保護規則の「拘束が権限なしにされていることが顕著である場合」にあたらない。

299 新聞の報道内容が人の社会的評価を低下させるか否かについて、一般読者の普通の注意と読み方を基準として判断すべきであるとした。

300 国政調査権が捜査権や裁判権に影響をもたらす可能性があることに言及した。

301 保釈された者が有罪判決確定後逃亡したことを理由として高等裁判所がなした同人に対する保釈保証金没取決定に対し、さきに同人のため保証書を差し出した者は、刑事訴訟法352条の「被告人以外の者で決定を受けたもの」として、みずから異議申立をすることはできない。

302 共産党またはその同調者であることを理由とする解雇は、19条、21条1項等に違反し無効である。

303 法定の資格者以外の者による覚せい剤の譲渡、譲受、所持等を禁止することは22条1項に違反しない。

304 被告人に対する背任の公訴事実と社会的事実関係を同じくする民事訴訟事件の審判に関与した裁判官が、右背任被告事件について合議体の一員として審判に関与しても、それだけでは忌避原因とはならない。

305 第一審判決が起訴にかかる公訴事実を認めるに足る証明がないとして、被告人に対し、無罪を言い渡した場合に、控訴裁判所が右判決は事実を誤認したものとしてこれを破棄し、みずから何ら事実の取調をすることなく、訴訟記録および第一審裁判所で取り調べた証拠のみによって、被告事件について、犯罪事実の存在を確定し有罪の判決をすることは、刑事訴訟法400条但書の許さないところである。

306 旧弁護士法は、一定の事項に該当する者には弁護士名簿の登録請求の進達を拒絶しうる旨を規定して、弁護士を職業として選択する自由について制限しているが、この制限は公共の福祉の見地からなされたものであるから22条1項に違反するものではない。

307 家屋明渡請求訴訟事件についてなされた調停に代わる裁判は11条、13条、22条、25条、32条に違反しない（8対7）。

308 国家賠償法1条の「職務を行うについて」に該当するか否かは、行為者の主観とはかかわりなく、外観によって決せされるべきである。

309 炭坑労働組合が同盟罷業中一部組合員が罷業から脱退して会社の石炭運搬業務に従事し石炭を積載した炭車を連結したガソリン車の運転を開始した際、組合婦人部長たる被告人が、右一部組合員の就業は経営者側との不純な動機に出たもので罷業を妨害する裏切行為であり、これにより罷業が目的を達成し得なくなると考え、既に多数婦人組合員等がガソリン車の前方線路上に立ち塞がり、座り込みまたは横臥してその進行を阻止していたところに参加して「ここを通るなら自分たちを轢き殺して通れ」と怒号して就業組合員等のガソリン車の運転を妨害した行為は威力業務妨害罪とならない。

310 40条にいう「抑留又は拘禁」中には、たとえ不起訴になった事実に基づく抑留または拘禁であっても、そのうちに実質上は、無罪となった事実の取調のための抑留または拘禁であると認められるものがあるときは、その部分の抑留および拘禁もまたこれを包含する。

311 不法入国者に対する外国人登録申請書の提出義務は犯罪の申告を要求したものでないから、38条1項に反しない。

312	最大判	昭和 31.12.26		判時	99・23
313	京都地裁	昭和 31.12.27		判時	112・1
314	東京地裁	昭和 32.1.31		行集	8・1・133
315	福岡地裁	昭和 32.2.4		税資	39・219
316	最大判	昭和 32.2.20		刑集	11・2・802
317	最大判	昭和 32.2.20		刑集	11・2・824
318	最大判	昭和 32.3.13	チャタレイ事件	刑集	11・3・997
319	最判	昭和 32.3.26		刑集	11・3・1108
320	最判	昭和 32.3.28		刑集	11・3・1306
321	最大判	昭和 32.4.3		刑集	11・4・1319
322	広島高裁 岡山市部	昭和 32.4.5		行集	8・4・519
323	最判	昭和 32.5.24		刑集	11・5・1540
324	最判	昭和 32.5.31		判時	116・4
325	名古屋高裁 金沢支部	昭和 32.6.3		行集	8・6・1020
326	最決	昭和 32.6.8		刑集	11・6・1638
327	最大判	昭和 32.6.19	外国人不法入国事件	刑集	11・6・1663

318 本裁判例の「多数意見は…非科学的であって、とうてい賛同することができない。」というところから始まる真野毅裁判官の意見は一読を勧めたい。

312 麻薬の譲り受け、譲り渡しを一般的に禁止することは22条1項に違反しない。

313 破防法の扇動罪の可罰性について、いわゆる「明白かつ現在の危険」の原則を用いて無罪判決を下した。

314 官公署は請願を受理して誠実に処理する義務を負うのであるが、請願を受理したものは、これを誠実に処理する以上の法律上の義務を負うものではなく、この意味において請願はこれを受理した官公署に対し法律上の拘束力を有するものではない。

315 税務通達は、とくに租税法規の具体的会社を内容とするものなどについては事実上、租税法規の補完として、それ自体、事実上、規範的性格を有する面がある。

316 氏名は「不利益な供述」にあたらない。刑事被告人が弁護人選任届に氏名を記載することを要求しても、氏名そのものは憲法によって黙秘を保障されるものではない。

317 刑法の尊属殺人罪にいわゆる「……配偶者ノ直系尊属」とは、現に存する配偶者の直系尊属を指すのであって、配偶者が死亡し配偶関係の存在しなくなった後も、なおその直系尊属との関係を認める趣旨でないと解するを相当とする。

318 公共の福祉の制約はすべての基本的人権におよぶ。
わいせつな表現の処罰は21条に反しない。わいせつとは、徒らに性欲を興奮又は刺戟せしめ、且つ普通人の正常な性的羞恥心を害し善良な性的道義観念に反するものをいう。

319 業務上過失致死罪における業務者は、その人の属性による刑法上の身分であって、14条の社会的身分といえない。

320 「控訴審においては、被告人は、公判期日に出頭することを要しない。」と定める刑訴法390条本文は31条に違反しない。

321 広島県が定めた「金属屑業条例」は金属屑業者の届出制等を採用しているが、これは県下における金属類の盗犯その他の犯罪を防止し、或は、それらの犯罪の検挙を容易ならしめるためのものであり22条1項に違反しない。

322 一投票所の投票を他の投票所の投票に混同しないで開票したことは、公職選挙法に違反することは明白であるが、右違法は選挙の結果に異同を及ぼすものとは考えられないから、これをもって選挙無効とすることはできない。

323 検察官が一旦不起訴にした犯罪を後日起訴しても39条に違反するものではない。

324 被疑者に対する食糧差入禁止期間中に得られた自白に任意性の疑いがあるとされた。

325 特定の選挙人が候補者の何人に投票する意思であったかということを証拠調によって明らかにすることは15条4項等により許されない。

326 売春をした者だけを罰する条例は性別による差別ではない。

327 憲法は外国人の入国の自由を保障してはいない。

328	最大判	昭和 32.6.19		刑集	11・6・1673
329	最判	昭和 32.6.25		刑集	11・6・1732
330	東京高裁	昭和 32.9.5		判時	124・1
331	最判	昭和 32.9.20		刑集	11・9・2340
332	最判	昭和 32.9.26		民集	11・9・1660
333	弾劾裁判所	昭和 32.9.30		弾裁集	65
334	最大判	昭和 32.10.9		刑集	11・10・2520
335	東京高裁	昭和 32.10.26		訟月	3・12・53
336	東京高裁	昭和 32.10.30		判タ	76・50
337	東京高裁	昭和 32.10.30		行集	8・10・1783
338	東京高裁	昭和 32.10.31		訟月	3・12・75
339	東京高裁	昭和 32.11.7		判タ	76・39
340	最大判	昭和 32.11.27		刑集	11・12・3132
341	最判	昭和 32.12.5		刑集	11・13・3167
342	最大判	昭和 32.12.25		刑集	11・14・3377
343	最大判	昭和 32.12.25		民集	11・14・2423
344	最大判	昭和 32.12.28		刑集	11・14・3461

328 控訴審が被告人から国選弁護人選任の請求があったのにその選任を遅延し、控訴趣意書差出最終日を経過した後に国選弁護人を選任した場合において、改めて同弁護人に対し控訴趣意書を提出する機会を与える措置をとらなかったとしても、同弁護人がみずから控訴趣意書を提出するため右最終日の変更等の請求をせず公判期日に臨み、そのまま被告人提出の控訴趣意書に基づいて弁論をなし結審したという事情のもとでは、37条3項に違反しない。

329 公衆浴場の適正配置規制は22条に違反しない。

330 国家公務員法上のいわゆる「秘密」とは、単に実質的秘密に属する事項ばかりでなく、国家が一般に知られることを禁ずる旨を明示した事項を指称する。

331 76条3項にいう裁判官が良心に従うとは、裁判官が有形無形の外部の圧迫ないし誘惑に屈しないで自己の内心と道徳感に従う意味である。

332 投票区の投票を他の投票区の投票と分離して点検した違法は選挙無効の原因にはならない。

333 訴追の事由は、現地調停の帰路、相手方を除く関係者とともに申立人所有のオート三輪車に便乗して旅館に戻り、申立人から酒食の饗応を受けた等というものであり罷免された。

334 人事院規則にいう「特定の候補者」とは、法令の規定に基づく正式の立候補届出または推薦届出により候補者としての地位を有するに至った特定人を指すものと解すべきであって、「立候補しようとする特定人」を含むものと解することはできない。

335 17条は、従来わが国において公務員の不法行為が公権力の発動としてなされた場合は民法の適用はないものとして、「この所民法入るべからず」とされていたのを否定し、国及び公共団体の責任が公権力の行使についても生ずることを明定したものであるから、この規定の趣旨から言って、日本国憲法施行後は公務員の不法行為についても民法の規定を適用することができることになったものと解するのが相当である。

336 製造たばこの販売を一般国民の自由に委ねるならば、製造たばこの販売価格は時、所によって高低の生じることを免れず、また或は販売人はこれを買い占めて価格を騰貴させ、巨利を得ようと企てるやも知れず、或はこれを投売して市場価格の激変を招くかもしれないなどと指摘してたばこ専売法は22条1項に違反しないとした。

337 代理投票の補助者が本人の意思に反した記載をして投票をしたという主張は、投票の秘密を保障した15条4項等にふれるおそれもあるから許されない。

338 出入国管理令に基づき法務大臣のなす特別在留許可は自由裁量である。

339 最高裁判所裁判官国民審査は一種の解職投票制度である。

340 旧関税法の定める第三者所有物の没収は、情を知った第三者の所有物に限るものと解釈しなければならない。

341 有罪判決について差し戻しを受けた第一審裁判所は、第一審判決に事実誤認、訴訟法違反があり、その誤りが判決に影響を及ぼすことが明らかであるとの第二審の判断の範囲内において更に審理をなすべき拘束を受けるに止まり、本件につき必ず有罪の宣告をしなければならないというごとき拘束を受けるものではないから裁判官の独立に反しない。

342 外国人の出国も「移住の自由」として保障されるが、出国手続を強制することは違憲ではない。

343 土地区画整理施行規程に基づき土地台帳地積によってした換地予定地指定処分は29条に反しない。

344 法令の公布は官報にのせてなすべきものである。

345	最判	昭和 33.1.23		判時	142・34
346	東京高裁	昭和 33.2.11		判時	139・5
347	最大判	昭和 33.2.12		民集	12・2・190
348	最大判	昭和 33.2.17	北海タイムス事件	刑集	12・2・253
349	京都地裁	昭和 33.2.21		一審刑集	1・2・327
350	最大判	昭和 33.3.5		民集	12・3・381
351	最大判	昭和 33.3.12		判時	143・5
352	最判	昭和 33.3.28	パチンコ玉遊器通達課税事件	判時	145・15
353	最大判	昭和 33.4.9		判時	151・17
354	最判	昭和 33.4.10		刑集	12・5・839
355	最大判	昭和 33.4.16		刑集	12・6・942
356	佐賀地裁	昭和 33.4.22		労民	9・2・168
357	最判	昭和 33.4.25		民集	12・6・912
358	最大判	昭和 33.4.30		民集	12・6・938
359	最判	昭和 33.5.1		刑集	12・7・1272
360	最判	昭和 33.5.6		刑集	12・7・1351
361	最大判	昭和 33.5.28		刑集	12・8・1718

348 本裁判例のカメラマンの採った行動はどのようなものであったか、その具体的内容まで含めて理解しておくべきであろう。

345 控訴審が事実の取調をすることなく、第一審の訴訟記録を書面審理しただけで、被告事件につき、更に判決をすることは39条後段に違反しない。

346 各国務大臣は、内閣全体としてその処理の方針を決するを相当とする場合において、閣議を求め、また、閣議における審議、決定に関与する職務権限を有する。

347 条例による国民健康保険への強制加入は29条1項に反しない。

348 21条の表現の自由は「報道の自由」をふくむ。
報道のための取材であっても、公判廷の秩序をみだし訴訟関係人の利益を害するおそれのある写真撮影を裁判所の許可にかからしめることは21条1項に反しない。本件は、公判開始後、裁判官席のある壇上にのぼり、制止もきかずに撮影したという事案であった。

349 拘置所が検察官からの「被疑者と弁護人との接見はその日時、場所および時間を別に発すべき指定書のとおり指定する」旨の指示に基づき被疑者と弁護人との接見を拒否している場合につき、かかる一般的指定は準抗告の対象とならない。

350 罹災都市借地借家臨時処理法による借地権設定の裁判は32条、82条に違反しない（12対3）。

351 一般職に属する公務員について、一般国民と差別して処遇されるからといって、もとより合理的根拠にもとづくものであり、公共の福祉の要請に適合するものであって、これをもって14条に違反するとすべきではない。

352 本件の課税がたまたま所論通達を機縁として行われたものであっても、通達の内容が法の正しい解釈に合致するものである以上、本件課税処分は法の根拠に基づく処分と解することを妨げない。

353 都市計画法施行令に基づく建築許可に附した無補償撤去等の条件が29条に反しないとされた。

354 死刑は25条に違反しない。

355 国家公務員法の適用を受ける一般職に属する公務員は、国の行政の運営を担任することを職務とする公務員であるからその職務の遂行にあたっては厳に政治的に中正の立場を堅持し、いやしくも一部の階級若しくは一派の政党又は政治団体に偏することを許されない。

356 共産主義者およびその同調者で、常に煽動的言動をし、他の従業員に悪影響を及ぼす者、円滑な事業経営に支障を及ぼす者またはそのおそれのある者および事業経営に協力しない者の行動を解雇基準とすることは14条等に違反しないとされた。

357 農地のいわゆる遡及買収に関する自作農創設特別措置法の規定は29条、39条に違反しない。

358 法人税法が追徴税と刑罰とを併科しても39条に違反しない。

359 人事院規則は国家公務員法に基づき、一般職に属する国家公務員の職責に照らして必要と認められる政治的行為の制限を規定したものであり、委任の範囲を逸脱したものではない。

360 罰金を完納できない者の労役場留置は18条に反しない。

361 共犯者の自白は38条3項の「本人の自白」ではない。

362	最大判	昭和 33.5.28		刑集	12・8・1694
363	最判	昭和 33.6.13		判タ	81・83
364	最大判	昭和 33.7.9		刑集	12・11・2407
365	最大決	昭和 33.7.10		判時	156・19
366	最判	昭和 33.7.10		刑集	12・11・2492
367	最大判	昭和 33.7.16		刑集	12・12・2591
368	最大決	昭和 33.7.29		刑集	12・12・2776
369	東京地裁	昭和 33.7.31		判時	159・46
370	大阪地裁	昭和 33.8.20		判時	159・6
371	最大判	昭和 33.9.10	帆足計事件	民集	12・13・1969
372	最判	昭和 33.9.10		刑集	12・13・2897
373	最大判	昭和 33.10.15	東京都売春等取締条例事件	刑集	12・14・3305
374	最大判	昭和 33.10.15		刑集	12・14・3313
375	最大判	昭和 33.10.15		刑集	12・14・3291
376	福岡高裁	昭和 33.11.5		判時	169・29
377	最大判	昭和 33.12.24		民集	12・16・3352

371 多数意見の他に田中耕太郎と下飯坂潤夫の各裁判官の意見も読むと参考になる。

362 労働争議に際し、使用者側の遂行しようとする業務行為を阻止するためにとられた労働者側の威力行使の手段（いわゆるピケットライン）には威力業務妨害罪が成立し、これを処罰することは28条に違反しない。

363 警察における取り調べは、過酷なものであったかどうかは別としても、かなり無理もあったと考えざるを得ないとして、自白の任意性に疑いがありその証拠能力を否定した。

364 酒税法の規則への委任については、委任された内容が帳簿記載事項の範囲に限定されており白紙委任ではなく、税務署長への再委任については、各地方の実状に即するためのものであって違憲ではない。

365 77条は「最高裁判所は、訴訟に関する手続、……に関する事項について、規則を定める権限を有する。」と規定しており、上告理由書提出期間は右にいう訴訟に関する手続たる事項であるからこれを定めた民訴規則は右権限内の規定であるばかりでなく、一面右規則は直接には民訴法の規定によって規則に任されたものであるから、右規則は合憲である。

366 共犯者の自白は38条3項の「本人の自白」に含まれない。

367 国鉄職員と京都市電バス従業員の両者が、或る時期において、前者については一定の争議行為につき罰則の適用が排除されているのに後者についてはなおその適用があることとなっても、14条に違反しない。

368 捜索差押許可状に適用法条を示して罪名を記載することまで35条は要求しておらず、また差押えるべき物を概括的に記載しても35条のいう「明示」にあたる。

369 99条が定める憲法尊重擁護義務は、一般に法律的義務というよりはむしろ道徳的要請を規定したものである。

370 拘置監という小社会の収容者は、「公共の福祉」保護の要請から設けられた監獄法その他の刑事法を根拠として拘置監に拘禁され、拘禁の目的に服する範囲で必然的に人権の収縮された保障を余儀なくされ、その収縮につき法律に規定されている限度ないし右管理機関に裁量の認められている限度では、違法の問題は起らないが、その限度を超える場合には違法の問題を生じ、司法救済を求めることができる。

371 海外旅行の自由は、22条2項の「移住の自由」にふくまれるが、日本国の利益を著しく害するおそれのある者に旅券を発給しないことは違憲ではない。

372 禁錮が労役を課さないことは、27条1項に反しない。

373 条例が地域によってことなることは憲法が予想するところで14条1項に反しない。

374 官報が東京の販売所に出た時（午前8時30分）、法律が全国的に公布されたことになる。

375 法廷等の秩序維持に関する法律に基づく監置決定および行為者の拘束は、32条、33条、34条ならびに37条に違反するものではない。

376 船員法が船員の外国での脱船を処罰事由としていることは13条、22条1項等に違反しない。

377 国有地である寺院等の境内地その他の附属地を無償貸付中の寺院等に譲与又は時価の半額で売り払うことにしたのは、新憲法施行に先立って、明治初年に寺院等から無償で取上げて国有とした財産を、その寺院等に返還する処置を講じたものであって、かかる沿革上の理由に基づく国有財産関係の整理は89条の趣旨に反するものとはいえない。

378	最判	昭和 33.12.25		判時	174・7
379	神戸地裁 姫路支部	昭和 34.1.20		労経速	309・1
380	岐阜地裁	昭和 34.1.27		判時	183・5
381	福島地裁 平支部	昭和 34.2.10		訟月	5・3・402
382	最判	昭和 34.2.25		判時	179・25
383	山口地裁	昭和 34.3.5		判時	185・26
384	山口地裁	昭和 34.3.23		下民	10・3・538
385	東京地裁	昭和 34.3.25		判時	180・9
386	東京地裁	昭和 34.3.30	砂川事件	下刑	1・3・776
387	最判	昭和 34.4.9		刑集	13・4・442
388	最判	昭和 34.5.7		刑集	13・5・641
389	岡山地裁	昭和 34.5.25		下刑	1・5・1302
390	神戸地裁 尼崎支部	昭和 34.5.28		判時	189・6
391	神戸地裁	昭和 34.6.22		判時	195・8
392	最大決	昭和 34.7.1		刑集	13・7・1001
393	最判	昭和 34.7.3		刑集	13・7・1075
394	鹿児島簡裁	昭和 34.7.7		判時	195・8
395	最大判	昭和 34.7.8		判時	196・7
396	最大判	昭和 34.7.8		刑集	13・7・1132
397	最大判	昭和 34.7.20		民集	13・8・1103

378 労働争議における労働者側の争議手段として行った行為を正当な範囲を逸脱するものと認めた。

379 共産党員およびその同調者で、常に扇動的言動をし、他の従業員に悪影響を及ぼす者、正常な事業運営に支障を及ぼす者またはそのおそれのある者の行動を解雇基準とすることは14条等に違反しない。

380 破防法の扇動罪により処罰するためには、社会公共の利益に対する明白かつ現在の危険がなければならない。

381 登記官吏である地方法務局の出張所長が私人間の売買を斡旋するように装うて他人を欺罔し金員を騙取した場合において、その欺罔の一手段として登記済印及び庁印を押捺した内容虚偽の公文書を行使した行為は国家賠償の対象とならない。

382 出入国管理令における「出国」とは、わが国が現実に支配権を行使する地域から、そうでない地域に行くことである。

383 単にその従業員を日本共産党員又はその同調者であることだけの理由を以て解雇すればその解雇は無効である。

384 国税徴収法に基づいて、滞納者の財産を如何なる範囲で差押えるべきかは滞納処分の執行者が滞納額徴収に必要と認める限りその合理的裁量によって決し得る。

385 降伏文書は憲法適合性如何を問わず有効としなければならない。

386 旧日米安保条約は9条2項に違反する。

387 被告人が法廷等の秩序維持に関する法律に規定する監置の制裁を受けた後、さらに同一事実に基づいて刑事訴追を受け有罪判決を言い渡されたとしても39条に違反しない。

388 およそ事実が真実であることの証明がない以上名誉毀損の罪責を免れることがない。

389 性的なスキャンダルを適示することは、公共性があるといえず、名誉棄損罪が成立する。

390 道路交通取締法施行令上の報告義務違反を処罰する規定は38条1項に違反し無効であるから、犯罪は不成立である。

391 道路交通取締法施行令上の報告義務は、公共の福祉のため、自動車の操縦者に、被害者の救護及び危険防止その他交通安全のための措置を講ずること等を主眼として定められた行政取締法規であり、刑事手続に関する38条1項とは関係せず違憲でもない。

392 裁判官の一般的な思想は忌避の理由とはならない。

393 爆発物取締罰則（明治17年太政官布告第32号）は、法律としての効力を有する。

394 道路交通取締法施行令上の報告義務は、交通の安全を確保するという公共の目的の面などからも、換言すれば、公共の福祉のために、必要止むを得ないものであって、憲法違反とはいえない。

395 旧憲法下において制定施行された法律が旧憲法に違反するか否かを実質的に審査する権限は、81条によっても、裁判所に認められていないと解すべきである。

396 歯科技工士の業務を制限するのは22条1項に反しない。

397 改正前の地方自治法が住民訴訟を設けていなかったとしても92条に違反しない。

398	広島地裁 呉支部	昭和 34.8.17	判時	208・57
399	秋田地裁 湯沢支部	昭和 34.8.19	判時	198・20
400	大阪高裁	昭和 34.10.7	下刑	1・10・2105
401	福岡地裁 飯塚支部	昭和 34.10.9	下民	10・10・2121
402	宇都宮地裁	昭和 34.10.17	下刑	1・10・2192
403	最大判	昭和 34.12.9	刑集	13・12・3186
404	東京地裁	昭和 34.12.14	判時	211・2
405	最大判	昭和 34.12.16 砂川事件	刑集	13・13・3225
406	東京地裁	昭和 34.12.16	訟月	6・1・96
407	大阪高裁	昭和 34.12.22	下刑	1・12・2570
408	東京高裁	昭和 34.12.26 昭電事件	判時	213・46
409	旭川地裁	昭和 35.1.22	訟月	6・2・315
410	高松高裁	昭和 35.1.26	下刑	2・1・13

405　本裁判例が採用したいわゆる統治行為論については批判的な立場も多いが、司法権は決して万能ではなく一定の限界があるということは認めざるを得ないし、裁判所に過度な期待をすることは却って危険であると筆者は思う。

398 県の警察職員が不起訴釈放された者について新聞記者に談話をしたことは国家賠償の対象となる。

399 道路交通取締法施行令が定める操縦者の警察官に対する報告義務は自己の刑事責任を問われる虞ある事実の供述を強要されるものと云わざるを得ないから38条1項に違反し無効である。

400 道路運送法が免許を受けず自家用自動車を使用して自動車運送事業を経営したときは自家用自動車の使用を制限又は禁止することができると定めていることは免許制を実効あらしめるための行政処分であり、この処分に違反した者を処罰することは22条1項に違反しない。

401 学校内で発生した盗難事件について、教師が生徒を取り調べるに際し、暴行を加えた行為は国家賠償の対象となる。

402 法令の規定が概括的で、その内容が解釈如何によって広狭何れにも解せられ、これを広く解するにおいては違憲となり、狭く解するにおいては適憲となる場合には、これを違憲にならないように狭く解釈すべきであることを前提に、道路交通取締法施行令上の報告義務も、黙秘権を侵害しない限度での報告と解すれば違憲ではない。

403 収賄罪の規定により公務員がその他の者と区別して取扱われているからといって、右はもとより合理的な根拠に基づくものであり、公務員に対し、不当に不利益な取扱をするものということはできず14条に違反しない。

404 道路交通取締法施行令が定める報告義務と不利益供述の強要を禁ずる38条1項を合せ考えると、事故内容の報告義務を怠った者に対して刑罰を科することは許されるが、かようにして得られた供述が、右の義務の履行として、かつそれに対する刑罰の強制の影響の下になされたものと認められるときは、該供述を証拠とすることが禁止されると解する。

405 旧日米安保条約は9条2項に違反しない。
高度の政治性をもつ条約であるから、一見きわめて明白に違憲な場合をのぞき司法審査になじまない。同条約は9条、98条2項、前文に違反することが一見きわめて明白とはいえない。
旧米軍地位協定は、国会と内閣が旧日米安保条約の委任の範囲内のものとしているから、別に国会の承認を要しない。

406 建築基準法上の建築制限により、その建築物の敷地についての私権の行使が一部制限されることは、公共の福祉のために加えられた制約とみるべきであるから、右規定は29条に反するものではない。

407 道路交通取締法施行令上の報告義務は、事故の発生の日時、場所、事故のあらまし、被害者の氏名等、いわゆる事故の同一性を現わす程度の事故を報告させ、事故発生後の応急措置を適切に講じるためのものであって、刑事責任を追及するためではないから38条1項に違反しない。

408 51条の免責特権は、「議員」の特権であるから、国務大臣として行った発言については免責されないと解される（上告棄却）。

409 国家賠償法第2条にいう設置、管理の瑕疵とは営造物の建造維持、修繕、保管行為の不完全により、営造物が本来備えているべき安全性を欠くことをいうと解すべきである。
旭川開発建設部の国道補修の非常勤労務者（人夫）が、自動二輪車に搭乗して帰宅途中に通行人に対して重傷を負わせた行為は国家賠償の対象とならない。

410 公選法が、選挙運動の期間中及び選挙の当日という短い期間を限定して選挙の公正を期し民主政治の健全な発達を図るために選挙に関する報道又は評論を掲載し得る新聞紙を制限し違反者を処罰することは21条等に反しない。

411	最大判	昭和 35.1.27		刑集	14・1・33
412	最大判	昭和 35.2.10		民集	14・2・137
413	最判	昭和 35.2.11		刑集	14・2・119
414	最判	昭和 35.3.3	街頭演説許可制事件	刑集	14・3・253
415	最大判	昭和 35.3.9		民集	14・3・355
416	最判	昭和 35.3.10		刑集	14・3・326
417	最判	昭和 35.3.22		民集	14・4・551
418	千葉地裁	昭和 35.4.14		訟月	6・6・1218
419	最大判	昭和 35.4.18		判タ	105・44
420	最判	昭和 35.4.28		刑集	14・6・778
421	最判	昭和 35.5.26		刑集	14・7・898
422	新見簡裁	昭和 35.6.6		下刑	2・5・6（合併号）・869
423	最大判	昭和 35.6.8	苫米地事件	民集	14・7・1206
424	最大判	昭和 35.6.15		民集	14・8・1376
425	最判	昭和 35.6.17		民集	14・8・1420
426	最判	昭和 35.6.23		裁判集刑	134・285
427	最大判	昭和 35.7.6		民集	14・9・1657
428	東京高裁	昭和 35.7.13		判時	241・43

423　これも司法権の限界を示す一つの事例である。

411 あん摩師、はり師、きゅう師及び柔道整復師法が医業類似行為を業とすることを禁止処罰するのは公共の福祉上必要であるから22条に反するものではない。

412 農地法による地主の農地賃貸借更新の自由の制限は公共の福祉に適合する合理的な制限である。

413 公衆浴場の適正配置規制は22条に違反しない。

414 街頭演説の道路交通法による許可制は、公共の秩序を保持し、公共の福祉のための言論の時、所、方法についての合理的制限であり、21条1項に反しない。

415 地方議会による除名処分には司法審査が及ぶ。

416 道路交通取締法による運転免許の停止処分を受けた後、同一事実にもとづいて刑事訴追を受け有罪判決を言い渡されたとしても39条に違反しない。

417 選挙権の要件としての住所は、その人の生活にもっとも関係の深い一般的生活、全生活の中心を指すものと解すべく、私生活面の住所、事業活動面の住所、政治活動面の住所等を分離して判断すべきものではない。

418 受刑者を他の刑務所に移送する処分が、受刑者が情願等において刑務所の運営の不正・不当を指摘したことに対する報復として行われる場合には、もはや特別権力関係に基づく自由裁量の範囲をこえ、16条の保障する基本的人権を侵害するものとして司法救済の対象となるものと解するのを相当とする。

419 昭和25年7月18日付連合国最高司令官の内閣総理大臣あて書簡は、公共的報道機関にとどまらずその他の重要産業から共産党員またはその支持者を排除すべきことを要請する連合国最高司令官の指示と解すべきである。

420 職務と密接な関係のある行為も贈収賄罪の対象である。

421 共犯者の自白は38条3項の「本人の自白」と同一視できない。

422 道路交通取締法施行令が定める「事故内容」の報告義務は38条1項に違反する「無効の法令」であるから、その違反行為は犯罪とならない。

423 衆議院の解散はきわめて政治性の高い国家統治の基本に関する行為であるから、司法審査権の範囲外である。

424 29条1項は私有財産制の原則を採るものであるが、同2項は公共の福祉による制約を許容する。

425 職務執行命令訴訟においても、裁判所は、国の機関の命令の合憲性・合法性を審査すべきである。

426 犯罪後の法令により刑が廃止された場合に当るとして免訴を言渡した場合は40条の刑事補償の対象ではない。

427 純然たる訴訟事件についてなされた調停に代わる裁判（不服でも抗告しうるのみで、正式裁判を求める道がなかった）は、82条、32条に照らし違憲である（9対6）。

428 刑事補償上の「未決の抑留または拘禁」の中には、不起訴になった事実に基づく抑留、拘禁であっても、そのうちに実質上無罪となった事実の取調べのために利用された抑留、拘禁がある場合には、その抑留、拘禁をも包含する。

429		最大判	昭和 35.7.20	東京都公安条例事件	刑集	14・9・1243
430		最大判	昭和 35.7.20		判時	229・19
431		最判	昭和 35.8.4		刑集	14・10・1342
432		玉島簡裁	昭和 35.8.23		下刑	2・7・8（合併号）・1147
433		最判	昭和 35.9.21		刑集	14・11・1498
434		最大判	昭和 35.10.10		民集	14・12・2441
435		最大判	昭和 35.10.19		刑集	14・12・1574、1611
436		最大判	昭和 35.10.19	山北村議会事件	民集	14・12・2633
437	三代目最高裁長官	最判	昭和 35.11.1		裁判集刑	135・679
438		最判	昭和 35.11.30	ラストボロフ事件	裁判集刑	135・869
439	横田喜三郎	最判	昭和 35.12.2		刑集	14・13・1786
440		最大判	昭和 35.12.7		判タ	115・46
441		最判	昭和 35.12.8		刑集	14・13・1818
442	在任期間	最大判	昭和 35.12.14		民集	14・14・3037
443	昭和35年	最判	昭和 35.12.21		民集	14・14・3157
444		最大判	昭和 36.2.15		刑集	15・2・347

444　営利的表現の自由もまた憲法21条で保障されるというのが一般的な理解であるが、営利的表現はその名のとおり、その目的は経済的利益の追求である。したがって、そのような自由は同条ではなく22条等にその根拠を求めるべきではないか、この問題意識を提示する垂水裁判官の意見は参考になるし、同裁判官が指摘する「桃李もの言わねども下おのづから蹊をなす」という故事成句も印象的である。

429 集団行動はともすれば暴徒化する危険があるので、都の公安条例によるデモなどの許可制は21条1項に違反しない。集団行動が行われうる場所を限定せず包括的に定め、またその行われる場所の如何を問わないことは、集団行動の性質上やむを得ない（13対2）。

430 広島市の集団更新及び集団示威運動に関する条例は21条、11条、13条に違反しない。

431 法人税法上の申告納税制度は38条1項に違反しない。

432 73条6号但書の「罰則」は、犯罪構成要件と刑を定める法規を指称するから、罪となるべき事実と、これに対する刑罰は法律で規定し、その罪となるべき事実の構成要件事実を、法律以外の法形式に委任することは有効な罰則の委任というべきである。

433 法廷等の秩序維持に関する法律に基づき当該被告事件の弁護人を非公開の法廷で監置処分にしても、31条、34条、37条3項および82条に違反するものではない。

434 昭和21年勅令294号「連合国財産の返還等に関する件」に基づく大蔵大臣の命令によって生じた財産権の喪失につき直接29条3項の規定を根拠として国に対し補償を求めることはできない。

435 第三者の所有にかかる物件につき没収の言渡しがあったからといって、被告人においてこれを違憲無効であると主張抗争することは許されない。

436 地方公共団体の議会の議員に対する出席停止の懲罰議決の適否は裁判権の外にある。

437 地方公務員法による懲戒を受けたものを処罰しても39条に違反しない。

438 外務省経済局第二課所属の職員として職務上の関係において配布を受けた印刷物（わが国の外交交渉に関し必要な情報源等の記載あるもの）でわが国外交政策上の公表されるべき事柄でないため適式に秘扱の表示がしてあるものを、他人に交付する所為は、国家公務員法の罪を構成する。

439 選挙権等の「停止」は刑法上の「刑罰」ではない。

440 32条は、訴訟の当事者が訴訟の目的たる権利関係につき裁判所の判断を求める法律上の利益を有することを前提として、かかる訴訟につき本案の裁判を受ける権利を保障したものであって、右利益の有無にかかわらず、常に本案につき裁判を受ける権利を保障したものではない。

441 76条3項にいう裁判官が良心に従うとは、裁判官が有形、無形の外部の圧迫ないし誘惑に屈しないで、自己の内心の良識と道徳感に従う意味である。

442 同一の氏名、氏又は名の公職の候補者が2人以上ある場合において、その氏名、氏又は名のみを記載した投票を公職の候補者の何人を記載したものか確認し難いものとして無効とすることなく、これを有効として当該候補者のその他の有効投票数に応じ按分して加算しても11条、15条に違反しない。

443 土地改良法による農地所有権の交換分合は29条3項に違反しない。

444 21条の表現の自由は「広告の自由」をふくむ。
灸の効能などの広告を禁止することは21条1項に反しない（10対4）。

445		水戸地裁	昭和 36.2.18	下刑	3・1・2（合併）・128
446	10月25日〜同41年8月5日	大分地裁	昭和 36.2.24	行集	12・2・217
447		最判	昭和 36.3.30	刑集	15・3・667
448		最大判	昭和 36.4.5	民集	15・4・657
449		最判	昭和 36.4.11	刑集	15・4・716
450		最判	昭和 36.5.4	刑集	15・5・763
451		神戸地裁	昭和 36.5.30	下刑	3・5・6（合併号）・519
452		最大判	昭和 36.6.7　大阪麻薬事件	刑集	15・6・915
453		最判	昭和 36.6.14	刑集	15・6・974
454		最判	昭和 36.7.6	刑集	15・7・1054
455		最判	昭和 36.7.14	刑集	15・7・1097
456		最大判	昭和 36.7.19	刑集	15・7・1106
457		東京地裁	昭和 36.8.24	判時	271・4
458		最大判	昭和 36.9.6	民集	15・8・2047
459		東京地裁	昭和 36.9.6	訟月	7・10・2026
460		名古屋高裁	昭和 36.9.28	高検速報	274
461		東京高裁	昭和 36.10.16	行集	12・10・2099
462		津地裁	昭和 36.10.21	判タ	124・63

445 旧道路交通取締法施行令に基づく報告義務の対象である「事故の内容」なる文言について、犯罪の直接証拠まで報告することを目的としているものと解するのは失当である。

446 29条でいう財産権の保障は絶対的自然法的な財産権保障の意味をもつものではなく、社会国家的理念に基づく多くの制約を予定したものであり、一旦正当な補償の下に消滅させられたものがその後の事情変更によって当然に回復せられるべきものとは考えられない。

447 国家刑罰権に基づく没収（刑法19条）は29条に違反しない。

448 国籍は条約によっても変更されうる（10条）。平和条約は朝鮮の独立を規定したが、それは、朝鮮に属すべき人に対する日本国の支配権が否認されること、その人たちの日本国籍喪失を結果するものであった。

449 職業安定法が公衆衛生又は公衆道徳上有害な業務に就かせる目的で職業紹介をする行為を禁止することは22条1項に違反するものでない。

450 麻薬取締法上の帳簿記入義務は38条1項に違反しない。

451 国際法と国内法の関係に関して、98条2項は、条約の国内法的効力を認めている事は明らかであって、この条約遵守主義は条約優位を謳っているものと解せられる。

452 緊急逮捕に先立って、捜索・押収を行なっても違憲でも違法でもない。

453 裁判官が共犯者に対して被告人との共謀にかかる公訴事実につき有罪判決をしたことだけでは、被告人に対する右公訴事実につき審判をするにあたっての忌避の原因とはならない。

454 法人税法の重加算税のほかに刑罰を科することは39条に違反しない。

455 管理売春を処罰するのは公共の福祉にかなう。売春を助長する行為を刑罰をもって禁止することは22条1項に違反しない。

456 死刑の執行方法を太政官布告（明治憲法施行前に制定された）で定めていることは31条に反しない。

457 当初の目的が消滅し財産権を公共のために用いるという段階への発展がなくなった後においてもなお国に漫然当該財産を保有せしめる合理的な理由は何も存在しないので、その場合には、国は原則として旧所有者に当該財産の権利を返還すべき方途を講ずべきものとするのが29条の精神に合致する。

458 夫婦別産制は24条1項に反するものではない。

459 20条3項が禁止する「宗教的活動」か否かは、宗教的信仰の宣伝に至っているか否かによって判断すべく、そこに至らない、宗教に関する一般的知識の理解をはかる類のものはそれにあたらないから、受刑者に対する教誨活動はこれにあたらない。

460 有償運送禁止に関する道路運送法の規定は22条1項、29条に違反しない。

461 最高裁判所裁判官に対する国民審査は解職投票制度である。

462 軽屏禁（かつて刑務所や拘置所において、規律に違反した被収容者に科した懲罰の一つで2か月以内罰室に閉じ込めておくこと）の期間中受罰者のラジオ放送聴取を禁止したことは19条に違反する。

463	最判	昭和 36.11.21		判タ	125・54
464	大阪高裁	昭和 36.11.22		判時	294・56
465	最判	昭和 36.12.5		判時	285・7
466	最判	昭和 36.12.6		裁判集刑	140・375
467	最判	昭和 36.12.7		民集	15・11・2685
468	東京高裁	昭和 36.12.13		判タ	127・54
469	最大判	昭和 36.12.20	団体等規正令事件	刑集	15・11・1940
470	東京地裁	昭和 36.12.22		判タ	131・126
471	札幌地裁	昭和 37.1.18		下刑	4・1・2（合併号）・69
472	最判	昭和 37.1.19		判時	295・16
473	東京地裁	昭和 37.1.22	第1次国会乱闘事件	判時	297・7
474	最大判	昭和 37.2.21		刑集	16・2・107
475	最大判	昭和 37.2.28		刑集	16・2・212
476	最大判	昭和 37.3.7	警察法改正無効事件	民集	16・3・445

476　司法権の限界を示す裁判例である。

463 公職選挙法が定める選挙権、被選挙権の停止の処遇は、法律の定める手続によらないものでないから31条に違反しない。

464 道路運転法の定める自動車運送事業の免許制は、道路運送に関する秩序を確立することにより、道路運送の総合的な発達を図り、公共の福祉を増進する目的に副うもので22条1項に違反しない。

465 現在の法令による死刑執行方法の違法を主張して、死刑を執行される義務を負わないことの確認を求める訴えは不適法である。

466 およそ売春を業とすることが職業安定法にいわゆる公衆衛生、公衆道徳上有害な業務に該当することに明白であるから、この規定はこれを本件に適用する限りにおいては、何ら明確を欠くところはない。

467 原子力基本法は、予算の範囲内において、政府の裁量で、奨励金を交付することができる旨を規定したことにとどまり、その交付を政府に義務づけたものではない。

468 医業は公衆衛生に直接関係し国民の健康な生活を確保するものであるから、法は医師の免許につき絶対的、相対的欠格事由を定めた上国家試験に合格し厚生大臣の免許を要する等厳重な規定を設けているのであって、これは職業選択の自由を不当に制限したものとは認められないから22条1項違反ではない。

469 法務総裁の出頭命令に応じない者を重く罰する団体等規正令は33条、38条1項に違反する（9対6）。

470 法律、規則によって定められた手続に則った請願こそ憲法の期待する平穏な請願にあたる。

471 いわゆる抵抗権の行使の要件として、①憲法の各条規の単なる違反ではなく民主々義の基本秩序に対する重大なる侵害が行われ憲法の存在自体が否認されようとする場合であり、②不法であることが客観的に明白でなければならず、③憲法法律等により定められた一切の法的救済手段がもはや有効に目的を達する見込がなく、法秩序の再建のための最後の手段として抵抗のみが残されていることが必要である。

472 公衆浴場の距離制限が主として公衆衛生の見地から設けられたものであるとしても、適正な許可制度の運用によって保護せらるべき業者の営業上の利益は、単なる事実上の反射的利益ではなく、公衆浴場法によって保護せられる法的利益であるとして原告適格を認めた。

473 51条の両院議員の免責特権の対象となる行為は、同条に列挙された演説、討論又は表決等の本来の行為そのものに限定せられるべきものではなく、議員の国会における意見の表明とみられる行為やこれらに当然付随する適式な行為も包含されるものとみるべきである。

474 納税義務者又は特別徴収義務者のなすべき税金の徴収若しくは納付しないこと、又は納入金の納付をしないことなどを煽動することは、地方団体の住民の負担する納税の義務の不履行を慫慂するものであって、公共の福祉を害し、憲法の保障する言論の自由の範囲を逸脱するものであるから、これを処罰する旨を定めた地方税法の規定は21条に反するものではない。

475 源泉徴収事務は「意に反する苦役」といえない。

476 議院が有効な議決としているものを裁判所が議決の要件に立入って審査することはできない。

477	最大判	昭和 37.3.14		民集	16・3・530
478	最大判	昭和 37.3.14		民集	16・3・537
479	最判	昭和 37.3.27		刑集	16・3・312
480	最大判	昭和 37.4.4		刑集	16・4・377
481	最大判	昭和 37.5.2		刑集	16・5・495
482	最判	昭和 37.5.4		刑集	16・5・510
483	大阪高裁	昭和 37.5.17		判時	308・22
484	最大判	昭和 37.5.30	大阪市売春取締条例事件	刑集	16・5・577
485	最大判	昭和 37.6.6		判時	308・20
486	最判	昭和 37.9.4		判タ	139・51
487	最判	昭和 37.9.18		判時	315・31
488	名古屋地裁	昭和 37.10.12		判時	313・4
489	最大判	昭和 37.10.24		判タ	140・68
490	大阪高裁	昭和 37.10.31		労民	13・5・1085
491	最大判	昭和 37.11.28	第三者所有物没収事件	刑集	16・11・1593
492	最大判	昭和 37.12.5		判タ	151・92

484 多数意見のみならず、各補足意見も合わせて読むべき重要判例である。

477 選挙運動を総括主宰した者又は出納責任者の如き選挙運動において重要な地位を占めた者が買収、利害誘導等の犯罪により刑に処せられた場合は、当該当選人の得票中には、かかる犯罪行為によって得られたものも相当数あることが推測され、当該当選人の当選は選挙人の真意の正当な表現の結果と断定できないのみならず、選挙人の自由な意思に基づく選挙の公明、適正を期する上からも、かかる当選人の当選を無効とすることは憲法に違反するものということはできない。

478 いわゆる連座制は13条、15条、31条に違反しない。

479 公選法が新聞紙、雑誌の不法利用等を制限していることは違憲ではない。

480 条例によるキャバレーなどの営業時間の制限は22条1項に反しない。職業の遂行そのものについて大幅な制約が認められている以上、遂行の態様についても公共の福祉のためにする制約は大幅に認められる。

481 交通事故の報告義務は、刑事責任を問われるおそれのある事故の原因にまでおよばないから、「不利益な供述」にあたらない。

482 古物営業法が、古物商に対して、古物取引の年月日、その品目、数量及び特徴、相手方の住所、氏名、職業、年令及び特徴等を所定の帳簿に記載すべきことを命じ、その違反者に刑罰を科しても38条1項に違反しない。

483 公務員が故意に職権乱用行為をなし、之がため他人に損害を及ぼしたものとすれば、その公務員は個人としても不法行為責任を負担すべきである。

484 条例によって刑罰を定める場合には、法律の授権が相当な程度に具体的であり、限定されておればたりる。

485 借地契約の更新拒絶を制限する借地法の規定は29条に違反しない。

486 通行人の死亡による損害が国道管理の瑕疵のため生じたものと認められた。被害者に過失がある場合、過失相殺の対象になりえても、設置者・監理者の賠償責任の否認事由となりえない。

487 外国人の出国に関して規定した出入国管理令は出国それ自体を法律上制限するものではなく、単に出国の手続に関する措置を定めたものにすぎず、出入国の公正な管理を行うという目的達成のため設けられたものであって22条2項に違反しない。

488 国または公共団体が堤防を設置してこれを管理する目的は、堤防によって国土を保全し住民の生命財産等を保護するにあるのであるから、堤防は右目的を達成するに足るだけの安全性を保有する構造を持たなければならず、したがって通常発生することが予想される高潮等の襲来に対してはこれに堪え得るものでなければならない。

489 宅地建物取引業法が宅地建物取引業者に対して営業保証金の供託を義務づけることは22条1項等に反しない。

490 いわゆるレッド・パージとしてなされた解雇が、被解雇者に就業規則所定の解雇理由に当る行為が認められないことにより、無効とされた。

491 韓国向けに密輸を企て懲役刑に処せられた際、付加刑として貨物を没収されたという事件である。第三者の所有物を、その第三者に告知し、弁解の機会を与えることなく没収することは31条に反する。

492 台湾人男子との婚姻によって内地戸籍から除かれるべき事由の生じた内地人女子は、日本国と中華民国との間の平和条約発行とともに日本国籍を失う。

493	大阪高裁	昭和 38.1.23		判タ	141・107
494	最判	昭和 38.3.15	国鉄檜山丸事件	刑集	17・2・23
495	岡山地裁	昭和 38.3.26		下民	14・3・473
496	最大判	昭和 38.3.27	特別区長間接選挙制事件	刑集	17・2・121
497	東京地裁	昭和 38.3.28		判時	331・4
498	最大判	昭和 38.5.15	加持祈祷事件	刑集	17・4・302
499	最大判	昭和 38.5.22	ポポロ劇団事件	刑集	17・4・370
500	仙台地裁	昭和 38.5.22		訟月	9・9・1090
501	最大判	昭和 38.6.19		判時	341・41
502	最大判	昭和 38.6.26	奈良県ため池条例事件	刑集	17・5・521
503	仙台高裁	昭和 38.7.22		判時	345・12
504	東京地裁	昭和 38.7.29		行集	14・7・1316
505	最判	昭和 38.9.5		判時	347・8
506	最判	昭和 38.9.13		判時	352・80

498 被告人（僧侶）は、タヌキがついていることが少女（18歳）の異常な言動の原因であると考え、タヌキを追い出すために「線香護摩」による加持祈祷を行い、「ど狸早く出ろ」と怒号しながら少女の喉を線香の火でけむらせ背中を殴りつけたところ急性心臓麻痺によって死亡した。僧侶は加持祈祷は信教の自由に基づく行為であるから無罪であると主張した。

493 27条1項に国民は勤労の権利を有するというのは、国家は勤労を欲する者には職を与えるべく、それができないときは失業保険その他適当な失業対策を講ずる義務があるとするものであって、この規定により、直接に個々の国民は国家に対して具体的現実的にそのような権利を有するものではない（上告棄却）。

494 公共企業体等の職員が一般の勤労者と違って争議行為禁止の制限を受けても28条に違反するものではない。

495 弓道界における日置流師家の名称僭称者に対する使用差止請求を認めた。

496 都の特別区は93条2項のいう「地方公共団体」ではないから、区長を住民の選挙によらないこととしたのは違憲ではない。

497 新安保条約が、国会において適法な議決によって承認されたものとされ、適法な手続によって公布されている以上、右決議に至る過程における違法の有無を審査するまでもなく、適法有効に国会の承認を受けたものと認めるべきであるとされた。

498 加持祈禱による傷害致死は信教の自由の限界をこえるもので、これを罰しても20条1項に反しない。

499 23条は「大学の自治」の制度的保障をふくむ。
23条により、学術の中心である大学には一定の自治が保障されるが、学生の政治的な学内集会は大学の自治の範囲外である。

500 県警察本部警備部長兼警備課長が部下の誤った報告に基づき、労働組合員らが夜間裁判官宅に押し掛け座り込んだと信じて組合に警告を発し、またその旨報道機関に発表したことが違法な公権力の行使に当たるとされた。

501 第三者たる所有者に告知、弁解、防御の機会を与えることなくその所有物を没収することは31条、29条に違反し許されない。

502 ため池の土手の上の耕作は、災害の原因ともなりうるので憲法の保障する財産権の埒外であるから、これを条例で禁止しても29条2項に反しない。
ため池の土手の耕作の禁止も財産権を有する者が当然受忍しなければならない責務であって、29条3項の補償を要しない。
条例によって刑罰を定める場合には、法律の授権が相当な程度に具体的であり、限定されていればたりる。

503 無免許で医業類似行為を業とすることが公共の福祉に反することは自明の理であるから、これを禁止したことで22条1項に保障する職業選択の自由を奪うものではない。

504 受刑者の頭髪を丸坊主刈りにすべきものとする監獄法等およびこれに基づく刑務所長の取扱は13条、25条、18条、31条に違反しない。

505 最高裁裁判官の国民審査の投票において、積極的に罷免を可とする意思を有しない者の投票が罷免を可としない効果を発生させても、思想、良心、表現の自由を制限するものではない。

506 勾留されている被疑者が、捜査官から取り調べられる際に手錠を施されたままであるときは、反証の無い限り、その供述の任意性につき一応の疑いをさしはさむべきである。

507	甲府地裁	昭和 38.10.3		行集	14・10・1860
508	最判	昭和 38.10.22		判時	354・46
509	和歌山地裁	昭和 38.10.25		判タ	157・207
510	東京地裁	昭和 38.11.12	名城大学訴訟	判タ	155・143
511	最判	昭和 38.11.15		民集	17・11・1373
512	京都地裁	昭和 38.11.25		判時	364・49
513	最大判	昭和 38.12.4	白タク営業事件	刑集	17・12・2434
514	東京地裁	昭和 38.12.7		判時	355・17
515	最判	昭和 38.12.24		判時	359・15
516	最判	昭和 38.12.24		判時	359・63
517	最大判	昭和 38.12.25		民集	17・12・1789
518	最判	昭和 38.12.27		判時	359・62
519	名古屋高裁	昭和 39.1.14		判時	396・24
520	最判	昭和 39.1.16		判時	362・26

507 地方公共団体の議会の議員に対する出席停止の懲罰議決の適否は、とくにそれが著しく長期間に およぶものでないかぎり、司法裁判権の外にあるものと解する。

508 公職選挙法が禁じる立候補届出前の選挙運動の意義が不明確であるとはいえない。

509 教育は、先ず、家庭教育に始まる。子供に対する本源的教育権者はその両親であり、このことは 法以前の自然法上の原理である。しかし、教育をなす権利は両親のみが有するものではない。国 家もまた共同の福祉の実現者として、次代をになう子供達に対し、教育権を有することは26条2項 の反面解釈上疑を容れない等として、いわゆる勤務評定制度の実施は違法ではないとした。

510 学校法人紛争の調停に関する法律が特定の大学のみに適用される違憲の法律だと攻撃されたが認 められなかった。

511 公衆浴場設置場所の配置の基準に関する東京都条例の規定は、公衆浴場法の委任の範囲を逸脱し 無効であるとはいえない。

512 個人の肖像権はこれを認めるに吝かでないがしかし個人の私的生活の範囲をこえ一般の批判の対 象となる社会的活動の領域に属する行動を為すならば、右批判の基礎資料を供する意味での写真 撮影はその個人の同意の有無を問わず、而して何人たるとその写真撮影を為し得る。

513 無免許タクシーの禁止は22条1項に反しない。

514 原子爆弾による被害者の対する救済は、裁判所の職責ではなくて、立法府である国会及び行政府 である内閣において果たさなければならない職責である。

515 6年間養われた養父殺しについて、本人が祖父母の子として入籍され祖父母の意思で養子縁組され た場合、縁組に対する本人の有効な追認がなければ尊属殺人罪は成立しない。

516 漁業法、水産資源保護法は、いずれも没収不能物件の価格の追徴についてはそれが犯人の所有し ていたものであることを要件とする趣旨であることが窺われるところ、右追徴につき、当該物件 が犯人の所持したものであることを要件とする、さけ・ます流網漁業等取締規則の規定は、法律 による授権ないし委任の範囲を越えたものとして無効であり、右規定を根拠として、追徴を科す ることはできない。

517 29条1項は私有財産制の原則を採るものであるが、同2項は公共の福祉による制約を許容する。 レコードを放送などに用いるには、その出所を明示するだけでよいと定めた旧著作権法の規定 は、著作物をひろく利用させるためで、29条2項にそうものである。

518 裁判が迅速を欠き37条1項の趣旨に反する結果となったとしても、場合により係官の責任の問題を 生ずるかも知れないが、そのため判決破棄の理由となるものではない。なお、第一審（東京地裁 八王子支部）は公訴棄却とした。

519 破壊活動防止法上の文書頒布罪の成否に関して内乱罪を実行させる目的がないとして不成立とし た（最高裁昭和39年12月21日上告棄却）。

520 村民の村道使用の自由に対して継続的な妨害がなされた場合には、当該村民はその妨害の廃除を 請求することができる。

521	最大判	昭和 39.2.5		民集	18・2・270
522	最大判	昭和 39.2.26		民集	18・2・343
523	大阪地裁	昭和 39.3.30		判時	385・32
524	最判	昭和 39.4.21		裁判集民	73・317
525	東京地裁	昭和 39.5.2		判タ	162・149
526	最判	昭和 39.5.7		判タ	163・90
527	最大判	昭和 39.5.27		民集	18・4・676
528	大阪高裁	昭和 39.5.30		判タ	165・106
529	東京地裁	昭和 39.5.30		判タ	163・215
530	最判	昭和 39.6.5		刑集	18・5・189
531	最大判	昭和 39.7.1		判タ	165・84
532	最大判	昭和 39.7.15		判タ	165・93
533	最判	昭和 39.8.20		裁判集刑	152・499
534	最判	昭和 39.9.18		裁判集刑	152・877
535	東京地裁	昭和 39.9.28	「宴のあと」事件	判時	385・12

521 今では当然のように提起されている議員定数不均衡訴訟の嚆矢となる裁判例である。この訴訟は元々司法修習生が起こしたものであるが、斎藤朔郎裁判官は、却下説の立場から「（このような問題に）司法的解決を与えんとすることは、収拾すべからざる混乱を招来するものと思う。」との意見を表明している。これはまさに現代の状況を予言しているかのような達見である。筆者も又議員定数不均衡訴訟については却下説（門前払い説）をもって妥当と解する。

521 参議院地方区の議員定数の配分が人口に比例せず（選挙区の議員定数と選挙人数との間に、東京都では1対74万、鳥取県では1対18万）、そのため選挙人の投票の価値に1対4の差が生じていても、国会は人口以外の要素も考慮できるのでまだ14条1項に違反しない。

522 義務教育の「無償」とは授業料をとらないということである。

523 争議行為等の遂行を共謀した者を処罰する地公法の規定は、18条、28条、31条に違反する。

524 一般国民又は特別区の区民たる資格において、区長選任行為の無効確認を求める訴は、いわゆる民衆訴訟としての性質を有するから、法律に特別の規定がないかぎり、これを提起することは許されない。

525 東京都の特別区は93条の地方公共団体に含まれない。

526 あん摩師、はり師、きゅう師及び柔道整復師法は「何人も、第1条に掲げるものを除く外、医業類似行為を業としてはならない」と規定し、同法1条に掲げるものとは、あん摩（マッサージおよび指圧を含む）、はり、きゅうおよび柔道整復の四種の行為であるから、これらの行為は、何が同法の医業類似行為であるかを定める場合の基準となるものといえ、不明確とはいえないから31条に違反しない。

527 14条1項の「社会的身分」とは、人が社会において継続的に占める地位である。
14条1項の列挙はたんに例示的なものである。
14条1項は、国民に対し絶対的な平等を保障したものではなく、差別すべき合理的な理由なくして差別することを禁止している趣旨と解すべきである。

528 少なくとも現に犯罪が行われており証拠保全の必要があると認められるときは、被疑者の意思に反してもこれを写真撮影することは許される。

529 破防法の扇動罪により処罰するためには、社会公共の利益に対する明白かつ現在の危険がなければならない。

530 刑訴法160条の「過料」と同法161条の「罰金又は拘留」は併科しても39条に違反しない。

531 没収物は法人の所有物であっても、法人の代表者に対する被告事件であるならば、あらためて告知・弁解・防禦の機会をあたえるを要しない。

532 たばこ専売制について、財政目的および公衆への均等なサービスの観点からして14条、22条に違反しない。

533 収税官吏が供述拒否権を告知しないで質問することは38条1項に違反しない。

534 犯罪構成要件は、すべて法律そのもので定められなければならないものではなく、法律の授権によって、その一部を公安委員会規則によって定めることもできる。

535 いわゆるプライバシー権は私生活をみだりに公開されないという法的保障ないし権利として理解されるから、その侵害に対しては侵害行為の差し止めや精神的苦痛に因る損害賠償請求権が認められるべきものであり、民法709条はこのような侵害行為もなお不法行為として評価されるべきことを規定しているものと解釈するのが正当である。

535 三島由紀夫の書いた小説「宴のあと」は東京都知事候補者をモデルにしたものであり、本判決は我が国ではじめてプライバシーの法的権利性を認めたものとして重要である。

536	福岡高裁	昭和 39.10.14		行集	15・10・1944
537	最判	昭和 39.10.16		裁判集刑	152・1035
538	東京高裁	昭和 39.10.20		行集	15・10・1976
539	東京高裁	昭和 39.10.28		行集	15・10・2077
540	最大判	昭和 39.11.18		判時	390・13
541	最大判	昭和 39.11.18		刑集	18・9・579
542	最判	昭和 39.12.3		判時	394・8
543	最判	昭和 39.12.11		判時	399・56
544	最判	昭和 39.12.22		判時	397・57
545	最判	昭和 40.3.2		判時	406・48
546	最判	昭和 40.3.5		判時	408・33
547	東京地裁	昭和 40.3.8		判タ	174・138
548	松山地裁西条支部	昭和 40.4.21		下民	16・4・662
549	東京地裁	昭和 40.4.22		訟月	11・6・887
550	最大判	昭和 40.4.28		判タ	176・160
551	最大判	昭和 40.4.28		刑集	19・3・240
552	東京地裁	昭和 40.6.22		訟月	11・9・1374
553	最大判	昭和 40.6.30		民集	19・4・1089

536 憲法により保障されている投票の秘密保持の原則に照らし、何人に投票したかを調査すべきではなく、たとえ本人らが自発的に自らの投票した被選挙人の氏名を表明したときであっても、それは帰属不明の投票として取り扱わなければならない。

537 道路交通法上の運転免許の効力停止処分を受けた後、同一事実につき刑事訴追を受け有罪判決を受けても39条に違反しない。

538 衆議院議員選挙（昭和38年）において、議員1人あたりの選挙人数の不均衡が全国平均の約2倍、最小の選挙区の約3倍となる程度では、当該選挙区の選挙人の権利の享有につき違憲無効といえるほどの不平等が生じているとはいえないとされた。

539 15条4項にいう「投票の秘密」には、棄権したかどうかの点は含まれない。

540 政治における金力支配を遮断するために、選挙運動における文書図画の形式や枚数を制限することは21条1項に違反しない。

541 14条1項は外国人にも類推適用される。

542 集会思想表現等の自由に対する侵害の回復及び予防を目的とした逮捕監禁行為につき違法性が阻却されないとされた。

543 司法書士業務の資格制度は22条1項等に違反しない。

544 タクシー事業の免許制は22条1項に違反しない。

545 従前の土地の地積は土地台帳の地積による旨の土地区画整理施行規程の規定に基づき、土地台帳の地積によってした換地予定地指定処分は、憲法29条に違反しない。

546 技術士について資格試験制度を採用することは22条1項に違反しない。

547 本件写真撮影行為は、不法行為の撮影と称して隠しカメラを持って、いきなり人の裸体写真を撮影し、その釈明にも耳をかさない強引なる方法、しかも紛争状況は何一つ撮っていないことからして、適法な職務執行とはいえない。

548 公立学校教育は国家賠償法にいわゆる公権力の行使に当たる。

549 私有財産の収用後に収用物件を収用の目的である公共の用に供する必要がなくなったときはこれを被収用者に返還する旨を定めている場合には、被収用者に返還を求める権利を設定する旨を明示していなくとも、被収用者に返還を求める権利を与えたものと解する。

550 刑法19条の2は、物の没収の不可能なときの価額追徴を定めるが、事情を知った第三者に対して、この価額追徴をするためにも、告知・弁解・防禦の機会があたえられなければならない。

551 家庭裁判所が審判不開始の決定を行なった行為について、少年が成年に達したとき起訴することは39条に反しない。

552 租税法が納税義務者以外の第三者をして租税を徴収させ納付させる制度をとる場合には、何人がいかなる要件のもとでどのような手続によって本来の納税義務者から租税を徴収しこれを政府等に納付するのかが当該租税法またはその委任に基づく政令等に規定されていなければならない。

553 家庭裁判所が行なう夫婦の同居その他の夫婦間の協力扶助に関する処分は非訟事件の裁判であって、公開の法廷における対審によることが必要な82条の「裁判」に含まれない。「権利義務自体についての争い」とは、権利義務の存否についてに争いのあることで、その行使の態様についての争いのごときは含まない。

554	最大判	昭和 40.6.30		判タ	178・210
555	大阪高裁	昭和 40.7.12		判タ	183・112
556	最大判	昭和 40.7.14		判タ	178・217
557	最大判	昭和 40.7.14		判タ	180・113
558	最判	昭和 40.7.20		判時	419・56
559	東京地裁	昭和 40.8.9		判時	435・7
560	東京地裁	昭和 40.10.30		訟月	11・12・1776
561	神戸地裁	昭和 40.11.1		下刑	7・11・2039
562	東京高裁	昭和 40.12.22		判タ	188・148
563	最判	昭和 41.1.28		判タ	187・150
564	最判	昭和 41.2.3		判時	438・6
565	最判	昭和 41.2.8	技術士国家試験合格判定訴訟	民集	20・2・196
566	最大判	昭和 41.2.23		民集	20・2・271
567	大阪高裁	昭和 41.2.26		判タ	191・155
568	東京高裁	昭和 41.2.28		判時	443・26
569	最大判	昭和 41.3.2		判タ	189・79
570	最判	昭和 41.3.3		刑集	20・3・57

554 婚姻費用の分担に関する処分の審判は、32条、82条に違反しない。

555 自身が宗教法人「ほんみち」の信仰の中心的存在である「甘露台」の地位にあることを確認せよという訴訟を提起したが、訴えの利益なしとして却下された。

556 勤労者の団結権などをどのように制限するかは立法府の裁量権に属し、その制限の程度が明らかに不合理であると認められない限り違憲とすべきではない。

557 医薬品の販売業について登録制を採用しても22条1項等に反しない。

558 氏名を記載することができない合理的な理由がないのに、署名のない弁護人選任届によってした被告人の弁護人選任は無効である。

559 安保改定に反対する学生多数が、デモ行動中、国会構内に乱入した行為等について、違法性ないし責任性の阻却の主張を排斥した。

560 被収用物件が収用の目的である特定の公共の用に供せられないでいるうち事情の変更により公共の目的に供する必要がなくなった等の場合には、原則として旧権利者にこれを回復する権利を保障するような立法上の措置をとることが29条の精神にも合致する。

561 道路運送法が自家用自動車を有償運送の用に供することを禁止しているのは、公共の福祉の確保のために必要な制限であるから22条1項に違反しない。

562 ビラ貼りが、貼られた電柱の所有者であり管理者である東京電力株式会社にとり迷惑なことであり、しかも街の美観を損ない不快を感ぜしめる以上、これを社会通念上是認されるべき理由のある行為とはいい難く軽犯罪法違反となる。

563 憲法は審級制度を如何にすべきかについては、その81条において最高裁判所は法律命令等が憲法に適合するか否かを決定する権限を有する終審裁判所である旨を定めているほか何ら規定するところがないから、この点以外の審級制度は立法をもってこれを定めうるものであり、したがって、事実審査を第2審限りとしても憲法に違反するものではない。

564 県職員A、Bが補助金の不正受給を処罰する法律が施行される前に農協連役員Cと不正受給を共謀し、同法施行後A、Bがその申請を行ったという事案において、Cを同法で処罰することは39条前段に反しないか争われたが、Cの行為は同法施行前でも詐欺罪（刑罰法規）にふれるものである以上、事後の制定法による処罰も許される。

565 技術士国家試験の合否判定の当否は「法律上の争訟」ではない。

566 土地区画整理事業計画の決定は、その公告がなされた段階においても、抗告訴訟の対象とならない。

567 郵便法上の信書には封緘した書状のほか開封の書状、葉書も含まれ、秘密には、これらの信書の内容のほか、その発信人や宛先の住所、氏名等も含まれる。

568 道路交通法の規定により公安委員会が定めた行為（ビラ配布）であっても、一般にこれが同法にいわゆる一般交通に著しい影響を及ぼすような行為に該当するものでなければ法定の要許可行為とはならない。

569 遺産の分割に関する処分の審判は、32条、82条に違反しない。

570 無許可集会、集団示威運動はそれじたい危険性をもつので、その扇動者、指導者を罰しても31条に反しない。

571	東京地裁	昭和 41.3.16	判時	440・21
572	最大判	昭和 41.3.30	判時	444・96
573	東京地裁	昭和 41.3.31	労民	17・2・347
574	大阪地裁	昭和 41.4.12	判時	448・19
575	津地裁	昭和 41.4.15	判時	446・23
576	最判	昭和 41.4.21	裁判集民	83・269
577	東京高裁	昭和 41.5.10	判時	462・20
578	最大判	昭和 41.5.18	判時	445・15
579	大阪高裁	昭和 41.5.19	判時	457・14
580	東京高裁	昭和 41.6.6	判時	461・31
581	福岡地裁	昭和 41.6.7	行集	17・6・634
582	大阪高裁	昭和 41.6.14	行集	17・6・667
583	最判	昭和 41.6.16	判タ	195・108
584	最判	昭和 41.6.23	民集	20・5・1118
585	最判	昭和 41.7.1	判時	457・63
586	最大判	昭和 41.7.13	刑集	20・6・609

571 監獄官吏が、その権限を逸脱して発信禁止処分をしたとの公務員職権乱用の被疑事実について、いわゆる準起訴請求を棄却した。

572 道路交通法に基づき運転者に対して運転免許証の提示を求めること（いわゆる「免許証の検閲」）は憲法が禁止する「検閲」ではない。

573 就業規則に列挙されている休職理由に当たらない場合に休職を命ずることが違法でないとした。

574 銭湯やトルコ風呂（現代のソープランド）の営業形態、設置状況に照らせば、トルコ風呂についてまで、浴場間の設置距離を制限するというような方法によって、その設置を規制しなければこれに因り必然的に国民の保健および環境衛生上好ましからざる事態を生じ公共の福祉に反するに至るものと認むべき理由のないことは明らかであるとして営業許可申請の却下処分を取り消した。

575 市立中学校が特別教育活動として行った水泳訓練中の生徒の溺死事故につき、指導教職員及び市教育委員らの水泳場の選定及び生徒の監視等に関する過失は、国家賠償法の公共団体の公権力の行使に当たる公務員の過失に該当する。

576 新聞紙に謝罪広告を掲載することを命ずる判決は、その広告の内容が単に事態の真相を告白し陳謝の意を表明する程度のものにあっては19条、21条1項に違反しない。

577 議員1人当りの選挙人人口が他の選挙区のそれの2倍又は3倍程度の不均衡という状態では、それは立法政策の当否の問題に止まり、違憲とは認められない。

578 没収物が被告人をふくむ複数人の共有である場合には、被告人以外の共有者にも、告知・弁解・防禦の機会をあたえるを要する。

579 警察官の警備情報活動につき釈明を求めるため、学生多数がこれを学内に連行した暴力行為等処罰に関する法律違反の事案につき、可罰的評価に値しないとして原審（大阪地裁）の無罪判決を維持した（昭和48年3月20日最高裁で上告棄却）。

580 税務事務所長が、土地建物の所有者に対し、同物件が非課税の固定資産に当たるとの見解を示した後に、事務所長がかかる取扱い違法であることに気づき法の許容する範囲内で遡及して行った固定資産税課税処分が禁反言の法理に反し無効とはいえない。

581 風俗営業の許可を受けた風俗営業者が死亡した場合には、その営業を行ないうる地位はその者の死亡と同時に消滅する性質を有し、相続人において常にあるいは原則として当然承継すべき性質のものではなく、かかる制度は29条に違反しない。

582 農地収用後の事情の変化によって、これをその本来の自作農の創設又は土地の農業上の利用の増進の目的に供しないことを相当と認めるにいたった場合には、原則としてこれを右農地等の旧所有者に売り戻すべきである。

583 公衆浴場の適正配置規制は22条に違反せず、条例制定権の範囲を越えていない。

584 公共的な発言の場合、発言者が指摘した事実を真実であると誤信したことについて確実な資料にてらし相当の理由があるときは、名誉毀損の民事責任を問われない。

585 自白をすれば起訴猶予にする旨の検察官のことばを信じた被疑者が、起訴猶予になることを期待してした自白は、任意性に疑いがあるものと解するのが相当である。

586 自白のほか証拠がないために起訴されていない「余罪」をも罰する趣旨で刑を量定することは、38条3項にも刑事訴訟法の基本原理である「不告不理の原則」にも反し、31条に違反する。

587		最大判	昭和 41.7.13		判時	450・3
588		大阪高裁	昭和 41.7.15		判夕	196・186
589		最大判	昭和 41.7.20		民集	20・6・1217
590	四代目最高裁長官	最大判	昭和 41.10.26	全逓東京中郵事件	刑集	20・8・901
591	横田正俊（よこたまさとし）	東京地裁	昭和 41.12.20	住友セメント事件	判時	467・26
592		最大判	昭和 41.12.27		民集	20・10・2279
593	在任期間　昭和41年8月6日〜同44年1月10日	鳥取地裁	昭和 42.3.7		判夕	207・225
594		最大判	昭和 42.3.8		刑集	21・2・423
595		東京高裁	昭和 42.3.8		判夕	214・208
596		東京地裁	昭和 42.3.27		判時	493・72
597		札幌地裁	昭和 42.3.29	恵庭事件	下刑	9・3・359
598		東京地裁	昭和 42.4.17		訟月	13・7・817
599		東京地裁	昭和 42.4.25		行集	18・4・560
600		最判	昭和 42.4.28		判時	486・31

589　憲法14条は、国民に対し絶対的な平等の取扱を保障したものではなく、差別すべき合理的な理由なくして差別することを禁止するだけのことであり、事柄の性質に即応して合理的と認めうる差別的取扱をすることは、なんら同条の趣旨に反するものではない。

587 麻薬取締法にいう輸入とは、わが国の統治権が現実に行使されていない地域から、わが国の統治権が行使されている地域に麻薬を搬入する行為をいうから、沖縄から鹿児島に麻薬を搬入したことも「輸入」にあたる。

588 使用者側に対して公然と自らの勢力を誇示する組合員の集団的示威又は抗議の状況を使用者側に属する者が写真撮影したからといって、右撮影行為をもって、直ちに組合活動に対する不当介入であるとして違憲ということはできない。

589 調剤について薬剤師と医師の区別は14条1項に反しない。

590 全逓信労組の役員らが東京中央郵便局の従業員に対して、勤務時間内に食い込む職場大会へ参加するよう説得し争議行為を唆したという事案である。労働基本権の保障のねらいは25条の生存権の保障を基本理念としている。
公共企業体等の職員にも労働基本権は保障され、争議権の制限は職務の公共性にもとづく必要最小限のものでなければならない。
争議行為としての労務の不提供に刑罰を科しうるのは、暴力をともなうとき、政治ストであるとき、国民生活に重大な障害をきたしたときにかぎられる（8対4）。

591 企業における女性の結婚退職制の適法性が争われ、性差別に該当し無効と判断された。

592 「過料」を科する手続も適正でなければならない。
裁判所が民事上の秩序罰としての過料を科する作用は実質的に一種の行政処分であるから、公開の法廷における対審によることが必要な82条の「裁判」にふくまれない（12対1）。

593 一般的指定によって弁護人と被疑者との交通権を一般的に禁止することは許されない。

594 刑法26条2号による刑の執行猶予取消しは39条に違反しない。

595 旧監獄法施行規則により在監中の被疑者に対する雑誌閲読の禁止の措置を行ったことについて、公務員の右規則の違憲性の判断に故意、過失が認められないとされた。

596 憲法の精神に照らし、憲法がその自由を保護すべき言論と呼ぶに値しないような言論の行使についてはともかく、いやしくも言論と呼びうるものである限りは、その行使により、他の基本的人権に対し、その行使の制限により生ずべき害悪に比し重大な害悪を与えるような場合に限ってこれを制限しうると解すべきである。更に、言論の自由を事前に制限し、その違反行為に対し処罰しうるとするためには、言論の自由の重要性に鑑み、これを不当に制約させないため、最少限度、言論の自由な行使により右のような重大な害悪が不可避的に生ずるという緊急の切迫した危険があり、それを制限すること以外の方法でその発生を防止しえない場合であることを要すると解すべきである。

597 公訴事実が罰条にふれない以上自衛隊法の合憲性審査は行うべきではない。

598 公務を仮装した行為の際に起こした不法行為につき国の賠償責任を否定した。

599 都市計画等のためになされた建築制限は、それが不相当に長期間にわたる場合であっても損失補償を必要としない。

600 司法修習生は、国家公務員等退職手当法にいう国家公務員またはこれに準ずるものにあたらない。

601	東京地裁	昭和 42.5.10	寺尾判決	判タ	206・182
602	最大判	昭和 42.5.24	朝日訴訟	民集	21・5・1043
603	最大判	昭和 42.5.24		判タ	208・94
604	最判	昭和 42.5.25		判時	485・36
605	東京地裁	昭和 42.5.30		判タ	207・219
606	東京地裁	昭和 42.6.9		判時	483・3
607	最大判	昭和 42.7.5		刑集	21・6・748
608	最大判	昭和 42.7.5		判時	487・15
609	最判	昭和 42.7.20		判時	496・68
610	前橋地裁	昭和 42.7.26		WLJ	1967WLJPCA072 66001
611	最判	昭和 42.8.31		判時	495・84
612	最判	昭和 42.9.13		判時	498・75
613	最判	昭和 42.9.22		判時	496・68
614	東京高裁	昭和 42.9.26		判時	505・71
615	札幌地裁 岩見沢支部	昭和 42.10.24		判時	505・77
616	広島高裁	昭和 42.10.31		判タ	216・163

604　信教の自由は私人間には直接の適用はないということを明らかにした裁判例といえるだろう。

601 東京都公安条例のもとでの公安委員会の運用実態を審査したうえで、その運用は届出制としてではなく、一般的禁止を個別に解除する許可制と同様のものとなっており、表現の自由に対する違憲の事前抑制に該当すると判断した（運用違憲）。

602 生活保護基準の決定に際し、厚生大臣はひろい裁量権をもつ（生活保護受給権は一身専属権であって相続されないから生活保護処分の取消しを求める訴えを養子が引き継ぐことはできないとしたあと、念のためといって上告人の憲法上、法律上の主張に答えた事例）。

603 地方議会議員の発言についてもいわゆる免責特権を憲法上保障しているものと解すべき根拠はない。

604 特定の住居で布教または祭祀を行わない旨の私人間の約束は、20条1項に違反しない。

605 東京都の集会、集団行進及び集団示威運動に関する条例に基づき、公安委員会が集団示威運動に付した許可条件にいう「ことさらなかけ足行進」および「停滞」に該当しないとして無罪を言い渡した。

606 国会周辺における集団示威運動の許可に進路変更の条件を付したことについて、東京都公安条例所定の「公共の安寧を保持する上に直接危険を及ぼすと明らかに認められる場合」または「公共の秩序又は公衆の衛生を保持するためやむを得ない場合」であったことを認めるべき資料はないとして、右条件を付したことを違法とした。

607 起訴されていない犯罪事実で、被告人の捜査官に対する自白のほかに証拠のないものを、いわゆる余罪として認定し、これをも実質上処罰する趣旨のもとに重い刑を科することは、31条、38条3項に違反する。

608 再審を開始するか否かを定める手続は、82条の「裁判の対審及び判決」に含まれない。

609 破壊活動防止法上の文書頒布罪の成否について、文書の頒布により内乱罪の実行されうべき可能性ないし蓋然性が客観的に存在していたことは認められないとして、その成立を否定した。

610 28条等の関係において、争議行為の遂行の共謀等を禁じる地公法の適用が合憲とされる範囲は、争議行為の遂行自体に強度の違法性があると認められる場合の外は、同法所定の共謀等の行為が特に強度の違法性があると認むべき合理的理由がある場合に限定される。

611 甲被疑事実による勾留を利用して乙被疑事実につき取り調べた後、いったん釈放し直ちに乙被疑事実により逮捕勾留した場合において、乙事実について公訴が提起され、その後も勾留理由があるときは、起訴前の段階における勾留中の捜査官の取調べ等の当否は、起訴後における勾留の効力に影響を及ぼさない。

612 警察官が犯人と思われる者を懐中電灯で照らし、同人に向って警笛を鳴らしたのに対し、相手方が警察官と知って逃走しようとしたときは、口頭で「たれか」と問わないまでも、刑訴法212条4項にいう「誰何されて逃走しようとするとき」にあたる。

613 破壊活動防止法上の文書頒布罪が成立しないとされた。

614 判決に情状として起訴されていない犯罪に関する記載をしたことが違法とされた。

615 戸別訪問禁止の規定は、禁止の必要上最少限の規制と解して妨げなく、またこの違反に対しては事後的に処罰されるという事後の制限である点等も考えると21条に違反しない。

616 受刑者が、刑務所長を相手方とする懲罰処分取消の訴を提起し、右訴訟の遂行を準備するための図書を閲読する必要があると認められる以上、刑務所長が受刑者の図書購入のための領置金の使用を許可しないことは、違法である。

617	最判	昭和	42.11.21	刑集	21・9・1245
618	東京地裁	昭和	42.11.23	判時	501・52
619	東京地裁	昭和	42.11.27	判時	501・52
620	前橋地裁	昭和	42.11.28	訟月	13・12・1558
621	東京地裁	昭和	42.12.12	判時	504・3
622	最判	昭和	42.12.15	判タ	216・125
623	最判	昭和	42.12.21	判タ	216・89
624	最判	昭和	42.12.21	判タ	216・114
625	大阪高裁	昭和	42.12.25	判時	514・82
626	札幌高裁	昭和	42.12.26	判時	516・86
627	最決	昭和	43.1.18	判タ	218・205
628	東京高裁	昭和	43.1.26	判タ	218・99
629	東京地裁	昭和	43.2.2	行集	19・1・2（合併号）・141
630	呉簡裁	昭和	43.2.5	判時	509・79
631	京都地裁	昭和	43.2.22	判時	520・18

617 公職選挙法は、選挙に関し、戸別訪問をすることを全面的に禁止しているのであって、戸別訪問のうち、選挙人に対する買収、威迫、利益誘導等、選挙の公正を害する実質的違反行為を伴い、またはこのような害悪の生ずる明白にして現在の危険があると認められるもののみを禁止しているのではない。

618 憲法の保障する集団示威運動による表現の自由は各国において認められる普遍的原理であるから、日本国民のみならず外国人であっても、日本国にあってその主権に服している者には右自由が保障されていると解すべきである。

619 東京都公安条例による集団示威行進の不許可処分に対する執行停止申立てを認めた。

620 買収農地が自作農の創設等の目的に供しないことを相当とするに至った場合には、農林大臣はその旨の認定をした上で、旧所有者に売り払うべき義務を課せられている反面、買収土地の旧所有者は、このような売払いを受けうる利益を法律上保障されているというべきである。

621 新安保条約は、その内容において憲法前文の定める平和主義の精神ないし9条に違反して一見きわめて明白に違憲無効であるとすることはできず、これの無効を前提に新特別措置法が違憲無効であるとすることもできない。

622 抵当権の不存在を理由とする競売開始決定に対する異議事件の裁判は、公開の法廷における審理を経なくても、32条、82条に違反しない。

623 旅館業法は宿泊名簿の制度を規定し、虚偽の氏名や職業を告げた者を処罰する旨規定するが、これは犯罪や事故の対処等の目的のために必要であり、また、居住移転自身を制限するものではないから有効である。

624 38条3項にいう「本人の自白」には、その判決をした裁判所の公判廷における被告人の自白を含まない（5対0）。

625 通信の秘密を侵したことを理由とする電話交換手の懲戒免職処分を有効と認めた。

626 ビラ1枚を電柱に貼付した事案につき、一般社会における権利義務意識もかなり高まった現在、無断ビラ貼りに対する一般法感情ないし社会通念がすくなくともこれを正当として是認しているとまでは認めがたいなどとして軽犯罪法違反罪の成立を認めた。

627 「人の噂であるから真偽は別として」という表現を用いて公務員の名誉を毀損する事実を摘示した場合において、名誉毀損罪の事実の証明の対象となるのは、風評そのものの存在ではなく、その風評の内容たる事実が真実であることと解すべきである。

628 現に罪を犯したと疑うに足りる相当な理由がある場合、犯罪がまさに行われようとしている場合及び既に発生した犯罪に引き続き更に犯罪が発生しようとする情況がある場合で、証拠保全の必要性及び緊急性が認められ、その方法が一般的に容認される相当性があるときは、相手方の意思に反しても写真撮影をすることができる。

629 東京都公安条例に基づく集団示威運動の許可に付された条件（進路の変更）の効力停止申立を認容した。

630 自己の管理する場所にビラを貼られその意に反してまで他人の政治的意見の発表を許さなければならない義務は存在しない。それは単にこれによって工作物を汚したというような財産権の侵害ではなく、管理者の表現の自由そのものに対する侵害である。

631 一斉休暇闘争の指令を発出、伝達した所為につき、違法な争議行為を「あおる」行為にあたらないとして無罪とした。

632	妙寺簡裁	昭和 43.3.12		判時	512・76
633	最判	昭和 43.3.15		判時	524・48
634	旭川地裁	昭和 43.3.25	猿払事件一審	判タ	219・243
635	岐阜地裁	昭和 43.3.27		判時	514・89
636	大阪高裁	昭和 43.3.29		判時	521・12
637	最判	昭和 43.4.2		判時	517・50
638	東京高裁	昭和 43.4.24		判時	525・82
639	高松高裁	昭和 43.4.30		判時	534・19
640	大阪地裁	昭和 43.5.23		判時	537・82
641	東京地裁	昭和 43.6.6	練馬区長準公選事件	判タ	222・142
642	最大判	昭和 43.6.12		判時	519・3
643	最判	昭和 43.6.14		判時	526・86
644	大阪高裁	昭和 43.6.15		判時	524・13

634　北海道宗谷郡猿払村の鬼志別郵便局に勤務する郵政事務官で、猿払地区労働組合協議会事務局長を務めていた者が、衆議院議員選挙に際し、この協議会の決定にしたがい、日本社会党を支持する目的をもって、同日同党公認候補者の選挙用ポスター6枚を自ら公営掲示場に掲示したほか、その頃4回にわたり、右ポスター合計約184枚の掲示方を他に依頼して配布したところ、国家公務員法違反として起訴されたという事件である。

632 戸別訪問自体は本件何らの実質的違法性を有するものではなく、また不正行為と性質上の因果関係を有するものでもなく、ただ単に不正行為が随伴するという関係にあるにすぎず、その随伴関係といっても必然的であるとか不可避的であるかいうはおろか、多くの場合に存在するということですら経験則上明らかではないのであって、結局戸別訪問それ自体には言論の自由を制限しうるために必要な危険の「明白性」の要件が欠けており、これを全面的に、即ち「明白性」の要件を補うことなく禁止することは許されない。

633 裁判官の行う裁判についても、その本質に由来する制約はあるが、国家賠償法の適用が当然排除されるものではない。

634 非管理職である現業公務員で、その職務内容が機械的労務の提供に止まるものが、勤務時間外に、国の施設を利用することなく、かつ職務を利用し、若しくはその公正を害する意図なしで行った行為で且つ労働組合活動の一環として行われたと認められる所為に刑事罰を加えることを予定している国家公務員法は、このような行為に適用される限度において、行為に対する制裁としては、合理的にして必要最小限の域を超えたものと断ぜざるを得ない。

635 黙秘権を規定した38条1項の法意は、何人も自己が刑事上の責任を問われるおそれのある事項について供述を強要されないことを保証するにあるものと解すべく、しからば道路交通法が定める事故の報告義務は同条に違反し無効である。

636 教職員のいわゆる一斉休暇闘争は、地公法が禁ずる「あおり」行為にあたらないとした。

637 自作農創設特別措置法に基づく農地買収によって国は農地の完全な所有権を取得する。

638 解雇の自由は、労働法原理によって規律される労働契約関係（従属労働関係）においては、解釈上おのずから原理的修正をうけ、解雇には合理的にみて首肯するに足る相当な理由の存在を必要とし、これのない解雇は許されないものと解してよい（27条1項の私人間への直接適用）。

639 ビラ貼り行為が周囲の美観風致が害された程度は微細であることなどの理由により愛媛県屋外広告物条例に違反する広告物表示行為に当らないとした。

640 日中貿易促進を目的とする協会の業務担当社員の解雇が思想信条を理由とするものであり無効であるとされた。

641 長期の区長不在に対応すべく「練馬区長候補者決定に関する条例」の制定に向けた直接請求を目的とした条例制定請求代表者証明書の交付を練馬区に申請したところ拒否されたという事案において、裁判所はその取消を認めた。

642 保釈保証金没取決定に対し、事後に不服申立の途が認められれば、予め告知、弁解、防禦の機会が与えられていないからといって違憲とは認められない。

643 盗犯等の防止及び処分に関する法律は、常習累犯者であるという事由に基づいて、新たに犯した罪の法定刑を重くしたに過ぎないもので、前犯に対する確定判決を動かしたり、重ねて刑罰を科したりする趣旨のものではないから39条に違反するものでない。

644 警察署長が道路交通法に基づき、道路における危険を防止し、その他交通の安全と円滑を図るため、集団示威行進に伴う道路の使用に関し、条件（通行区分につき西側歩道を行進すること）を付してした許可が違法ではないとした。

645	大阪高裁	昭和	43.6.28		判時	523・31
646	東京地裁	昭和	43.7.15	牧野訴訟	判タ	223・118
647	奈良地裁	昭和	43.7.17	文化観光税事件	判時	527・15
648	大阪地裁	昭和	43.7.30		判時	528・15
649	東京地裁	昭和	43.8.1		判時	539・71
650	東京地裁	昭和	43.10.18		判時	543・88
651	東京高裁	昭和	43.10.21		判時	536・18
652	最判	昭和	43.11.1		判時	542・78
653	広島高裁	昭和	43.11.13		判タ	229・186
654	京都地裁	昭和	43.11.22		判時	566・54
655	最大判	昭和	43.11.27	河川附近地制限令事件	刑集	22・12・1402
656	東京高裁	昭和	43.11.27		判タ	230・259
657	最大判	昭和	43.11.27		判時	538・6
658	東京高裁	昭和	43.11.28		判時	538・14
659	最大判	昭和	43.12.4	三井美唄労組事件	刑集	22・13・1425
660	最大判	昭和	43.12.18	大阪市ビラ貼り規制条例事件	判時	540・81

645 本来損金に算入されるのが事柄の性質上当然であるものを法律の明確な委任のない命令で益金とすることはできない。

646 老齢福祉年金における夫婦受給制限を規定する国民年金法は、右年金の性格、老齢者の生活実態から差別すべき合理的理由が認められないのに夫婦者の老齢者を差別するものであって、14条1項に違反し無効である。

647 奈良県文化観光税条例が特定の寺院に入場する者についてのみ文化観光税を課することは、不合理な差別課税あるいは信条を理由とする差別課税といえない。

648 雑誌掲載記事の登場人物が実在する者を指し同人の名誉を毀損するものとして取消広告及び慰謝料請求を認めた。

649 共産党と深い関係にある出版社において党の内部分裂に端を発して行われた懲戒解雇を無効とした。

650 行政官庁は、その行政目的を達するため法律の趣旨に適合し必要かつ相当と認めるときは、一定の事項を指定して秘密の取り扱いをすることができ、職員が正当な事由もなくそれを他に漏らす行為は、単に服務規律違反として行政処分の対象となるばかりでなく、右秘密指定が、実質的にも秘密の取り扱いをすることが必要かつ相当で、刑罰の制裁によって保護するに足りる実体を備えている場合には、職員がこれを漏らす行為並びに職員にこれを漏らすことをそそのかす行為に対して刑罰を科することは許されなければならない。

651 被害者が国賠法1条に基づき請求するときは、その公務員の氏名を示す必要はなく、その公務員の行使した公権力の帰属主体が国か公共団体かを明示すれば足りる。

652 選挙人の居宅またはその敷地内に立入ることなく、たまたま屋外の敷地内に出ていた選挙人に、道路上から声をかけ、投票を依頼したにすぎない場合には、右行為は、公選法が禁止する戸別訪問にあたらない。

653 薬事法に基づく薬局の配置規制等は、適正な調剤と医薬品の適正な供給を図ることによって、国民の利便と保健衛生の利益を守らんがための公共の福祉の見地から制限したもので22条1項条に違反しない。

654 在外資産返還請求権を放棄する内容を含む対日平和条約の締結は国家賠償法の違法な公権力の行使に当たらない。

655 法令に損失補償の規定がなくとも、特別の犠牲となった者は29条3項を根拠の補償を請求できる。

656 戸別訪問罪の成立には選挙の自由と公正を著しく害する明白にして現在の危険の存在することを要しない。

657 平和条約が締結された結果、同条約の規定により在外資産を喪失した者は、国に対しその喪失による損害について補償を請求することはできない。

658 条例制定の直接請求をしようとする条例案の内容が一見極めて明白に非条例事項であるとはいえないとされた。

659 組合員の公職立候補を理由に労働組合が統制処分を行なうことは違法である。「立候補の自由」も15条1項により保障される。

660 国民の文化的生活の向上を目途とする憲法の下においては、都市の美観風致を維持することは、公共の福祉を保持する所以であるから、この程度の規制（ビラ貼り規制）は、公共の福祉のため、表現の自由に対し許された必要且つ合理的な制限と解することができる。

661	五代目最高裁長官	仙台高裁	昭和 44.2.19		判時	548・39
662		東京地裁	昭和 44.2.26		判時	553・32
663		最判	昭和 44.3.18		判時	548・22
664	石田和外	徳島地裁	昭和 44.3.20		判時	566・12
665		札幌地裁	昭和 44.3.26		交民	2・2・391
666	在任期間　昭和44年1月11日〜同48年5月19日	最大判	昭和 44.4.2	東京都教組事件	刑集	23・5・305
667		最大判	昭和 44.4.2	全司法仙台事件	刑集	23・5・685
668		東京地裁	昭和 44.4.16		判時	557・271
669		最大判	昭和 44.4.23		刑集	23・4・235
670		最判	昭和 44.4.25		判時	556・40
671		最判	昭和 44.5.2	中里鉱業所事件	裁判集民	95・257
672		札幌地裁岩見沢支部	昭和 44.5.6		判時	566・23
673		大阪地裁	昭和 44.5.24		判夕	238・263
674		岡山地裁	昭和 44.5.24		判時	563・98
675		金沢地裁七尾支部	昭和 44.6.3		判時	563・14

661 23条に規定する学問の自由は、当然に教授の自由を含むものではなく、下級の教育機関については、そこでの教育の本質上、教授方法の画一化が要求されるため、教授の自由は制約される。

662 集団示威運動許可申請に対し東京都公安委員会が付した条件の効力の停止を裁判所が認めた。

663 取材フィルムに対して検察官等のした差押に関する処分について不服の申立を受けた裁判所は、差押の必要性の有無について審査することができる。

664 いわゆる失対労務者は就労紹介の問題について公共職業安定所と団体交渉権を有する。

665 地方自治体の職員が執務時間外に庁舎外で関係業者と飲酒し帰途に自動車事故を起こした行為は国家賠償の対象とならない。

666 東京都教職員組合が、文部省の企図した公立学校教職員に対する勤務評定の実施に反対するため、一日の一斉休暇闘争を行なうにあたり、組合の幹部としてした闘争指令の配布、趣旨伝達等、争議行為に通常随伴する行為に対しては、刑事罰をもってのぞむことは許されない（9対5）。

667 新安保条約は一見きわめて明白に違憲とはいえない。
政治目的のための争議行為は違法である。
国家公務員法が禁止する争議行為は、国民生活に重大な支障をもたらすようなものにかぎられ、その種の争議行為をとくに違法な仕方であおった者だけが同法により処罰されうる。

668 会社派の従業員から暴行を受けたとして会社および加害者を訴追したことを理由としてされた解雇は解雇権の濫用であるとして無効とされた。

669 選挙運動をすることができる期間を規制し事前運動を禁止することは、憲法の保障する表現の自由に対し許された必要かつ合理的な制限である。

670 出納責任者の選挙犯罪により、当選人について連座による当選無効の訴訟が提起された場合において、右出納責任者について恩赦があっても、そのことは、右訴訟の結果に影響を及ぼすものではない。

671 労働組合の推薦する特定候補以外の立候補者を支持する組合員の政治活動（選挙運動）を一般的・包括的に制限禁止し、これに違反する行動を行なった組合員は統制違反として処分されるべき旨を決議した組合大会決議は、労働組合の統制権の限界を超えるものとして無効である。

672 いわゆる失対労働者は、公共職業安定所において失対労働者の労働条件を左右できる限度において、公共職業安定所に対し団体交渉権を有する。

673 通達はそれ自体法規としての性質を有するものではないが、示達された内容が税務執行において実施され、納税者においてその取扱いが異議なく受容されるとともに、当該通達の内容が合理性を有し、しかも右達が定める要件を充たしているにもかかわらず、これの適用を受けずにされた課税庁の処分は違法性を帯びる。

674 検察官が、弁護人等の接見を全面的に禁止することができないにも拘らず一般的指定という形で全面的禁止をした場合、これは準抗告の対象となる。

675 専ら適法に身柄を拘束するに足りるだけの証拠資料を収集し得ていない重大な本来の事件（本件）について被疑者を取調べ、被疑者自身から本件の証拠資料（自白）を得る目的で、たまたま証拠資料を収集し得た軽い別件に藉口して被疑者を逮捕・勾留することは別件逮捕として33条、34条に違反する。

676	東京高裁	昭和 44.6.20		判時	575・85
677	最大判	昭和 44.6.25	「夕刊和歌山時事」事件	刑集	23・7・975
678	東京地裁	昭和 44.7.1	東急機関工業女子若年定年制事件	判タ	236.254
679	最判	昭和 44.7.4		民集	23・8・1321
680	東京地裁	昭和 44.7.8	日工展訴訟（ココム訴訟）事件	判時	560・6
681	最判	昭和 44.7.8		判時	561・19
682	最判	昭和 44.7.10	銀閣寺事件	判時	569・44
683	最判	昭和 44.7.11		民集	23・8・1470
684	最判	昭和 44.7.25		判時	564・81
685	東京高裁	昭和 44.7.31		判時	567・92
686	金沢地裁	昭和 44.9.5	北陸労組事件	判時	568・24
687	最判	昭和 44.9.26		判時	573・91
688	東京地裁	昭和 44.9.26		判時	568・14
689	大阪簡裁	昭和 44.10.7		別冊ジュリ	245・123
690	最大判	昭和 44.10.15	「悪徳の栄え」事件	刑集	23・10・1239
691	横浜地裁	昭和 44.11.6		訟月	15・12・1498
692	東京地裁	昭和 44.11.15		判時	578・22

676　昭和34年5月7日の最高裁を変更した。

676 ホテル5階待合所で現行犯逮捕し35分後より7階の部屋で大麻たばこ等の捜索差押を行ったことは違法ではない。

677 公共的な発言の場合、発言者が指摘した事実を真実であると誤信したことについて確実な資料にてらし相当の理由があるときは、名誉毀損として処罰されない。

678 労働協約で女子30歳、男子55歳と女子を著しく不利益に差別した定年制の定めは無効である。

679 平和条約が締結された結果、同条約の規定により損害賠償請求権を喪失した者は、国に対しその喪失による損害について補償を請求することは許されない。

680 輸出の自由は、国民の基本的人権（22条1項）であって、立法その他の国政の上で、最大の尊重を必要とするから、その制限は、最少限度のものでなければならないが、需給の調整、取引秩序の維持などのため必要と認められる場合には制限することができる。

681 麻薬所持罪の犯人である被告人から麻薬を没収するについて、あらかじめ麻薬の所有者（その麻薬に関する別罪の被告人）に対し、手続に参加する機会を与える必要がないとされた。

682 宗教法人の代表役員および責任役員の地位にあることの確認を求める訴は、当該宗教法人を相手方としないかぎり、確認の利益がない。

683 未承認国を行先とする旅券の発給拒否は違憲、違法ではない。

684 監獄法の定める懲罰のほかに犯罪（公務執行妨害罪・傷害罪）として処罰しても39条に反しない。

685 軽犯罪法が規制対象とするはり札をする行為における「みだりに」とは、管理者の承諾を得ることなく、かつ、社会通念上是認されるような理由もなくの意味に解するのが相当である。

686 組合内における日本共産党および同党員の活動状況等を調査する目的で行なった警察の情報収集活動が、警ら、巡回連絡、交通安全運動などとおもに、警察官の事実行為として、警察法2条1項の予定するもので違法ではないとされた。

687 累犯加重は39条に違反しない。

688 行政処分の効力または執行を停止することを裁判所の権限としたのは、本来的な行政作用の司法作用への委譲であり、その権限委譲にあたり、どのような態様で委譲し、どのように司法機関に行なわせるかは立法政策の問題である。

689 ビラ貼り行為について屋外広告条例上の処罰を否定した。

690 芸術的・思想的価値のある文書であってもわいせつな表現を処罰することは21条、23条に反しない（8対5）。

691 法人税法から同法施行令へなされた使用人兼務役員報酬の取り扱いに関する委任の範囲が許される限度を超え違法とされた。

692 集団示威運動許可申請に対し東京都公安委員会は付した条件の効力の停止を裁判所が認めた。

690　現代思潮社がマルキ・ド・サドの『悪徳の栄え』を翻訳し出版したところ、同書には性描写が含まれており、これがわいせつ物頒布等の罪に問われたものである。別名「サド事件」ともいわれる。

693	最大決	昭和	44.11.26	博多駅テレビフィルム提出命令事件	刑集	23・11・1490
694	最大判	昭和	44.12.3		判時	575・3
695	東京高裁	昭和	44.12.17	第二次国会乱闘事件	判時	582・18
696	東京地裁	昭和	44.12.24		労民	20・6・1775
697	最大判	昭和	44.12.24	京都府学連事件	刑集	23・12・1625
698	大阪地裁	昭和	44.12.26	日中旅行社事件	判時	599・90
699	東京地裁	昭和	45.1.30		判タ	248・196
700	最判	昭和	45.2.13		判時	587・94
701	東京地裁	昭和	45.2.26		判時	591・30
702	東京地裁	昭和	45.3.14	「エロス＋虐殺」事件	判時	586・41
703	東京高裁	昭和	45.4.13	「エロス＋虐殺」事件	判時	587・31
704	最判	昭和	45.4.24		刑集	24・4・153
705	最判	昭和	45.4.30		判時	592・97
706	大阪地裁	昭和	45.5.12		訟月	16・10・1201
707	大阪簡裁	昭和	45.5.13		別冊ジュリ	68・63

693 報道機関の報道は国民の「知る権利」に奉仕するものであり、取材の自由も21条の精神に照らし、十分尊重に値する。
「取材の自由」も尊重に値するので、刑事裁判の証拠として役立つニュース・フィルムの提出を報道機関に命ずる場合、将来の取材におよぼす悪影響の程度と必要性とを比較衡量して決定しなければならない。

694 国政犯則事件の手続きの法的性質は一種の行政手続であり刑事手続ではない。

695 51条所定の国会議員のいわゆる免責特権の対象となる行為の範囲は、同条に規定された演説、討論又は表決だけに限定すべきではないが、議員が職務上行なった言論活動に付随して一体不可分的に行なわれた行為の範囲内のものでなければならない。

696 労使の幹部の多くが日本共産党員である病院の事務長代理に対する蚕が政治的信条を理由とするものとして無効とされた。

697 学生約1300人が参加したデモ行進において、これを監視していた警察官が、許可条件に違反があったとしてデモ行進の状況を写真撮影したところ、これに抗議し警察官に怪我を負わせたという事案（公務執行妨害罪と傷害罪等）である。13条により、人は正当な理由もないのに顔、姿を撮影されない自由をもつが、本件は適法な職務執行であったとした。

698 営業所の閉鎖を理由としてした従業員らに対する解雇が政治的信条を理由とするものとして無効とされた。

699 中国との貿易を主たる業務とする友好商社が、毛沢東思想、文化大革命を賞賛すべきこと等を定めた議定書および共同声明に反対の態度を表明したこと等を理由としてした従業員に対する解雇が、解雇権の濫用として無効とされた。

700 控訴趣意書差出最終日指定後選任された弁護人に、あらためて最終日の通知をしなかったことを違法でないとして、控訴棄却の決定に対する異議申立を棄却した原決定は32条、13条に違反しない。

701 別件逮捕は33条の脱法行為としての疑いがあり、違憲である（無罪判決）。

702 人格権の侵害に対し事前に差止請求権を認めうるか否かについては議論の存するところであるが、これを積極に解しても、表現の自由に対する重大な制約である点に鑑み検閲を禁じた21条2項の精神を考慮して、権利侵害の違法性が高度な場合にのみ、差止請求を認めるべきものと解するのが相当である。

703 小説・演劇・映画等により人格的利益を侵害された者が、侵害行為の排除ないし予防を求める請求権を有するかどうかは、個人の尊厳及び幸福追求の権利の保護と表現の自由（特に言論の自由）の保障との関係に鑑み、被害者が侵害行為の排除ないし予防の措置がなされないままで放置されることによって被る不利益の態様、程度と、加害者が右の措置のためその活動の自由を制約されることによって受ける不利益のそれとを比較衡量して決すべきである。

704 21条の表現の自由は「芸術の自由」をふくむ。
通貨の模造の禁止、処罰は21条1項に反しない。

705 屋外広告物取締条例（高知県）は21条等に違反しない。

706 通達に従い課税の対象とならないと信じて物品税を含まない価格で取引したにもかかわらず、後にこれに課税することは違法である。

707 屋外広告物法、大阪市屋外広告物条例の目的は、営利的な商業活動から美観風致を維持するところにあるから、政治的意思を表明するような非営利的ビラは屋外広告物にあたらない。

708	最判	昭和 45.5.19		判時	595・51
709	最大判	昭和 45.6.17		刑集	24・6・280
710	東京地裁	昭和 45.6.23		労民	21・3・924
711	最大判	昭和 45.6.24	八幡製鉄事件	民集	24・6・625
712	最大判	昭和 45.6.24		判時	597・83
713	最決	昭和 45.7.2		判時	603・99
714	最判	昭和 45.7.16		判時	598・32
715	東京地裁	昭和 45.7.17	杉本判決	判時	604・29
716	最判	昭和 45.7.28		判時	602・97
717	最判	昭和 45.7.31	仁保事件	判時	598・37
718	東京高裁	昭和 45.8.1		判時	600・32
719	東京高裁	昭和 45.8.17		判時	603・27
720	最判	昭和 45.8.20	高知国道落石事件	判時	600・71
721	名古屋高裁	昭和 45.8.25	愛知大学事件	判時	609・7
722	最判	昭和 45.9.11		刑集	24・10・1333

711 会社による政治献金の可否が争われた事件であり、当時株主であった弁護士がこの問題を世に問うため提起したといわれている。

708 借地条件変更の裁判において借地権の存否を判断しても、32条、82条に違反しない。

709 軽犯罪法による他人の家屋などへのはり札の禁止は、財産権、管理権の不当な侵害防止のための許された必要かつ合理的な制限で、21条1項に反しない。

710 労働協約に従業員の解雇等については経営協議会で協議決定すると規定されている場合、組合が、会社が存亡の危機に陥っていることを熟知しながら、人員整理等につき真剣に検討する態度を示さず応答をしなかったことが、協議決定権の濫用に当たるとされた。

711 八幡製鉄株式会社（現在の新日鐵住金株式会社）の代表取締役が自民党に350万円の政治献金を行ったところ、これが会社の定款の目的外の行為であるとして株主代表訴訟を提起したという事案である。会社のような法人も政治献金、政治的行為の自由をもつ。

712 破産宣告決定およびこれに対する抗告事件についての抗告棄却決定は、口頭弁論を経ないでなされても82条に違反しない。

713 行為は、一定の目的等の主観的意図にもとづくものであることによって、違法性を帯びあるいは違法性を加重することがありうるのであるから、その主観的意図の存在を犯罪の構成要件要素とすることは決して不合理なことではなく、また、破壊活動防止法39条および40条は、その所定の目的をもって、刑法199条、106条等の罪を実行するための具体的な準備をすることや、その実行のための具体的な協議をすることのような、社会的に危険な行為を処罰しようとするものであり、その犯罪構成要件が不明確なものとも認められない。

714 集団示威運動等に関する条例（広島県）にいう「屋外の公共の場所」とは、そこにおいて集団示威運動等が行われると、公共の安全と秩序に対し危険が及ぶおそれのあるような、道路、公園、広場にも比すべき場所、すなわち、現実に一般に開放され、不特定多数の人が自由に出入し、利用できる場所を指す。

715 教科書検定における審査は、教科書の誤記、誤植その他の客観的に明らかな誤り、教科書の造本その他教科書についての技術的事項および教科書の内容が教育課程の大綱的基準の枠内にあるかの諸点にとどめられるべきで、右の限度をこえて教科書の記述内容の当否にまで及ぶときは検定は教育基本法に違反する。

716 道路交通法の定める報告義務は38条1項に違反しない。

717 被告人の自白に信用性、真実性があるものと認め、これに基づいて犯行を被告人の所為であるとした原審の判断を支持しがたいとして破棄した。

718 国家賠償法上の「違法に」というのは、法規違反によるか、あるいは権力濫用、信義誠実、公序良俗などの諸原則に反して他人に損害を加えることを意味する。

719 強盗強姦・強盗殺人事件について確実で具体的な証拠がなく、被告人の自白の信用性に疑があるとして原審（東京地裁）の無罪判決が維持された。

720 国家賠償法による営造物の設置または管理の瑕疵に基づく国および公共団体の損害賠償責任については過失の存在を必要としない。

721 学問の自由、大学の自治にとって、警察権の行使が干渉と認められるのは、それが、当初より大学当局側の許諾了解を予想し得ない場合、特に警備情報活動としての学内立入りの如き場合である（上告棄却）。

722 重加算税のほかに刑罰を科すことは39条に違反しない。

723	最大判	昭和 45.9.16		民集	24・10・1410
724	最大判	昭和 45.9.16		判時	603・25
725	東京高裁	昭和 45.10.2		判時	619・28
726	東京高裁	昭和 45.10.7	昭和天皇パチンコ狙撃事件	別冊ジュリ	69・277
727	最判	昭和 45.10.9		裁判集民	101・23
728	東京地裁	昭和 45.10.14		判時	607・16
729	最判	昭和 45.10.16		判時	607・14
730	大阪地裁	昭和 45.10.22		労民	21・5・1381
731	柳川簡裁	昭和 45.11.10		判時	621・112
732	最大判	昭和 45.11.25		刑集	24・12・1670
733	福岡高裁	昭和 45.11.25		判時	615・3
734	最大判	昭和 45.12.16		判時	618・3
735	最判	昭和 45.12.17		判時	618・97
736	東京高裁	昭和 45.12.24		判時	640・94
737	最大判	昭和 46.1.20		判時	617・21
738	山口地裁岩国支部	昭和 46.3.17		判時	642・79

723 監獄内においては、多数の被拘禁者を収容し、これを集団として管理するにあたり、その秩序を維持し、正常な状態を保持するよう配慮する必要がある。13条により喫煙の自由があるとしても、拘置所内での制限は違憲ではない。

724 同盟罷業、怠業等の争議行為を禁止した公共企業体等労働関係法は28条に違反しない。

725 社会通念上犯罪の疑いのある行為が既に行われており、撮影者においても、そのように認めた場合には、一般人も相当な方法で証拠保全のために行為者の容ぼう等を含む写真の撮影ができる。

726 昭和44年1月2日、皇居で6年ぶりに行われた一般参賀で、昭和天皇に向かってパチンコ玉を発射した行為について、暴行罪（懲役1年6箇月）が成立するとされた。

727 農地法が、小作料最高額を法定することは29条に反しない。

728 横断歩道橋の設置箇所の近隣に居住する住民が、歩道橋の設置より従来の方法による道路通行権の行使が妨害され、環境権が侵害されることを理由として、歩道橋の架設工事の施行の停止を求めるにつき申請人適格を有するとされた。

729 朝鮮民主主義人民共和国創建20周年祝賀行事に参加することを目的とする再入国許可申請に対してされた不許可処分の取消を求める訴えは、参加を予定した右行事のすべてが終了した後約1か月を経過した時点においては、すでに判決を求める法律上の利益を喪失したものというべきである。

730 中華人民共和国から原料を輸入して漢方薬を製造する会社において、日本共産党を脱党すべき旨の要求に応じないことを理由とする解雇は無効である。

731 福島県屋外広告物条例は、屋外広告物法にもとづき、福岡県における市街地の美観風致を維持し、及び公衆に対する危害防止のため制定されたものであり、21条に違反しない。

732 だまして得た自白を証拠として用いることは刑訴319条1項、ひいては38条2項に違反する。

733 警察官は職務質問に際し所持品の呈示を求め、相手方の任意の承諾を得てその検査を行うことができる。

734 その本質において固有の司法権の作用に属しない非訟事件は、32条の定める事項ではなく、したがって、非訟事件の手続および裁判に関する法律の規定について32条違反の問題は生じないものと解すべきである。

735 多数の者が暴力によって会社のタクシーの車検およびキーを奪取と、あるいは多衆共同してその車輪を取りはずすなどする行為等は、正当な争議行為の範囲を超えるものであって、威力業務妨害罪および暴力行為等処罰に関する法律違反の罪を構成する。

736 東京都公安委員会は集団示威運動を許可するにあたり、それをしないことを条件とした「ことさらなかけ足行進」とは、両足が双方同時に地面から離れる状態を伴い飛躍ないしは浮動した状況で進行する態勢のうち、走ることよりは遅いが通常の歩行等よりはある程度早い速度である程度長い距離を進行するものをいう。

737 農地法（当時）は、国が強制買収で取得した農地について農林大臣が農地としての性格が認められないとして相当と認めた場合に旧所有者又はその一般承継人に売り払わなければならないと規定し、法律の規定では対象の土地について限定を加えていなかったが、農地法施行令は「公用、公共用又は国民生活の安定上必要な施設の用に供する緊急の必要があり、且つ、そのように供されることが確実な土地等」に限定しており、これは農地法の委任の範囲を超え無効である。

738 職業安定所は、失対労働者の団体交渉の要求に応ずる義務がある。

739	盛岡地裁	昭和 46.3.18		判時	626・99
740	最判	昭和 46.3.23	佐賀教組事件	判時	623・25
741	大阪高裁	昭和 46.3.25	大学管理法案反対デモ事件	刑月	3・3・387
742	東京地裁	昭和 46.3.29		判時	624・3
743	東京高裁	昭和 46.3.30		判時	624・4
744	最大判	昭和 46.4.21		判時	627・3
745	名古屋地裁	昭和 46.4.30	トヨタ自工純血訴訟事件	判時	629・28
746	名古屋高裁	昭和 46.5.14	地鎮祭違憲訴訟・控訴審	判時	630・7
747	大阪地裁	昭和 46.5.15		判時	640・20
748	仙台高裁	昭和 46.5.28	東北大学事件	判時	645・55
749	福岡地裁 小倉支部	昭和 46.6.16		判タ	267・321
750	鹿児島地裁	昭和 46.6.24		判時	650・101

745 筆者が司法試験を合格した時の最終段階の口述式試験（商法）で、主査の試験官から「株式会社の定款で取締役の資格を日本人に限定することは許されるか？」という質問をされ、またこれに対してちゃんと応答できず悔しい思いをしたことを今でも覚えている。

739 一般職員と准職員との区別を設けている場合において、准職員に対する就業規則中の事務雇員の定年を31歳（一般職は55歳）とする旨の規定が、その運用の実態からみて実質的に女子若年定年制を定めたものであり、無効とされた。

740 佐賀県教職員組合が、教職員の定員削減反対、完全昇給実施等の要求を貫徹するため、3日間3、3、4割の休暇闘争を行なうにあたり、被告人らが組合の幹部としてした闘争指令の配布、趣旨伝達、闘争参加方の慫慂等の行為は違法性が強いものとはいえず地方公務員法違反ではない。

741 京都市の集会、集団行進及び集団示威運動に関する条例が表現の自由を制限し21条に違反するとした原判決を破棄した。

742 出入国管理令上の在留の特別許可に関する判断は、法務大臣の自由裁量に属し、その裁量の範囲はきわめて広いが、全く無制限に認められるものではなく、その裁量がはなはだしく人道に反する等の例外的な場合には、裁量権の逸脱ないし濫用として違法となる。

743 政治犯罪人不取渡の原則は、自由と人道に基づく国際通誼ないし国際慣行であり、いまだ確立した一般的な国際慣習法であるとはいえない。

744 仮登記を本登記に改める際に利害関係を有する第三者の承諾書の添付を要求した改正不動産登記法について、登記申請の手続上の要件を如何に定めるかは立法政策に属する問題である等として29条に違反しないとした。

745 株式会社の定款で役員の資格を日本人に限定する決議は有効である。

746 神社神道の式次第に従ってされた地鎮祭は、20条3項にいう宗教的活動に当たる。

747 甲事実について別件逮捕勾留中にその身柄拘束状態を利用して乙事実につき被疑者を取調べることが適法であるか否かは、一義的に決し難い問題であり、令状主義（司法的抑制）を基調として被疑者の身柄拘束のむしかえしや長期化の防止、被疑者が起訴された場合の量刑上の有利、不利、捜査の必要性等を考慮しつつ具体的事案に応じて個別的に判断される。

748 「学生は、大学における不可欠の構成員として、学問を学び、教育を受けるものとして、その学園の環境や条件の保持およびその改変に重大な利害関係を有する以上、大学自治の運営について要望し、批判し、あるいは反対する当然の権利を有し、教員団においても、十分これに耳を傾けるべき責務を負うものと解せられる」等として学生に無罪判決を下したが、上告審（昭和50年12月25日）はこれを破棄し有罪とした。

749 別件逮捕（勾留）が捜査官の主観において終始専ら本件の取調に利用することを意図し、客観的にも捜査の全段階を通じて本件の取調ことに自供の獲得に全力を挙げこれに捜査の大半が費やされ、全体として一連の強制捜査権濫用の状態が認められる場合には、自供調書の証拠能力は否定される。

750 道路交通法77条は、集団行進それ自体を禁止する趣旨ではなく、あくまでも、合理的理由に基づき、道路という特定の場所を限定し、かつ、禁止行為の内容を個別的に明確にし規制するものであるから、これをもって、21条にいわゆる表現の自由を不当に侵害したものということはできない。

751	最判	昭和 46.7.8		判時	642・21
752	最判	昭和 46.9.3		判時	645・72
753	東京地裁	昭和 46.10.11		判時	644・22
754	最判	昭和 46.10.22		判時	647・27
755	最判	昭和 46.10.28	個人タクシー事件	判時	647・22
756	東京地裁	昭和 46.11.1	プラカード事件第一審	判時	646・26
757	大阪地裁	昭和 46.11.15		判時	651・28
758	東京地裁	昭和 46.11.18		刑月	3・11・1586
759	札幌地裁	昭和 46.11.19		判タ	271・160
760	仙台高裁	昭和 46.11.22		判タ	274・110
761	大阪地裁	昭和 46.12.10	三井造船結婚退職制事件	判時	654・29
762	東京地裁	昭和 47.2.29		判時	675・37
763	最判	昭和 47.3.17		判時	662・33
764	最判	昭和 47.3.21		判時	666・50

751 親権者の変更の審判は、家庭裁判所が、子の利益のため必要があると認める場合に、子の親族の請求により、親権者を父母のうち他の一方に変更する旨の裁判をなすものであり、家庭裁判所は、当事者の意思に拘束されることなく、子の福祉のため、後見的立場から、合目的的に裁量権を行使するものであって、その審判の性質は本質的に非訟事件の裁判であるから、公開の法廷における対審および判決によってする必要はない。

752 国の公務員が、その職務を行なうについて、故意又は過失によって違法に他人に損害を加えたときは、国がその被害者に対し賠償の責に任ずるのであり、公務員個人は被害者に対して直接その責任を負うものではない。

753 加害公務員に故意又は重大な過失があったときは自らも民法709条の規定による責任を負担せざるをえず、そのような場合の加害公務員と国又は公共団体の責任は不真正連帯債務の関係に立つ。

754 公然事実を適示し人（裁判官）の名誉を毀損した者が、適示事実を真実であると誤信したとしても、その誤信が、係属中の刑事事件の一方の当事者の主張ないし要求または抗議等で断片的な客観性のない資料に基づくものであるときは、右誤信は相当の理由があるものとはいえない。

755 道路運送法が定める個人タクシー事業の免許にあたり、多数の申請人のうちから少数特定の者を具体的個別的事実関係に基づき選択してその免許申請の許否を決しようとするときには、具体的審査基準を設定してこれを公正かつ合理的に適用すべく、右基準の内容が微妙、高度の認定を要するものである等の場合は、右基準の適用上必要とされる事項について聴聞その他適切な方法により申請人に対しその主張と証拠提出の機会を与えるべきである。

756 郵便外務（配達）を職務とする一般職国家公務員が、勤務時間外に「内閣打倒」等と記載した横断幕を掲げて、メーデーの際に行なわれた集団示威行進に参加した行為が、国家公務員法等に違反するとしてなされた懲戒処分を21条1項に違反し無効であるとした。

757 報道機関に対する取材フィルムの提示命令の申立てについて、報道機関が取材する場合には取材したものを報道のためにのみ利用し報道以外の目的には供さないとの信頼関係が存在するなどの理由により却下された。

758 別件の逮捕・勾留が実質的には、無罪となった公訴事実の取調べのための逮捕・勾留であったことが明らかであるとして、その部分についても刑事補償が認められた。

759 公立小学校の教職員に対する転任処分が思想・信条を理由とした違法、無効なものとして取り消された。

760 会社の希望退職勧告に応じて退職願を提出することにより成立した合意解約が、「有夫の女子」「30歳以上の女子」という指名解雇基準に基づく確定的に迫った指名解雇と密接不可分の関係において成立したものとはいえず、公序良俗に反し、または強迫によるものとして無効とはいえないとされた。

761 女子従業員のみにつき結婚を退職事由とすることは、なんら合理的理由のない性別を理由とする差別待遇であって、結婚の自由を制約するものであるとして、労働協約および労働契約中のかかる定めをした部分が公の秩序に違反し無効とした。

762 建築基準法等に基づく建築制限による損失を補償しないことは29条に反しない。

763 農地法に基づき、農地の被買収者が買収農地の売払いを求める訴訟においては、国を被告とすべきである。

764 国の公務員が、その職務を行なうについて、故意または過失により違法に他人に損害を与えた場合には、国がその被害者に対して賠償の責に任ずるのであって、公務員個人はその責任を負わない。

765	名古屋地裁	昭和 47.4.2		判時	678・97
766	仙台高裁	昭和 47.4.7		判時	671・99
767	大阪地裁	昭和 47.4.27		判時	670・101
768	東京高裁	昭和 47.6.28		訟月	18・8・1330
769	最大判	昭和 47.7.1		判時	671・20
770	大阪高裁	昭和 47.7.11		判時	687・100
771	大阪高裁	昭和 47.7.17		判タ	285・122
772	前橋地裁 高崎支部	昭和 47.9.7		判時	680・24
773	東京高裁	昭和 47.10.13		判時	703・108
774	最判	昭和 47.11.16	嬰児変死事件	判時	687・48
775	最判	昭和 47.11.16		判時	686・18
776	最大判	昭和 47.11.22	川崎民商事件	刑集	26・9・554
777	最大判	昭和 47.11.22	小売市場事件	刑集	26・9・586

776・777　同日に出されたこの2つの最高裁判例（大法廷）はいずれも極めて重要な憲法判例であるから、事案を含めて十分に検討しておくことをお勧めする。

765 放送会社の事務職員について女子の定年を30歳（男子は55歳）とする就業規則の規定が公序良俗に反し無効であるとされた。

766 一般職の国家公務員が行う政治的行為について国家公務員法違反にならないとした。

767 準現行犯逮捕の現場から約10キロメートル（自動車で約20分）離れた警察署にて行った所持品の差押は違法であり証拠能力を有さない。

768 人格なき社団は民法上権利能力がなく所有権を取得し得ないから、これに納税義務を課してもその履行は原始的に不能であるが故に人格なき社団は納税義務者たり得ないとの主張は認められない。

769 最高裁判所の裁判官が、その任官前に、高等検察庁検事長として、憲法および法律の解釈上本件と同種の論点を含む他の刑事被告事件について提出した上告趣意書において本件と同種の論点に関する法律上の見解を明らかにしたからといって忌避原因とならない。

770 電柱等へのビラ貼りを禁止した大阪府屋外広告物施行条例は21条に違反しない。

771 被疑者を、まず甲事件について逮捕勾留し、その取調を終了したが、なお裏付捜査の続行中、これと並行して乙事件の被疑者として取調べ、甲事件について勾留のまま起訴した後も引き続き数日間乙事件の被疑者として取調べたとしても、直ちにそれが違法なものということはできない。

772 公立学校における教員の児童に対する体罰は国家賠償法上の公権力の行使に当たる。

773 準現行犯逮捕の現場から約10キロメートル離れた警察署内での所持品の令状なき差押は刑事訴訟法違反ではあるが、その瑕疵は、差押の効力を無効ならしめ、それによって得られた証拠物の証拠能力を否定しなければならないほど重大なものではない。

774 生まれつき口の形が変わっている生後3か月の嬰児の窒息による変死について、捜査当局においてはその屍体解剖を終えたばかりで、まだ家族に対する事情聴取もすんでおらず、その死が単なる事故死であるという可能性も考えられ、捜査当局が未だ公の発表をしていない段階において、家族の誰かがこれを殺害したものであるというような印象を読者に与える記事を新聞紙上に掲載するにあたっては、たとえその記事が解剖医および刑事官から取材して得た情報に基づくものであるなどの事情があっても、新聞社の担当者が、裏付取材をしないでその内容を真実と信じたことについては、相当の理由があったものとはいえない。

775 付審判請求事件の審理を担当する裁判所が示した審理方式は、裁量の許される範囲を逸脱している疑いを免れないけれども、そのことはただちに右裁判所を構成する裁判官らを忌避する事由とはなりえない。

776 行政上の立入り、調査には、実質上刑事責任追及のための資料収集に直接結びつくものでないかぎり、35条1項の適用はない。
行政上の調査、質問には、実質上刑事責任追及のための資料収集に直接結びつくものでないかぎり、38条1項の適用はない。

777 経済的自由権は福祉国家を実現するため立法府のひろい裁量により制約されうる。
小売商の保護のため大規模店の何から規制するかは立法政策の問題で、小売市場を規制してスーパーマーケットを規制しなくとも14条1項に反しない。
小売商を保護するため、一定の都市で一定規模の小売市場の開設を許可制により制限することは22条1項に反しない。

778	最判	昭和	47.11.30	長野県立高校教員勤評拒否事件	判時	689・14
779	広島高裁	昭和	47.12.14	高田事件	判時	694・16
780	最大判	昭和	47.12.20	高田事件	刑集	26・10・631
781	大阪高裁	昭和	47.12.25		判時	704・110
782	東京高裁	昭和	48.1.16	日韓条約反対デモ事件	判時	706・103
783	仙台高裁	昭和	48.2.2		判タ	294・414
784	広島高裁	昭和	48.2.14		判時	693・27
785	広島高裁	昭和	48.2.14		判時	694・121
786	最判	昭和	48.3.1		判時	700・119
787	最判	昭和	48.3.15		判時	695・16
788	和歌山地裁	昭和	48.3.30		判時	726・88
789	最大判	昭和	48.4.4	尊属殺人違憲判決	刑集	27・3・265
790	最大判	昭和	48.4.25	国労久留米駅事件	刑集	27・3・418
791	最大判	昭和	48.4.25	全農林警職法事件	刑集	27・4・547
792	東京高裁	昭和	48.4.26		判時	707・18

789 この裁判例は、平等権との関係で高等学校の教科書にも紹介されることが多い。

778 長野県教育委員会教育長の通達により同通達の定める勤務評定書（いわゆる長野方式）に自己観察の結果を表示することを命ぜられた教職員が、あらかじめ右義務を負わないことの確認を求める訴えは、不利益処分を受けたのちこれに関する訴訟において義務の存否を争うことによっては回復しがたい重大な損害を被るおそれがあるなどの特段の事情がないかぎり、訴えの利益を欠き不適法である。

779 別件起訴勾留中の余罪についての被告人取調べが、右疑訴事実の審理に通常必要と考えられる期間を超えて4カ月半にも及び、しかもその間の右被告人取調が連続、集中して多数回にわたり行われている等の事情においては、右被告人取調は令状主義の趣旨に反する。

780 一審の裁判が15年間も中断したような異常事態においては37条1項は免訴を要請する（13対1）。

781 神戸市公安条例及び道路交通法はいずれも集団行進等を禁ずるが、前者はいわゆる具体的危険犯である。

782 いわゆる東京都公安条例に基づき公安委員会がした集団的行動の条件付許可処分は21条、31条、94条に違反しない。

783 宮城県公安条例に基づき付せられた「旗竿等を支えにしてスクラムを組んではならない」という、集団行動に対する条件は、道路交通法77条に違反して無効である。

784 水質汚濁等による付近住民の健康被害の発生のおそれに基づくし尿処理等の建設の差止め請求を認めた。

785 刑事補償の対象となるか否かは、無罪となった事実についての取調べのために利用されたかどうかを基準に判断するとした。

786 株式買取価格の決定は、非訟事件の裁判であるから、公開にて審理裁判しなくても32条、82条に違反しない。

787 道路交通法上の事故報告義務は38条1項に違反しない。

788 学校における入学・退学処分は教育機関の裁量に委ねられる。

789 尊属殺は、法定刑が重すぎるので14条1項に反する。この判決は裁判官の意見が三分し、15裁判官中多数意見は8裁判官であった。6裁判官は刑法200条は立法目的において違憲であるとし、1裁判官は、立法目的合憲とする多数意見とおなじで、手段の問題は立法政策の当否で違憲理由にはならないと昭和25年判決の立場を維持した。

790 国鉄労働組合員らの争議行為の際における信号所各侵入行為は、いずれも刑法上違法性を欠くものではなく、このように解して刑事責任を問うことは28条に違反しない。

791 警職法改正案の国会上程に反対する全農林労組の幹部らが、組合員に対して正午出勤を命じ職場内大会への参加を慫慂したという事案である。公務員の争議行為をあおるのは言論の自由の限界を逸脱するもので、これを処罰しても21条1項に反しない。
国家公務員の勤務関係と民間の労働関係とでは、財政民主主義、市場抑制力の有無などの点でちがうから、争議行為をすべて禁止し、その「あおり」をすべて罰しても28条に違反しない（14対1）。

792 関税法による輸入貨物の検査を目して「税閲」と解することはできない。

793		東京地裁	昭和 48.5.1	九大・井上事件	訟月	19・8・32
794		旭川地裁	昭和 48.5.9		判時	702・36
795		神戸地裁尼崎支部	昭和 48.5.11		判時	702・18
796	六代目最高裁長官	名古屋地裁	昭和 48.5.25		判時	708・96
797		最判	昭和 48.7.10	荒川民商事件	判タ	298・114
798	村上朝一 （むらかみともかず）	東京地裁	昭和 48.7.12		刑月	5・7・1162
799		東京高裁	昭和 48.7.13	日光太郎杉事件	判時	710・23
800	在任期間	最判	昭和 48.7.20	大同製鋼事件	判タ	300・352
801	昭和48年5月21日〜同51年5月24日	最判	昭和 48.8.7		判時	720・108
802		札幌地裁	昭和 48.9.7	長沼事件1審	判時	712・24
803		和歌山地裁	昭和 48.9.12		判時	715・9
804		最判	昭和 48.9.20		判時	718・107
805		京都地裁	昭和 48.9.21		判タ	301・235
806		東京高裁	昭和 48.10.3		判時	722・43

802　この下級審判決は裁判長の名前をとって「福島判決」とも言われ、いわゆる「平和的生存権」を認めた。この平和的生存権については、尾吹善人「憲法徒然草」（三嶺書房、1983年17頁以下）の解説が極めて参考になる。筆者もまたこの権利について懐疑的である。

793 文部大臣が、国立大学の学長事務取扱の発令を求める人事異動上申書を受理してから通常の手続上必要とされる期間を約1か月超えてなお発令しなかったことにつき、斟酌するに足りる特段の事情があり違法ということはできない。

794 傷害致死罪につき、別件による勾留中及び本件による逮捕・勾留中に作成された被告人の各自供調書の証拠能力がすべて否定された結果無罪が言い渡された。

795 環境利益が明らかに不当に侵害される危険を生じた場合、住民は、特段の事由、例えば金銭補償による解決を受任せばならぬ事情等がない限り、「環境利益不当侵害防止権」に基づき、危険防止のため必要にして十分な限度内の具体的差止請求権を取得することができる。

796 民間放送会社の番組販売担当女子職員につき、男子55歳、女子30歳定年制が公序良俗に反するとされた。

797 所得税法234条1項にいう「納税義務がある者」とは、課税要件がみたされて客観的に納税義務が成立し、いまだ最終的に適正な税額の納付を終了していない者および当該課税年が開始して課税の基礎となる収入の発生があり、将来終局的に納税義務を負担するにいたるべき者をいい、「納税義務があると認められる者」とは、税務職員の判断によって右の納税義務がある者に該当すると合理的に推認される者をいう。

798 別件による逮捕、勾留が事実上無罪となった騒擾助勢の罪について利用されていたとして刑事補償の決定がなされた。

799 土地収用法に基づく事業認定は、当該土地がその事業の用に供されることによって得られるべき公共の利益と、それによって失われる利益（これは私的なもののみならず、ときによって公共の利益をも含む。）とを比較衡量した結果、前者が優越する場合に認められる。

800 約9年余の審理中断が、主に、被告人会社代表者の病気を理由とする公判手続の停止に起因し、かつ、被告人側に審理の主導的役割が課せられているその反証段階において生じたものであり、37条1項に定める迅速な裁判の保障条項に反する異常な事態に立ち至ったものとはいえない。

801 道路交通法上の報告義務は、報告者が交通事故にかかる車両等の運転者であることをその内容としていないから38条1項に違反しない。

802 自衛隊は9条2項に違反する。

803 争議行為等を禁じる地公法が28条に違反するとして高校教職員の勤務評定反対の争議行為参加者に対する懲戒処分を取り消した。

804 裁判官が、任官前、審理の対象となっている条例の立案過程において、当時の法務府法制意見第一局長として純然たる法律解釈に関する意見回答をしたからといって、事件につき裁判の公正を妨げるおそれがある予断または偏見があるものとすることはできない。

805 およそ私立学校の理事会としては、学長を選任するについては、教授らをもって構成する教授会に十分審議させ、その自主的な判断の結果をできるだけ尊重すべきものであり、それが学問の自由、大学の自治にもかなう。

806 道交法及び東京都条例はそもそも規制の目的が異なるから同一の行為（集団行動）を規制の対象としても両者は牴触しない。

807	熊本地裁	昭和 48.10.4		判時	719・21
808	最判	昭和 48.10.8		判時	715・32
809	大阪高裁	昭和 48.10.11		判時	728・19
810	最判	昭和 48.10.18		民集	27・9・1210
811	福岡高裁那覇支部	昭和 48.10.31		訟月	19・13・220
812	大阪高裁	昭和 48.11.27		刑月	5・11・1436
813	最大判	昭和 48.12.12	三菱樹脂事件	民集	27・11・1536
814	最判	昭和 48.12.20		判時	724・93
815	最判	昭和 49.2.7		訟月	20・12・65
816	最判	昭和 49.2.28		判時	733・18
817	最判	昭和 49.4.9	富士山頂譲与事件	判時	740・42
818	最判	昭和 49.4.25		判時	737・3
819	東京地裁	昭和 49.5.14		判時	739・49
820	最判	昭和 49.5.30		判時	744・23

807 公共企業体等労働関係法（公労法）は、公共企業体等の業務もしくは職員の職務の公共性と争議行為の種類、態様、規模により公共性の強い業務の停廃をきたし、ひいては国民生活全体の利益を害し、国民生活に重大な支障をもたらすおそれがある争議行為に限りこれを禁止したものと解する。

808 訴訟手続内における審理の方法、態度などは、それ自体としては裁判官を忌避する理由となしえない。

809 84条の定める租税法律主義により、租税の種類ないし課税の根拠のみならず、納税義務者、課税物件、課税標準、税率等の課税要件ならびに租税徴収の方法等を法律によって定むべきことが要求される。

810 土地収用法における損失の補償は、特定の公益上必要な事業のために土地が収用される場合、その収用によって当該土地の所有者等が被る特別な犠牲の回復をはかることを目的とするものであるから、完全な補償、すなわち、収用の前後を通じて被収用者の財産価値を等しくならしめるような補償をなすべきである。

811 租税法律主義の見地からみれば、数年以上も前にさかのぼって課税品目となっていない物品に対する課税行為をすべて適法化するような立法は、その許容の範囲を逸脱する。

812 屋外広告物法及び大阪市屋外広告物条例に規定する「屋外広告物」には非営利的思想を表現するものも含まれる。

813 社会的に許容しうる程度をこえた私人による他人の自由や平等の侵害については、民法90条、709条などの適用によって裁判所が私的自治を制限できる。
29条、22条1項から「契約の自由」も保障される。

814 収税官吏において、犯則嫌疑者に対し質問するにあたり、供述拒否権の告知をしなかったからといって38条1項に違反しない。

815 平和条約のごとき主権国としての我が国の存立の基礎に極めて重大な関係をもつ高度の政治性を有する条約の効力の有無を判断するには、当該条約が一見極めて明白に違憲無効と認められない限り司法審査の対象とはならない。

816 日本国有鉄道法に定める懲戒処分の選択については、懲戒権者たる日本国有鉄道総裁に裁量が認められ、当該懲戒処分が、その原因行為との対比において甚だしく均衡を失し、社会通念上合理性を欠く等裁量の範囲をこえてされたものでないかぎり有効である。

817 国有境内地等の無償貸付関係の消滅のみをはかるとすれば、社寺等の宗教活動に支障を与え、その存立を危うくすることにもなりかねないのであるが、そのような結果は、実質的にみて特定宗教に対する不当な圧迫であり、信教の自由を保障する日本国憲法の精神にも反する。

818 昭和46年7月の参議院選挙における東京地方区の投票人の投票権の効果は、鳥取地方区のそれの5.414分の1となっていたが、この程度では、選挙権の享有に極端な不平等を生じさせる場合とまでは至っていない。

819 政党の政策や政治的姿勢に対する論争批判等は、たとえ当該政党の名誉を毀損する場合であっても、（一）これが故意にもしくは真偽についてまったく無関心な態度で虚偽の事実を公表することによってなされたことまたは（二）その内容や表現が著しく下品ないし侮辱・誹謗・中傷的であって社会通念上到底是認し得ないものであることが立証されないかぎり違法と評価しえない。

820 国民健康保険の保険者は、自己のした保険給付に関する処分又は保険料その他の徴収金に関する処分を取り消した国民健康保険審査会の裁決に対し、取消訴訟を提起することはできない。

821	最判	昭和	49.5.31	関西電力関係贈賄事件	判時	745・104
822	盛岡地裁	昭和	49.6.6		判時	743・3
823	東京地裁	昭和	49.7.15		判時	777・60
824	最判	昭和	49.7.18		判時	747・45
825	最判	昭和	49.7.19	昭和女子大退学処分事件	判時	749・3
826	最判	昭和	49.9.26		判時	754・40
827	名古屋高裁	昭和	49.9.30	名古屋放送女子若年定年制事件	判時	756・56
828	最大判	昭和	49.11.6	猿払事件	刑集	28・9・393
829	最判	昭和	49.12.3		判時	766・122
830	最判	昭和	49.12.20		判時	767・107
831	最判	昭和	50.1.21		判時	771・32
832	最判	昭和	50.2.6		判時	766・30
833	神戸簡裁	昭和	50.2.20	種谷牧師事件	判時	768・3
834	新潟地裁	昭和	50.2.22	小西裁判	判時	769・19

833 信教の自由と犯罪行為とが相克するという意味では前記加持祈禱事件と共通する面があると言えるだろう。この裁判例は下級審判例ではあるものの、憲法の基本書において紹介されることが多い。事件名は牧師の名前が由来である。

821 控訴審において約7年間の審理中断が生じたことについて被告人側が審理促進を求めるべき段階にあったのにこれに則した積極的な態度を示したことが窺われないこと等からすると、いまだ37条1項に定める迅速な裁判の保障条項に反する異常な事態に立ち至ったものとすべきでない。

822 争議行為等を禁じる公労法が28条に違反するとして、重労合理化反対闘争いわゆる「三・二スト」の指導に当った組合幹部に対する解雇が、国鉄に認められた裁量権の範囲を逸脱したものとして無効とした。

823 夫婦間の問題や子供教育問題は公共性があるとはいえず、週刊誌によるプライバシーの侵害が認められた。

824 係属中の事件につき、その審判に当たる裁判官がたまたま何らかの知識を得ることになっても、何ら事件に関していわゆる予断を抱いたことになるものではなく、37条等に違反しない。

825 学生の思想の穏健中正を標榜する保守的傾向の私立大学の学生が、学則に違反して、政治的活動を目的とする学外団体に無許可で加入し又は加入の申込をし、かつ、無届で政治的目的の署名運動をした事案において、その学生に対してされた退学処分は、学長に認められた裁量権の範囲内にある。

826 尊属傷害致死に関する刑法の規定は14条1項に違反しない。

827 女子30歳、男子55歳を定年と定める就業規則が不合理な差別として無効とされた。

828 21条の表現の自由は民主主義国家の政治的基盤としてとりわけ重要な基本的人権である。
刑罰規定が罪刑の均衡その他種々の観点から著しく不合理なものであって、とうてい許容し難いものであるときは、31条に反する。
国家公務員法、人事院規則による公務員の政治的行為の禁止、処罰は、公務員の政治的中立性に対する国民の信頼を確保することも憲法の要請であるから21条1項に違反しない。
国家公務員法102条1項は、公務員の政治的中立性をそこなうおそれのある政治的行為を具体的に定めることを人事院に委任したもので、憲法の許容する委任の限度をこえていない。

829 警察官が目的を秘して被疑者に排尿させてこれを領置した等の事案において、その採取方法が違法であったとはいえないとした。

830 都道府県知事に罰則を制定する権限を与えている漁業法及び水産資源保護法は、授権事項が具体的で刑罰の種類・程度を限定しているから31条に違反しない。

831 道路交通法上の事故報告義務は38条1項に違反しない。

832 ゴルフ場利用者に対する課税は14条1項に反しない。

833 教会牧師が学校封鎖を目的として建造物侵入罪等を犯した高校生を蔵匿した場合であっても、それがいわゆる牧会活動として行なわれ、具体的諸事情に照らし、目的において相当な範囲にとどまり、手段方法において相当であるかぎり、正当な業務行為として違法性を阻却する。

834 重要証拠たる公文書の提出命令に監督官庁が承諾を与えない場合には、当該公文書の内容が明らかにされない限り、有罪判決に至る可能性がないとして証拠調を打切り、被告人に対し無罪を宣告すべきである。

835	渋谷簡裁	昭和 50.3.11		判時	782・111
836	最判	昭和 50.3.13		判時	771・37
837	最判	昭和 50.4.11	平城京事件	判時	777・35
838	最大判	昭和 50.4.30	薬局距離制限事件	民集	29・4・572
839	最判	昭和 50.5.29		判タ	326・332
840	最判	昭和 50.5.29		判時	779・21
841	和歌山地裁	昭和 50.6.9		判時	780・3
842	名古屋高裁	昭和 50.6.24		判タ	324・154
843	東京高裁	昭和 50.6.30		判時	804・105
844	京都地裁	昭和 50.7.11		判タ	332・304
845	名古屋高裁	昭和 50.7.16		判時	791・71
846	最判	昭和 50.8.6	高砂市送水管破壊事件	判タ	325・128
847	最判	昭和 50.8.6	洲本市収賄事件	判タ	325・128
848	大阪高裁	昭和 50.8.27		判タ	333・339

844　この結論に至った理由は、「民法723条にいう名誉とは、人が…社会から受ける客観的評価、即ち社会的名誉を指するものであって、人が自己自身の人格的価値について有する主観的評価、即ち名誉感情を含まない…」という点にある。また、尾吹善人教授は、「日本で増加しているこの種の『政治運動的』乱訴を『意見裁判』と呼んでいる。」（「憲法学者の空手チョップ」東京法経学院、1991年、34頁）と指摘している。

835 電柱6本にビラ15枚を貼った行為について、民主主義は先ず隣人に迷惑をかけないことから始まることを思うべきである等として軽犯罪法違反となることを認めた上でその刑を免除した。

836 公共のためにする財産権の制限が社会生活上一般に受忍すべきものとされる限度をこえ、特定の人に対し特別の財産上の犠牲を強いるものである場合には、29条3項によりこれに対し補償することを要し、もし右財産権の制限を定めた法律、命令その他の法規に損失補償に関する規定を欠くときは、直接憲法の右条項を根拠にして補償請求をすることができないわけではない。

837 損失補償規定を欠く文化財保護法上の史跡等の現状変更制限規定は29条3項に違反しない。

838 薬局などの乱立制限は、公衆衛生という消極的な公共の福祉のためにはゆきすぎで22条1項に違反する。
22条1項による保障は、狭義における職業選択の自由のみならず職業活動の自由の保障をも包含している。

839 大阪市屋外広告物条例は21条、31条、94条、41条に違反しない。

840 一般乗合旅客自動車運送事業の免許の許否は、国民の職業選択の自由にかかわりをもつものであるから、法は、道路運送法において免許基準を法定するなどしており、31条が行政手続にも適用ないし準用されるかどうかは特にこれを論ずる必要はなく、その点についての判断をしなくても何ら違法ではない。

841 争議行為を禁ずる地公法が28条に違反するとして、勤務評定の実施に反対して公立小、中学校の教職員組合が行った全一日の一斉休暇闘争を指導した組合役員に対する懲戒免職処分が苛酷に過ぎ懲戒権の濫用に当たるとした。

842 郵便局員が勤務時間外に職務を利用せず市議会議員選挙のポスターを13か所計20枚貼用した行為につき可罰的違法性の法理を適用せず有罪判決を下した。

843 軽犯罪法が規制対象とするはり札をする行為における「みだりに」とは、他人の家屋その他の工作物にはり札をするにつき、社会通念上正当な理由があると認められない場合を指称する。

844 週刊誌に掲載された歴史小説に使われた「朝鮮征伐」の語句によって名誉を毀損されたとして提訴した謝罪広告請求が棄却された。

845 国に対し航空自衛隊基地の撤去等を求める訴えが事件性(争訟性)なしと判断された。

846 控訴審において4年、第二次控訴審において3年7月の審理中断を生じたが、他方、被告人側から審理促進を求める積極的な申し出もなかったことなどから、37条1項に定める迅速な裁判の保障条項に反する異常な事態に立ち至ったものとはいえない。

847 一審判決言渡後控訴審裁判所への記録送付までに4年1月を費やした措置に適切を欠くものがあるとしても、被告人側から審理促進を求める積極的な申し出もなかったことなどから、いまだ37条1項に定める迅速な裁判の保障条項に反する異常な事態に立ち至ったものとはいえない。

848 確定裁判において、罪となるべき事実として認定されることなく余罪として論及されるにとどまった場合であっても、実質上これを処罰する趣旨で認定され量刑の資料として考慮され重い刑を科せられた場合には、その余罪の事実について一事不再理の効力が生ずる。

849	最判	昭和 50.8.29	伊豆シャボテン公園事件	労経速	898・15
850	最大判	昭和 50.9.10	徳島市公安条例事件	刑集	29・8・489
851	東京地裁	昭和 50.9.12		判時	789・17
852	東京高裁	昭和 50.9.18		行集	26・9・1008
853	最判	昭和 50.9.30		判時	789・3
854	最判	昭和 50.10.24		判時	793・19
855	最判	昭和 50.10.24		判時	793・17
856	最判	昭和 50.11.20		判時	797・153
857	最判	昭和 50.11.28	国労広島地本事件	判時	798・3
858	最判	昭和 50.11.28		判時	797・156
859	東京高裁	昭和 50.12.23		判時	805・55
860	最判	昭和 51.1.26	尹秀吉事件	訟月	22・2・578
861	最判	昭和 51.2.6		判時	811・116
862	最判	昭和 51.2.19		判時	807・101
863	東京地裁	昭和 51.2.20		判時	817・126
864	東京地裁	昭和 51.2.25		判時	831・57
865	最判	昭和 51.3.16		判タ	335・330

850　いわゆる明確性の原則に関する重要判例である。

849 男子57歳、女子47歳とする定年制が無効とされた。

850 刑罰法規の明確性に関して、「通常の判断能力を有する一般人の理解において、具体的な場合に当該行為がその適用を受けるものかどうかの判断を可能ならしめるような基準が読み取れるかどうかによってこれを決定すべきである」とした。

851 既婚女子社員で子供が2人以上の者を解雇するとする一般的な人員整理基準は14条、労基法3条、4条の精神に違反し民法90条により無効であるとした。

852 特別区の区長候補者を選定するに当たり、あらかじめ区民の意向を知るために実施する区民投票制度を定めた条例は地方自治法に反しない。

853 道路交通等保全に関する条例（秋田県）は、公安委員会に許可条件の付与を委任する要件を定めた規定として不明確でない。

854 被告人が、公安委員会が付した許可条件に違反して、大阪市内の交通ひんぱんな交差点において約60名の者とともに約2、3分間ジグザグ行進をした場合につき、被告人の右行為は可罰的違法性を欠き大阪市条例違反の罪は成立しないとした原判決は法令の解釈適用を誤ったものであるとして破棄差し戻した。

855 無許可の集団示威運動等の集団行動は形式上違法であるのみならず、それ自体実質的違法性を有する抽象的危険犯である。

856 尊属傷害致死罪の規定は14条に反しない。

857 労働組合がいわゆる安保反対闘争実施の費用として徴収する臨時組合費については、組合員はこれを納付する義務を負わない。

858 尊属傷害致死罪の普通傷害致死罪に対する刑罰の加重の程度は、尊属殺人罪と普通殺人罪との間における差異のような著しいものではないから14条に反しない。

859 農林大臣が政府買入価格の決定に際し、時期別格差制度の廃止の地域農業経済に及ぼす影響を緩和するために講じた暫定加算の措置が違法ではないとした。

860 政治犯罪人を引渡してはならないというのは98条2項の「確立された国際法規」ではない。

861 配偶者の直系尊属に対する傷害致死について定めた尊属傷害致死罪の規定は14条に違反しない。

862 共犯者の供述を38条3項にいう「本人の自白」と同一視し、又はこれに準ずるものとすべきではない。

863 別件逮捕勾留通の余罪の取調を具体的状況に照らし違法であるとし、その間に作成された供述調書の証拠能力を否定した。

864 身柄の拘束が違法な別件逮捕・勾留に当たるとして、これに基づく国家賠償請求が認容された。

865 任意捜査における有形力の行使は、強制手段、すなわち個人の意思を制圧し、身体、住居、財産等に制約を加えて強制的に捜査目的を実現する行為など特別の根拠規定がなければ許容することが相当でない手段にわたらない限り、必要性、緊急性などをも考慮したうえ、具体的状況のもとで相当と認められる限度において、許容される。

866		名古屋高裁	昭和 51.3.22		判時	823・62
867		最判	昭和 51.3.23		判時	807・8
868		東京高裁	昭和 51.3.25		判タ	334・121
869		最判	昭和 51.3.26		判時	812・48
870		神戸地裁	昭和 51.3.31		判時	841・27
871		最大判	昭和 51.4.14		民集	30・3・223
872		最判	昭和 51.5.6		判時	817・111
873		最大判	昭和 51.5.21	旭川学テ事件	刑集	30・5・615
874		最大判	昭和 51.5.21	岩教組学テ事件	判時	814・73
875	七代目最高裁長官 藤林益三	東京高裁	昭和 51.7.3		判時	835・102
876		最判	昭和 51.7.9		集刑	201・137
877		松江地裁	昭和 51.7.20		判時	847・81
878		静岡地裁	昭和 51.7.22		判時	825・11
879		札幌高裁	昭和 51.8.5		行集	27・8・1175
880	在任期間	東京高裁	昭和 51.8.30		判時	838・87

871　前記のとおり、筆者は、衆参両院の選挙の後繰り返し提起されている議員定数不均衡訴訟については裁判所はこれを却下すべきとする見解が正当と考える。本裁判例でも天野武一裁判官がその立場を表明しているが、現代においてもそのような立場の最高裁判事が現れないかということを筆者は密かに期待している。

866 買収農地の売払いの対価を定めた国有農地等の売払いに関する特別措置法等が29条に違反しないとされた。

867 弁護人が被告人の利益擁護のためにした名誉棄損行為につき正当な弁護活動として刑法上の違法性が阻却されないとされた。

868 東京都公安条例の採用している集団示威運動に関する許可制は、実質届出制として解釈適用すべきであるから、同条例に基づく集団示威運動の許可申請に対し、同条例所定の24時間前までに拒否の処分がない場合は、申請に基づく集団示威運動をしても違法でない。

869 不動産取得税の課税標準たる価格が固定資産課税台帳に登録された価格により決定されるとする地方税法の規定が32条等違反として争われたが、立法政策の問題として認められなかった。

870 資産所得の合算課税制度は、担税力に応じた負担を実現するため設けられたものであって、合理性を有し、右制度の対象となる夫又は妻が右制度の対象とならない独身者より多額の所得税を負担することとなったとしても14条に違反しない。

871 参議院議員の選挙区で、選挙人の投票の価値に1対5の差が生じているのに、合理的な期間内に是正しなかったことは14条1項に違反する。
本件選挙が違法である旨を判示するにとどめ、選挙自体はこれを無効としない（事情判決）。

872 いわゆる社外工（派遣従業員）とその受入企業との間にも労組法の適用される雇用関係が成立することが認められた。

873 法令にもとづく行政権による教育への介入も、教育本来の目的にてらし必要で合理的な範囲をこえるときは、教育基本法の禁止する「不当な支配」にあたる。

874 地方公務員法は、地方公務員の争議行為に違法性の強いものと弱いものとを区別して前者のみが右法条にいう争議行為にあたるものとし、また、右争議行為の遂行を共謀し、そそのかし、又はあおる等の行為のうちいわゆる争議行為に通常随伴する行為を刑事制裁の対象から除外する趣旨と解すべきではない（14対1）。

875 教職員の勤務評定規則の制定、実施の阻止を目的とする一斉休暇闘争が、地方公務員法が禁止する争議行為に当たるとされた。

876 質問調査に基づく税務調査中に犯則事件が探知された場合に、これが端緒となって収税官吏による犯則事件としての調査に移行することは禁じられない。

877 宗教法人が他の宗教法人等のする宗教活動を自派に対する妨害行為であるとしてした不法行為に基づく差止請求が棄却された。

878 動労が5万人合理化に反対して行った線路見習拒否闘争等が公労法によって禁止される争議行為に当たり、これを指導した地本執行委員長に対する解雇が有効とされた。

879 自衛隊の設置は統治行為であるから、一見きわめて明白に違憲な場合をのぞき司法審査はできない。自衛隊は一見きわめて明白に侵略的とは認められないので、違憲となしえない。

880 既婚女子工員に対する整理解雇が、業務運営上の必要性に基づくものであるとして、憲法及び労働基準法に違反しないとされた。

881	昭和51年5月25日〜同52年8月25日	岐阜地裁	昭和 51.8.30		判時	828・3
882		東京高裁	昭和 51.9.28		東高民時報	27・9・217
883		最判	昭和 51.9.30		判時	826・16
884		最判	昭和 51.9.30		判時	827・14
885		最判	昭和 51.10.28		判時	836・122
886		大阪高裁	昭和 51.12.17		判時	841・11
887		最判	昭和 51.12.24		労経速	937・6
888		東京高裁	昭和 52.1.31	反戦自衛官事件	判時	843・17
889		札幌高裁	昭和 52.2.23		判時	851・244
890		最判	昭和 52.3.15	富山大学事件	判時	843・22
891		弾劾裁判所	昭和 52.3.23		弾裁集	94
892		最判	昭和 52.4.19		朝日夕刊8面 税資	昭52.4.19 94・138
893		大阪地裁	昭和 52.4.26		判時	853・39
894		最大判	昭和 52.5.4	全逓名古屋中郵事件	刑集	31・3・182
895		大阪高裁	昭和 52.5.26		判時	861・76
896		福岡高裁	昭和 52.5.30		判時	861・125

881 国有林野事業に従事する職員が、臨時雇用制度の抜本的改善等を要求して約4時間にわたって行った勤務時間内職場集会が公労法の禁止する争議行為に当たらないとされた。

882 わが国の民事裁判権は、原則としてわが国内にいるすべての人に及ぶのであり、皇后が日本国の象徴であり、日本国民総合の象徴である天皇の配偶者であることは、皇后に対する民事裁判権を否定すべき理由となるものではなく、他にこれを否定すべき特段の理由ないし根拠はないから、皇后がわが国の民事裁判権に服しないとして本訴状中皇后と日本赤十字社間の名誉総裁奉戴関係不存在確認を求める部分を却下した原命令は失当であるとした。

883 選挙管理委員会は、選挙運動用ポスターに記載された候補者の政見その他の主張に関係する文言については、その当否を審査し、その取消又は修正を命ずる権限を有しない。

884 インフルエンザ予防接種を実施する医師が、接種対象者につき予防接種実施規則の禁忌者を識別するための適切な問診を尽くさなかったためその識別を誤って接種をした場合に、その異常な副反応により対象者が死亡又は罹病したときは、右医師はその結果を予見しえたのに過誤により予見しなかったものと推定すべきである。

885 共犯者2名以上の自白により被告人を有罪と認定しても38条3項に違反しない。

886 国民年金法に定められた老齢福祉年金における夫婦受給制限は14条1項に違反しない。

887 病院附属看護婦養成学校卒業予定者について当該病院に当然採用されたこととなるなどの特権的地位はなく、また採用すべきことを求めることもできないとされた。

888 被告人が自衛隊員に対して拒否するよう呼びかけた本件訓練が違憲・違法なものであることの疑いを解明するための証拠として「通達」や「教程」そのものが公判廷に顕出されなくても、その起案者や作成者などを取り調べることによって容易にこれを解明しうる余地があるかぎり、同人らの証人としての取調請求を却下した訴訟手続は、裁判所の合理的裁量の範囲を著しく逸脱したものとして違法であるとした。

889 写真撮影の目的が、正当な報道のための取材、正当な労務対策のための証拠保全、訴訟等により法律上の権利を行使するための証拠保全など、社会通念上是認される正当なものであって、写真撮影の必要性及び緊急性があり、かつその撮影が一般的に許容される限度をこえない相当な方法をもって行われるときは許容される。

890 大学における授業科目の単位授与（認定）行為は、一般市民法秩序と直接の関係を有するものであることを肯認するに足りる特段の事情のない限り、司法審査の対象にならない。

891 訴追の事由は、検事総長の名をかたり現職内閣総理大臣に電話をかけ、前内閣総理大臣の関係する汚職事件に関して虚偽の捜査状況を報告した等というものであり罷免された。

892 航空自衛隊の基地の存在が「平和的生存権」の侵害であるとし、その撤去を請求するのは、たんなる政治的主張で、裁判の対象とならない。

893 土地収用法による損失補償の額は、収用土地の所有権に対する補償の場合には、被収容者が事業の認定の告示の時点において近傍で被収用地と同等の代替地を取得できる額でなければならない。

894 公共企業体等の職員の勤務関係は民間の労働関係といろいろな点（勤労条件が法律で決まること、給与も「予算」で決まること等）で違うから、争議行為で指導的な役割を演じた者を法令により処罰しても28条に違反しない。

895 カトリック教会主任司祭の地位の確認を求める訴えが法律上の争訟に当たるとした。

896 いわゆる別件逮捕の違法性を認めた原審の判断が維持された。

No.		裁判所	年月日	事件名	出典	
897		東京高裁	昭和 52.6.7		判時	854・52
898		最決	昭和 52.6.17		刑集	31・4・675
899		最大判	昭和 52.7.13	津地鎮祭事件	民集	31・4・533
900		東京地裁	昭和 52.8.8		判時	859・3
901		最判	昭和 52.8.9	狭山事件	判時	864・22
902	八代目最高裁長官 岡原昌男（おかはらまさお）	東京地裁	昭和 52.9.26		判時	883・48
903		秋田地裁	昭和 52.9.29		労判	287・47
904		佐賀地裁唐津支部	昭和 52.11.8		判時	881・149
905		最判	昭和 52.12.13	富士重工事件	判時	873・12
906	在任期間 昭和52年8月26日〜同54年3月31日	最判	昭和 52.12.13	電電公社プレート事件	判時	871・3
907		最判	昭和 52.12.19	徴税トラの巻事件	判時	873・22
908		最決	昭和 52.12.20	神戸税関事件	判時	874・3
909		最判	昭和 53.2.28		判タ	361・227
910		最判	昭和 53.3.14		判時	880・3

899　野党議員が起こした訴訟であり、いわゆる政教分離が正面から問題となった重要判例である。

897 集団行動時の蛇行進、渦巻行進等が、平穏な縦断行動に随伴する交通秩序阻害の程度を超えて長時間の交通麻痺等、公共の安寧を保持する上に直接かつ具体的な危険がもたらされると明らかに認められる場合は、条例が禁止する違反行為である（上告棄却）。

898 裁判所が被害者であるというだけでは、刑訴17条の「裁判の公平を維持することができないおそれ」があるとはいえない。

899 三重県津市が主催する市体育館の起工式が神職主宰の神道式地鎮祭として行われ、神職への謝礼等（合計7663円）が公金から支出されたことが攻撃された事件である。20条の国家と宗教の分離は制度的保障である。
市が神式の地鎮祭を行なっても、神道を助長する目的も効果もないから、20条3項の禁止する「宗教的活動」にあたらない（10対5）。

900 内閣総理大臣ないし国会議員が議員定数配分規定の改正法律案を発案しないことが違法行為を構成するとはいえないとされた。

901 甲事実について逮捕・勾留の理由と必要があり、甲事実と乙事実とが社会的事実として一連の密接な関連がある場合、甲事実について逮捕・勾留中の被疑者を、同事実について取調べるとともに、これに付随して乙事実について取調べても、違法とはいえない。

902 弁護士が自身が執筆した「刑事通常事件大激減」と題する論文をすみやかに日弁連の発行する機関誌『自由と正義』に掲載せよとの訴訟を提起したが、訴えの利益なしとして却下された。

903 女子46歳、男子56歳の定年制を定める就業規則につき、その合理的理由を見出すことができないとして、民法90条違反により無効を認めた。

904 「男子従業員については60歳、女子従業員については55歳を超えた者」との整理基準に基づき、肉体労働を伴う単純労務に従事している病院の女子従業員に対してした整理解雇が、その職種の性質上右整理基準に合理的理由があるとして有効とされた。

905 労働者は、使用者の行う他の労働者の企業秩序違反事件の調査について、これに協力することがその職責に照らし職務内容となっていると認められる場合でないか、又は調査対象である違反行為の性質・内容、右違反行為見聞の機会と職務執行との関連性、より適切な調査方法の有無等諸般の事情から総合的に判断して、右調査に協力することが労務提供義務を履行するうえで必要かつ合理的であると認められる場合でない限り、協力義務を負わない。

906 公社就業規則は公社が私企業と同一の立場に立って、職員との関係を規律するために定めたものと解すべきであって、右のような私法上の関係について15条1項、19条、21条1項の適用又は類推適用はない。

907 国家公務員法にいう「秘密」とは、非公知の事項であって、実質的にもそれを秘密として保護するに価すると認められるものをいい、国家機関が単にある事項につき形式的に秘扱の指定をしただけでは足りない。

908 争議行為等の禁止規定違反などを理由としてされた税関職員に対する懲戒免職処分は裁量権の範囲を超えこれを濫用したものとはいえない。

909 国労大阪地方本部執行委員長が、日韓条約が国会で強行採決されたことに抗議するため、約2000名の国労組合員と共に、国鉄宮原機関区等に侵入し、同操車場内線路上及びその附近に集団で立ち塞がるなどしたとして威力業務妨害罪等を認めた原審を支持した。

910 景表法の規定にいう一般消費者であるというだけでは、公正取引委員会による公正競争規約の認定に対し同法に基づく不服申立をする法律上の利益を有するとはいえない。

911	最判	昭和 53.3.28		判時	884・107
912	最判	昭和 53.3.30		判時	884・22
913	札幌高裁	昭和 53.5.24		判タ	363・123
914	東京高裁	昭和 53.5.30		判時	915・124
915	最決	昭和 53.5.31	西山記者事件	判時	887・17
916	最判	昭和 53.6.20	米子銀行強盗事件	判時	896・14
917	最判	昭和 53.7.7		判タ	369・158
918	最判	昭和 53.7.10	杉山事件	判時	903・20
919	最大判	昭和 53.7.12		判タ	365・88
920	最判	昭和 53.7.18	全逓東北地本役員懲戒免職事件	判時	906・19
921	最決	昭和 53.9.4	大須事件	判タ	369・145
922	最判	昭和 53.9.7		判タ	369・125
923	大阪高裁	昭和 53.9.27		判時	922・98
924	最大判	昭和 53.10.4	マクリーン事件	判タ	368・196

916　この裁判例は刑事訴訟法において扱われることが多いが、個人のプライバシーに対して国家（警察権力）がどこまで介入できるのかということを考えるには格好の素材であろう。その意味において憲法上も重要な裁判例である。

911 国家公務員の勤務条件は、私企業の労働者の場合のように、労使の団体交渉によってこれを共同決定することが憲法上保障されているものということはできない。

912 住民の有する住民訴訟の訴権は、地方公共団体の構成員である住民全体の利益を保障するために法律によって特別に認められた参政権の一種である。

913 現行の国家賠償制度において、51条の有する意味は、国家から国賠法によって求償を受けないことが憲法上保障されているというだけである。

914 公職選挙法が戸別訪問を禁止していることは21条に違反しない。

915 記者が取材対象である国家公務員の人格の尊厳をふみにじるような方法で職務上の秘密を入手することは、正当な取材活動の範囲をこえ、国公法により処罰される。国家公務員法にいう秘密とは、非公知の事実であって、実質的にもそれを秘密として保護するに値するものをいい、その判定は、司法判断に服する。

916 職務質問に附随して行う所持品検査は、所持人の承諾を得て、その限度においてこれを行うのが原則であるが、捜索に至らない程度の行為は、強制にわたらない限り、所持品検査の必要性、緊急性、これによって侵害される個人の法益と保護されるべき公共の利益との権衡などを考慮し、具体的状況のもとで相当と認められる限度で許容される場合がある。

917 国立大学附属中学校の入学者選抜方法として抽せんによったことは適法である。

918 刑訴法39条1項の弁護人との接見交通権は憲法の保障に由来するものである。

919 法律でいったん定められた財産権の内容を事後の法律で変更しても、それが公共の福祉に適合するようにされたものである限り、これをもって違憲の立法ということができない。右の変更が公共の福祉に適合するようにされたものであるかどうかは、財産権の性質、その内容を変更する程度、及びこれを変更することによって保護される公益の性質などを総合的に勘案し、その変更が当該財産権に対する合理的な制約として容認されるべきものであるかどうかによって判断すべきである。

920 郵政職員がいわゆる春闘の際に郵便局の職場全体で大規模にしかも当局の再三の警告を無視して業務阻害の結果を生ずるストライキを実施させるなどの違法行為を行ったという事実関係のもとでは、右違法行為を理由として右職員に対してされた懲戒免職処分は、懲戒権者に任された裁量権の範囲を超えたものということはできない。

921 150名が起訴された騒擾被告事件について、第一審において約17年3か月、控訴審において約5年を要し、しかも、第一審の審理途中において合計約14年間の審理中断があった等という事案において、37条1項違反はない。

922 証拠物の押収等の手続に35条及びこれを受けた刑事訴訟法218条1項等の所期する令状主義の精神を没却するような重大な違法があり、これを証拠として許容することが将来における違法な捜査の抑制の見地からして相当でないと認められる場合においては、その証拠能力は否定されるべきである。

923 税務署徴税課職員が、勤務時間外に「内閣打倒」と記載したプラカードを掲げて、メーデーの際の集団示威運動に参加した行動に対し、国家公務員法、人事院規則を適用してされた訓告処分が14条、21条に違反しないとされた。

924 外国人に対する憲法の基本的人権の保障は、在留の許否を決する国の裁量を拘束するまでの保障、すなわち、在留期間中の憲法の基本的人権の保障を受ける行為を在留期間の更新の際に消極的な事情として斟酌されないことまでの保障を含むものではない。

925		最判	昭和	53.10.20		判タ	371・43
926		東京高裁	昭和	53.10.31		訟月	24・12・2589
927		東京地裁	昭和	53.11.8		判タ	373・104
928		最判	昭和	53.11.15	山陽電気鉄道事件	判タ	373・56
929		名古屋地裁	昭和	53.11.20	日本共産党員除名処分事件	判タ	378・74
930		最判	昭和	53.12.21	高知市普通河川等管理条例事件	判タ	380・78
931		大阪地裁	昭和	54.2.2		行集	30・2・158
932		最判	昭和	54.2.22		判タ	382・96
933		横浜地裁横須賀支部	昭和	54.2.26		判時	917・23
934		那覇地裁	昭和	54.3.29	沖縄石油基地事件	判時	928・3
935	九代目最高裁長官 服部高顯 (はっとりたかあき)	最判	昭和	54.5.10		判タ	389・74
936		最判	昭和	54.6.13		判タ	388・65
937		最判	昭和	54.7.5		判時	933・147
938		最判	昭和	54.7.24		判時	931・3
939		札幌高裁	昭和	54.8.31	北海道新聞島田記者事件	判タ	394・47

925 抑留・拘禁の後に無罪判決があったとしても、抑留・拘禁そのものが違法であったことを意味しない。

926 旧所得税法等上の収税官吏の質問検査は、専ら租税の公平確実な賦課徴収のために必要とされる資料の収集を目的とする手続であり、刑事責任の追及を目的とする手続ではなく、また、刑事責任追及のための資料の取得収集に直接結びつく作用を一般的に有するものではないから35条や38条1項に反しない。

927 在監者である刑事被告人の図書閲読については、その図書の内容、在監者の性格、精神状態、日常の行状、監獄の収容状況、戒護能力などの諸般の具体的事情を考慮したうえで、その閲読を許すことが拘禁の目的を害し、又は監獄内の規律を害する相当程度の蓋然性があると認められる場合は閲読を制限しても、それは必要かつ、合理的な制限として憲法上も許される。

928 バス会社のストライキに際し、多数人による暴力を伴う威力を用いて会社が回送中又は路上に駐車中のバスを奪って組合側の支配下に置きあるいは多数の威力を示して会社が取引先の整備工場又は系列下の自動車学校に預託中のバスを搬出しようとして建造物に侵入した本件車両確保行為は、威力業務妨害罪又は建造物侵入罪の違法性に欠けるところはない。

929 政党のした党員に対する除名処分は政党の有する自律権の範囲内に属するものとして司法審査の対象とならないとした。

930 いわゆる普通河川の管理について定める普通地方公共団体の条例において、河川法がいわゆる適用河川又は準用河川について定めるところ以上に強力な河川管理の定めをすることは、同法に違反し、許されない。

931 受刑者の規律違反行為に対して、これを懲罰に処するかどうか、あるいは懲罰に処するとしていかなる懲罰を選択するかについては監獄法は何ら具体的基準を設けていないから、右判断では刑務所長の裁量に委ねられているものというべきである。ただし、その裁量は無制約ではない。

932 国有農地等の売払いに関する特別措置法、同法附則、同法施行令は29条に違反するものではない。

933 隣家の居住者の眺望利益を侵害する建物の建築行為を、右の居住者の受忍限度を超えるものとした。

934 環境権なるものを私法上の具体的な権利として構成できるかについてはなお多くの問題があり、未だ一般の承認により権利性が確立されたものともいえない。

935 通関のため当然に申告義務を伴うこととなる貨物の携帯輸入を企てたものである以上、当該貨物がたまたま覚せい剤取締法により本邦への持込を禁止されている覚せい剤であるからといって、38条1項に違反しない。

936 参与判事補の意見は、補養成の一方法として述べさせるものである以上、そのことによって偏頗・不公平のおそれのある組織や構成をもつ裁判所による裁判がなされるものではないから37条、76条に違反しない。

937 公職選挙法上の戸別訪問の禁止は21条に違反するものではない。

938 被告人が国選弁護人を通じて正当な防御活動を行う意思がないことを自らの行動によって表明したものと評価すべき事情のもとにおいては、裁判所が国選弁護人に辞意を容れてこれを解任してもやむをえず、37条3項には違反しない。

939 公正な裁判の実現という利益と取材源秘匿により得られる利益とを比較衡量して、新聞記者の取材源に関する証言拒絶を正当と認めた（最高裁昭和55年3月6日特別抗告却下）。

940	在任期間	福岡地裁小倉支部	昭和	54.8.31	豊前火力発電所操業差止訴訟	判タ	395・45
941		東京高裁	昭和	54.11.22		判時	962・127
942	昭和54年4月2日〜同57年9月30日	最判	昭和	54.12.19		判時	953・134
943		最判	昭和	54.12.20		判タ	406・95
944		最判	昭和	54.12.25		判タ	404・52
945		最判	昭和	55.1.11	種徳寺事件	判タ	410・94
946		最判	昭和	55.2.7	峯山事件	判タ	409・82
947		大阪高裁	昭和	55.3.4		判タ	416・177
948		福岡地裁	昭和	55.3.4		訟月	26・4・670
949		最決	昭和	55.3.6	北海道新聞島田記者事件	判タ	408・56
950		最判	昭和	55.4.10	本門寺事件	判タ	419・80
951		広島高裁松江支部	昭和	55.4.28		判時	964・134
952		最判	昭和	55.5.6		判タ	419・72
953		大阪地裁	昭和	55.5.14		判タ	416・46
954		福岡地裁	昭和	55.6.5	大牟田市電気税訴訟	判時	966・3
955		最判	昭和	55.6.6		判時	964・129

945 司法権の限界の一つの局面を示す裁判例である。

940 環境権は、現行実定法上、具体的権利として是認し得ないとして、環境権に基づく火力発電所操業差止等請求の訴えを却下した。

941 駅前広場でする演説及びビラの頒布が容認された行為である旨の主張及びこれらの行為が可罰的違法性を欠く旨の主張が排斥された。

942 失業対策事業等に就労する日雇労働者は、その使用者である事業主体に対する関係で団体交渉権を有する。

943 新聞紙・雑誌の不法利用を禁ずる公職選挙法の構成要件に形式的に該当する場合であっても、もしその新聞紙・雑誌が真に公正な報道・評論を掲載したものであれば、その行為の違法性は阻却される。

944 関税定率法による税関長の通知又は税関長の決定及びその通知は、抗告訴訟の対象となる「行政庁の処分その他公権力の行使に当たる行為」に該当する。

945 特定人の住職たる地位の存否が他の具体的権利又は法律関係をめぐる紛争につき請求の当否を判定する前提問題となっている場合には、裁判所は、その判断の内容が宗教上の教義の解釈にわたる場合でない限り、右住職たる地位の存否について審判権を有する。

946 第一審で約15年、控訴審で約10年を費やしているが、被告人側から訴訟の促進について格別の申出等もされた形跡がないこと等から37条1項違反ではない。

947 公職選挙法が戸別訪問を禁止していることは21条に反しない。

948 国立大学教養部長が、教養過程在学期限内に所定の履修単位を取得できなかった学生に対し、成業の見込みがないとしてした除籍処分に違法はないとされた。

949 新聞記者の証言拒絶を理由ありとした決定に対する抗告棄却決定に対する特別抗告が、その実質は原決定の単なる法令違背を主張するものにすぎず不適法であるとして却下された。

950 宗教法人における特定人の住職たる地位の存否が同人の当該宗教法人における代表役員、責任役員たる地位の存否の確認を求める請求の当否を判断する前提問題となっている場合に、住職たる地位の存否について裁判所は審理判断の権限を持つ。

951 公職選挙法上の個別訪問の禁止が憲法上許される合理的でかつ必要やむを得ない限度の規制であると考えることはできない。

952 本訴は日本国憲法の無効確認を請求するものと解されるところ、裁判所の有する司法権は、76条の規定によるものであるから、裁判所は、右規定を含む憲法全体の効力について裁判する権限を有しない。従って、本件訴訟は不適法であってその欠缺を補正することができないものであり、またこれを下級裁判所に移送すべきものでもないから、却下を免れない。

953 子女を私立高校に通学させている親から、負担する公立学校との学費の差額は、国会又は内閣の26条、教育基本法に定める教育諸条件整備に関する法的義務に違反する立法上の不作為に由来する損害であるとして国に対してなされた国家賠償請求が排斥された。

954 憲法上地方公共団体に認められる課税権は、地方公共団体とされるもの一般に対し抽象的に認められた租税の賦課、徴収の権能であって、憲法は特定の地方公共団体に具体的税目についての課税権を認めたものではない。

955 公職選挙法上の戸別訪問の禁止は21条に違反せず、事前運動の禁止は憲法15条に違反しない。

---

952 現行憲法が無効であることの確認を裁判所に求めたという事件であるが、その裁判所の権限自体が憲法によって付与されている以上、裁判所が憲法自体が無効であることを判断することは矛盾であろう。当然の判断である。

956	最判	昭和 55.6.19		判時	979・56
957	最判	昭和 55.7.4		判時	977・42
958	東京高裁	昭和 55.7.18		判時	975・20
959	東京地裁	昭和 55.7.24	日商岩井事件	判時	982・3
960	最判	昭和 55.9.22		判タ	422・75
961	札幌地裁	昭和 55.10.14	伊達火力発電所事件	判時	988・37
962	最判	昭和 55.10.23		判タ	424・52
963	最判	昭和 55.11.20		判タ	442・91
964	大阪地裁	昭和 55.11.26		判時	992・21
965	最判	昭和 55.11.28	「四畳半襖の下張」事件	判タ	426・49
966	最判	昭和 55.11.28	「ふたりのラブジュース」事件	判時	982・64
967	最判	昭和 55.12.19		訟月	27・3・552
968	最判	昭和 55.12.23	プラカード事件	判時	991・31
969	最判	昭和 56.1.30		判時	996・66
970	最判	昭和 56.3.24	日産自動車男女差別定年制事件	判時	998・3

956 競売手続の利害関係人に対し競売期日を通知するものとするかどうか、通知するものとする場合にこれを発すれば足りるものとするかどうかは、立法政策の問題にすぎず、違憲の問題を生じない。

957 本件公訴提起から本上告趣意書提出に至るまで約12年の年月を要しているとはいえ、それは、主として、事実認定及び法的評価に関し下級審と上級審との間で見解が分かれたためであり、37条1項違反の主張は前提を欠く。

958 映倫の審査を通過した映画が刑法上のわいせつの図画に当らないとされた。

959 議案の審議に責を負わない司法機関としては、議院等の判断に重大かつ明白な過誤を発見しない限り、独自の価値判断に基づく異論をさしはさむことは慎むのが相当である。

960 警察官が、交通取締の一環として、交通違反の多発する地域等の適当な場所において、交通違反の予防、検挙のため、同所を通過する自動車に対して走行の外観上の不審な点の有無にかかわりなく短時分の停止を求めて、運転者などに対し必要な事項についての質問などをすることは、それが相手方の任意の協力を求める形で行われ、自動車の利用者の自由を不当に制約することにならない方法、態様で行われる限り、適法である。

961 いわゆる環境権なるものは私法上の権利としては承認されえない。

962 被疑者の体内から導尿管（カテーテル）を用いて強制的に尿を採取することは、捜査手続上の強制処分として絶対に許されないものではなく、被疑事件の重大性、嫌疑の存在、当該証拠の重要性とその取得の必要性、適当な代替手段の不存在等の事情に照らし、捜査上真にやむをえないと認められる場合には、最終的手段として、適切な法律上の手続を経たうえ、被疑者の身体の安全と人格の保護のための十分な配慮のもとに行うことが許される。

963 憲法上租税に関する事項は法律又は法律に基づいて定められるところに委ねられていると解すべきところ（84条）、所論は、畢竟、特定の法律における具体的な税額計算の定めに関する立法政策上の適不適を争うものにすぎず、違憲の問題を生ずるものでない。

964 警察官から大阪駅広場での無許可のビラ配布行為を実力によって排除され暴行を受け逮捕されたとして求めた国家賠償請求が棄却された。

965 男女の性的交渉の情景を扇情的な筆致で露骨、詳細かつ具体的に描写した部分が量的質的に文書の中枢を占めており、その構成や展開、さらには文芸的、思想的価値などを考慮に容れても、主として読者の好色的興味にうったえるものと認められる本件「四畳半襖の下張」は、刑法にいう「猥褻ノ文書」にあたる。

966 刑法175条は21条に違反するものでない。

967 刑務所長がなした、行刑及び未決拘禁に関する通達等を含めた雑誌「闘争と弁護」の閲読不許可処分を違法とした原判決を破棄差し戻した。

968 一般職の国家公務員がメーデーの集団示威行進に際し内閣打倒等と記載された横断幕を掲げて行進する行為について懲戒処分を行うことは21条に違反しない（2対1）。

969 郵政職員の争議行為に基づく書留郵便物の遅配によって差出人でも受取人でもない者に生じた損害につき国の賠償責任が否定された。

970 就業規則中女子の定年年齢（55歳）を男子（60歳）より低く定めた部分は、性別のみによる不合理な差別を定めたものとして民法90条の規定により無効である。

971	最判	昭和 56.4.7	創価学会板まんだら事件	判時	1001・9
972	東京高裁	昭和 56.4.14		判タ	452・146
973	最判	昭和 56.4.14	前科照会事件	判タ	442・55
974	最判	昭和 56.4.16	「月刊ペン」事件	判タ	440・47
975	東京高裁	昭和 56.4.16		判時	1005・99
976	東京高裁	昭和 56.4.22	宮訴訟	判タ	438・73
977	最判	昭和 56.6.15		判タ	443・56
978	最判	昭和 56.6.26		判タ	444・55
979	最判	昭和 56.7.21		判タ	450・66
980	東京高裁	昭和 56.8.5		判時	1010・133
981	最判	昭和 56.10.22		判時	1020・3
982	弾劾裁判所	昭和 56.11.6		弾裁集	112
983	最判	昭和 56.11.26		判タ	457・88
984	最大判	昭和 56.12.16	大阪空港公害訴訟	判タ	455・171

971 訴訟が具体的な権利義務ないし法律関係に関する紛争の形式をとっており、信仰の対象の価値ないし宗教上の教義に関する判断は請求の当否を決するについての前提問題にとどまるものとされていても、それ（戒壇の本尊である「板まんだら」が本物か否か）が訴訟の帰すうを左右する必要不可欠のものであり、紛争の核心となっている場合には、該訴訟は法律上の争訟にあたらない。

972 裁判官の国民審査の制度は、いわゆる解職の制度であって、何らかの理由で裁判官罷免を可とする者が積極的にその旨の投票をするので、特に右のような理由を持たない者はすべて（罷免を可とするかどうか判らない者でも）白票を投ずることにより積極的に罷免を可とするものでない旨を表明すればよいのであり、また、そうすべきものなのであることを前提に、13条、15条3項、19条に違反しないとした。

973 弁護士法に基づき前科及び犯罪経歴の照会を受けたいわゆる政令指定都市の区長が、照会文書中に照会を必要とする事由としては「中央労働委員会、京都地方裁判所に提出するため」との記載があったにすぎないのに、漫然と右照会に応じて前科及び犯罪経歴のすべてを報告することは、過失による違法な公権力の行使にあたる。

974 刑法230条の2第1項にいう「公共ノ利害ニ関スル事実」にあたるか否かは、摘示された事実自体の内容・性質に照らして客観的に判断されるべきであり、これを摘示する際の表現方法や事実調査の程度などは、同条にいわゆる公益目的の有無の認定等に関して考慮されるべきことがらであって、摘示された事実が「公共ノ利害ニ関スル事実」にあたるか否かの判断を左右するものではない。

975 土地区画整理法等に基づく土地区画整理事業により道路指定を受けた土地の賃借人が該土地に建物を新築できなかったことを理由とする損失補償の請求が認められなかった。

976 老齢福祉年金の受給権者が公的年金給付を受けることができるときはその支給を停止する旨の国民年金法の規定及びこれに基づく老齢福祉年金支給停止処分は25条に違反しない。

977 戸別訪問を一律に禁止するかどうかは、専ら選挙の自由と公正を確保する見地からする立法政策の問題であって、国会がその裁量の範囲内で決定した政策は尊重されなければならない。

978 贈収賄事件において、贈賄者が起訴されず、収賄者が起訴され有罪判決を受けたとしても、警察の捜査が刑訴法にのっとり適正に行われており、被告人が、その思想、信条、社会的身分又は門地などを理由に、一般の場合に比べ捜査上不当に不利益に取り扱われたものでないときは14条に違反することになるものではない。

979 選挙運動としてのいわゆる戸別訪問を禁止することは21条に違反するものではない。

980 電柱に立看板を紙ひもで結びつけた行為が軽犯罪法上の「はり札をした」に当たらないとされた。

981 郵政事務官（一般職国家公務員）が、参議院議員通常選挙において、候補者の応援演説をした行為を処罰することは、たとえそれが勤務時間外に、職務上の施設以外の場所で、公務員の身分を明らかにすることなく行われたとしても21条等に反しない。

982 訴追の事由は担当する破産事件の破産管財人からゴルフクラブ2本、ゴルフ道具1セット、キャディバッグ1個と背広2着の供与を受けたというものであり罷免された。

983 旅券を提出せず不法入国の事実自体を供述しないでする不法入国外国人の登録申請を義務付けることは38条1項にいう「自己に不利益な供述」を強要したことにならない。

984 空港の供用に伴い発生する騒音等に対する過去の損害賠償請求については認め、将来の損害賠償請求については否定し、空港の供用の差止請求についても認めなかった。なお、原審（大阪高裁昭和50年11月27日）は人格権に基づく空港使用差止請求を容認した。

985	東京地裁	昭和 57.1.26		判時	1045・24
986	東京高裁	昭和 57.1.28		判タ	474・242
987	最判	昭和 57.2.5		判時	1036・70
988	大阪高裁	昭和 57.2.17		判時	1032・19
989	最判	昭和 57.3.12		判時	1053・84
990	高松高裁	昭和 57.3.20		判時	1057・148
991	最判	昭和 57.3.23		判タ	468・103
992	最判	昭和 57.3.30		判時	1037・134
993	最判	昭和 57.4.1		判時	1048・99
994	福岡地裁 小倉支部	昭和 57.4.6		訟月	28・11・2159
995	最判	昭和 57.4.8		判時	1040・3
996	東京高裁	昭和 57.4.15		判時	1067・152
997	札幌高裁	昭和 57.4.26		TKC	25470106
998	東京高裁	昭和 57.5.10		判時	1054・167
999	仙台高裁	昭和 57.5.25		判時	1069・149
1000	東京地裁	昭和 57.5.31		判時	1047・73

985 国政調査権の行使が検察権の行使に先立って行われ、その結果得られた資料を検察権行使のために利用することは何ら制限を受けるものではなく、結果として検察権の行使を容易ならしめたとしても違法ではない。

986 障害の程度により障害児を健常児と分離し、特殊教育をする現在の学校教育制度は、14条、25条、26条に違反しない。

987 鉱業法の規定によって鉱業権の行使が制限されても、これにより被った損失につき29条3項を根拠としてその補償を請求することはできない。

988 昭和55年6月22日施行の衆議院議員選挙当時における議員定数配分規定は、議員1人当たりの有権者数の最大区と最小区との格差が、3.95対1に達しており、全体として憲法に違反する(選挙は有効)とされた。

989 裁判官がした裁判につき国家賠償法の規定にいう違法な行為があったものとして国の損害賠償責任が肯定されるためには、右裁判に上訴等の訴訟法上の救済方法によって是正されるべき瑕疵が存在するだけでは足りず、当該裁判官が違法又は不当な目的をもって裁判をしたなど、裁判官がその付与された権限の趣旨に明らかに背いてこれを行使したものと認めうるような特別の事情があることを必要とする。

990 「戸別訪問禁止」につき、禁止の目的も正当であり、これを一律に禁止することと禁止の目的との間に合理的関連性もあり、この場合においてこれによって得られる利益は失われる利益に比してはるかに大きいと十分認められるから合憲である。

991 文書図画による選挙運動の禁止は憲法に違反しない。

992 不法入国外国人に対して、無申請の故に罰則を適用しても「自己に不利益な供述」(38条1項)を強要するものとはいえない。

993 公務員による一連の職務上の行為の過程において他人に被害を生ぜしめたが具体的な加害行為を特定することができない場合にあっても、国又は公共団体は損害賠償責任を免れることはできない。

994 都市計画法による建築規制が、特別の犠牲を課したものではなく、公共の福祉のため受任すべき限度内のものであるとされた。

995 学習指導要領の改正により新たな学習指導要領が全面的に実施された場合には、原則として、改正前の学習指導要領のもとでされた教科用図書検定規則による改訂検定不合格処分の取消しの訴えの利益は失われる。

996 公職選挙法が戸別訪問を禁止することは21条に違反しない。

997 在宅投票制度廃止立法の違憲性および廃止の結果在宅投票制を伴わない公職選挙法が適用される限りにおいての違憲・違法を認めつつも議員の故意・過失がなかったとして国家賠償請求が認められなかった。

998 刑法による刑の執行猶予の言渡の取消は39条、31条、32条に違反しない。

999 戸別訪問を禁止した公選法が不合理で裁量権の範囲を逸脱し21条1項に違反する無効な規定であるということはできない。

1000 自然公園法にいう「通常生ずべき損失」に対する補償は、環境庁長官又は都道府県知事のした当該土地利用の不許可決定に伴う利用制限が当該土地の地価の低落をもたらしたか否かを客観的に算定し、これを基準として行うべきである。

1001	千葉地裁	昭和 57.6.4		判時	1050・37
1002	東京高裁	昭和 57.6.8		判時	1043・3
1003	福岡地裁	昭和 57.6.22		判時	1050・177
1004	東京高裁	昭和 57.6.23		判タ	470・90
1005	最大判	昭和 57.7.7	堀木訴訟	民集	36・7・1235
1006	最判	昭和 57.7.15	郵便貯金目減り訴訟	判タ	478・163
1007	仙台高裁秋田支部	昭和 57.7.23		判時	1052・3
1008	最判	昭和 57.9.9	長沼事件（上告審）	判タ	479・189
1009	東京地裁	昭和 57.9.22		判時	1055・7
1010	最判	昭和 57.9.28		判時	1057・30
1011	最判	昭和 57.11.16	エンタープライズ寄港阻止佐世保闘争事件	判タ	482・62
1012	最判	昭和 57.12.17		訟月	29・6・1074
1013	最判	昭和 57.12.17		訟月	29・6・1121
1014	東京高裁	昭和 57.12.21	小田急事件	判タ	491・70
1015	最判	昭和 57.12.21		判時	1089・38

一〇代目最高裁長官　寺田治郎

1006　当然の判断である。「みんなのお金の通貨価値の下落を国が税金で穴埋めしたら、どういうことになるか目に見えている。」（尾吹善人「寝ても覚めても憲法学者（ファラオ企画、1992年66頁））

1001 市長が生存的財産か否かを区別せず土地及び建物についてした固定資産税の評価額及び課税標準額の決定が適法とされた。

1002 映画のスチール写真及びシナリオを掲載した単行本が、わいせつの文書及び図画に当たらないとされた。

1003 出管法違反の犯罪行為の用に供された犯人所有の船舶に善意の第三者の抵当権が設定されている場合、右船舶を没収することは許されるが、抵当権者は29条3項により損失補償を請求できる。

1004 国籍法が日本国籍を有する母と日本国籍を有しない父との間に生まれた子について規定していないことは法の欠缺の一場合であり、日本国籍のみならず、アメリカ合衆国国籍をも取得することができず、無国籍者とならざるを得ないとしても、13条、14条1項の各規定に違反するとはいえない。

1005 障害福祉年金と児童扶養手当の併給を禁止する児童扶養手当法は25条等に違反しない。

1006 政府が、経済政策を立案施行するに当たり、物価の安定等の各政策目標を調和的に実現するため、その時々における内外の情勢のもとで具体的にいかなる措置を採るかは、専ら政府の裁量的な政策判断にゆだねられている事柄であって、その結果について政府の政治責任が問われることがあるのは格別、法律上の義務違反ないし違法行為として国家賠償法上の損害賠償責任の問題を生ずることはない。

1007 地方税法に基づく国民健康保険税の課税総額につき、その上限の金額のみを定め、右上限の金額の範囲内で、各年度の具体的税率算定の基礎とする具体的課税総額の決定を市長の裁量にゆだねる旨の秋田市国民健康保険税条例は、92条、84条に違反する。

1008 いわゆる代替施設の設置によって洪水、渇水の危険が解消され、その防止上からは保安林の存続の必要性がなくなったと認められるに至ったときは、右防止上の利益侵害を基礎として保安林指定解除処分取消訴訟の原告適格を認められた者の訴えの利益は失われる。

1009 外国人は、国民年金法所定の国民年金の被保険者資格を取得することができない。

1010 薬事法にいう「医薬品」は、客観的に薬理作用を有するものであるか否かを問わないと解しても31条、21条1項、22条1項に違反しない。

1011 道路における危険の防止等道路交通法所定の目的のもとに、道路使用の許可に関する明確かつ合理的な基準を掲げて不許可とされる場合を厳格に制限したうえ、道路を使用して集団行進をしようとする者に対しあらかじめ警察署長の許可を受けさせることとした同法は、表現の自由に対する公共の福祉による必要かつ合理的な制限として憲法上是認される。

1012 戦争公務扶助料を受けている者には老齢福祉年金を併給するのに、増加非公死扶助料を受けている者にはこれを併給しないことは14条に反しない。

1013 戦争公務による公的年金受給権者には老齢福祉年金を併給するのに、障害福祉年金受給権者にはこれを併給しないことは14条に反しない。

1014 電鉄会社が走行中の列車内及びプラットホーム上で乗客に対してする商業宣伝放送の禁止請求を認めなかった（最高裁昭和63年12月15日上告棄却）。

1015 利益積立金の資本組入れを利益配当とみなす旨の所得税法の規定は、29条及び84条に違反しない。

1008 尾吹善人「寝ても覚めても憲法学者」（ファラオ企画、1992年、65頁）は、「名のある新聞、法律雑誌の論評のなかでは…最高裁判決を不当とし、福島判決を『力』でおしつぶされた『正論』であるかのように描く『識者』が目立った。」と皮肉を込めて指摘している。

1016	在任期間　昭和57年10月1日〜同60年11月3日	広島高裁	昭和 58.2.1		判時	1093・151
1017		福岡高裁	昭和 58.3.7		判タ	498・192
1018		最判	昭和 58.3.8	ビニール本事件	判タ	494・57
1019		大阪地裁	昭和 58.3.16		判タ	504・186
1020		大阪地裁堺支部	昭和 58.3.23		判時	1071・33
1021		鳥取地裁	昭和 58.3.30		判タ	506・138
1022		最判	昭和 58.4.8		判時	1077・154
1023		最判	昭和 58.4.21		裁判集民	138・647
1024		最大判	昭和 58.4.27		判タ	502・72
1025		名古屋高裁	昭和 58.4.28		判タ	498・213
1026		最判	昭和 58.5.27	川崎飲食店主殺害事件	判タ	498・64
1027		最大判	昭和 58.6.22	よど号ハイジャック記事抹消事件	判タ	500・89
1028		最判	昭和 58.7.7		判時	1093・76
1029		最判	昭和 58.7.8	永山事件	判タ	506・73

1024　本裁判例でも却下説の立場に立っているのが藤崎萬里裁判官である。筆者もこの立場に賛成である。

1016 緊急逮捕の6時間後に令状請求した手紙が適法とされた。

1017 条例により旅館業法よりも強度の規制を行うには、それに相応する合理性、すなわち、これを行う必要性が存在し、かつ、規制手段が右必要性に比例した相当なものであることがいずれも肯定されなければならず、もし、これが肯定されない場合には、当該条例の規制は、比例の原則に反し、旅館業法の趣旨に背馳するものとして違法、無効になることを前提に、飯盛町旅館建築の規制に関する条例は、旅館営業につき旅館業法より強度の規制を行うべき必要性及び規制手段の相当性がなく、同法に違反する。

1018 性器及びその周辺部分を黒く塗りつぶして修正してあるが、その修正の範囲が狭く、かつ、不十分で、現実の性交等の状況を詳細、露骨かつ具体的に伝える写真を随所に多数含み、物語性や芸術性・思想性など性的刺激を緩和させる要素が全く見当らず、全体として、もっぱら見る者の好色的興味にうったえると認められる本件写真誌は、刑法175条にいう「猥褻ノ図画」にあたり，本条は21条に違反しない。

1019 オービスⅢによる写真撮影が肖像権、プライバシーの権利を侵害しないとされた。

1020 死者に対する名誉毀損により、その子自身の名誉及び父に対する敬愛追慕の情が違法に侵害されたとして不法行為の成立を認め、謝罪広告及び慰謝料の請求を認めたが、子に死者を代行して謝罪広告を求めるのは実定法上の根拠を欠くとしてこれを否定した。

1021 市の公営住宅居住者に対する汚水処理場の使用料支払請求が13条、31条に違反せず、権利濫用にも当たらないとして認容された。

1022 地方公共団体の長に選出された者に対し、その者が犯した公職選挙法違反の罪につきその失職をもたらすこととなる刑を言い渡しても93条2項に違反するものではない。

1023 成田空港阻止闘争参加の公立高等学校生徒に対する退学処分が正当とされた。

1024 選挙区及び議員定数の定め（最大較差1対5.26）は、昭和52年7月10日の参議院議員選挙当時、14条1項、15条1ないし3項、43条1項、44条但し書に違反するに至っていたものとはいえない。

1025 地方公務員である市職員の昇格につき、任命権者には一定号俸に達した職員を必ず一律に昇格させなければならない義務はないとした。

1026 第一審で約8年、控訴審で約2年を費やしているが、公判審理が長期に及んだ主たる原因が、捜査段階における被告人側の積極的な罪証隠滅行為等にあると認められること等から37条1項違反ではない。

1027 監獄法等の規定は、未決勾留により拘禁されている者の新聞紙、図書等の閲読の自由を監獄内の規律及び秩序維持のため制限する場合においては、具体的事情のもとにおいて当該閲読を許すことにより右の規律及び秩序の維持することのできない程度の障害が生ずる相当の蓋然性があると認められるときに限り、右の障害発生の防止のために必要かつ合理的な範囲においてのみ閲読の自由の制限を許す旨を定めたものとして、13条、19条、21条に違反しない。

1028 執行異議申立棄却の決定に対し即時抗告による不服申立の方法を認めていないのは憲法違反であるとの主張が排斥された。

1029 死刑制度を存置する現行法制の下では、犯行の罪質、動機、態様ことに殺害の手段方法の執拗性・残虐性、結果の重大性ことに殺害された被害者の数、遺族の被害感情、社会的影響、犯人の年齢、前科、犯行後の情状等諸般の情状を併せ考察したとき、その罪責が誠に重大であって、罪刑の均衡の見地からも一般予防の見地からも極刑がやむをえないと認められる場合には、死刑の選択も許される。

1030	最判	昭和 58.7.12		判タ	509・71
1031	最判	昭和 58.7.14		判時	1088・146
1032	最判	昭和 58.9.5		判時	1091・3
1033	仙台高裁	昭和 58.9.30		判タ	510・122
1034	東京地裁	昭和 58.9.30		判時	1106・102
1035	最判	昭和 58.10.13		判時	1104・66
1036	東京高裁	昭和 58.10.20		判タ	508・98
1037	最判	昭和 58.10.26		判時	1094・16
1038	最判	昭和 58.10.27	ポルノカラー写真誌事件	判タ	513・162
1039	最判	昭和 58.10.27		判時	1097・129
1040	最大判	昭和 58.11.7		判タ	513・106
1041	最判	昭和 58.11.10		判タ	513・126
1042	最判	昭和 58.12.1		判タ	516・91
1043	徳島地裁	昭和 58.12.12		判時	1110・120
1044	仙台地裁	昭和 58.12.28		判時	1113・33
1045	最判	昭和 59.1.20		判時	1106・26

1030 逮捕中の被疑者に対する勾留質問調書は、その逮捕が違法な別件逮捕中の自白を資料として発付された逮捕状によるものであっても、他に特段の事情のない限り、証拠能力を否定されるものではない。

1031 診療放射線技師法が医師等の免許を有しないすべての者に対して業として放射能の照射を行うことを禁止していると解しても22条1項等に反しない。

1032 少年の再抗告事件において再抗告事由以外の事由により原決定を職権で取り消すことができる。

1033 税務署長の所得税徴収処分は国の支出のうち自衛隊に関する分の割合に相当する所得税額についてのものでも違反ではなく、軍備が違憲でないことの証明を求める請求は法律上の争訟に当たらない。

1034 不法行為による損害賠償請求等の訴訟において、信仰の対象の価値又は宗教上の教義に関する判断が訴訟の帰すうを決するに必要不可欠なものであり、争点の核心をなしているとして、訴訟が法律上の争訟に当たらないとされた。

1035 戸籍法の規定が子の名につき制限を課していることは個人の氏名選択の自由を制限し、13条に違反するとの主張を排斥した。

1036 外国人は、国民年金法所定の国民年金の被保険者資格を取得することができない。

1037 非行事実の認定に関する証拠調べの範囲、限度、方法の決定は、家庭裁判所の完全な自由裁量に属するものではなく、その合理的な裁量に委ねられたものである。

1038 刑法175条が31条に違反するものでないこと、及び、刑法175条が、他人の見たくない権利を侵害した場合や未成年者に対する配慮を欠いた販売等の行為のみに適用されるとの限定解釈をしなければ違憲となるものではない。

1039 刑法175条は13条、21条に違反するものではない。

1040 昭和55年6月22日に行われた総選挙当時の衆議院議員の定数配分を定めた公職選挙法の規定の下における投票価値の不平等（最大較差1対2.92）は憲法の選挙権の平等の要求に反する程度に至っていたが、右選挙当時、いまだ憲法上要求される合理的期間内における是正がされなかったものということはできず、憲法に違反するものと断定することはできない。

1041 選挙運動のため戸別に演説会の開催又は演説の実施を告知する行為が、単に選挙人に対して右の事実を知らせるというだけの域にとどまらず、その演説会への参加の呼びかけ又は慫慂を伴い、その他なんらかの形で選挙人に特定の候補者を強く印象づけてその候補者の投票獲得に有利な効果を生ぜしめようとするものと認められる方法・態様で行われた場合には、これを公職選挙法違反としても21条、31条に違反するものではない。

1042 転入届を住民基本台帳に記録されていても、現実に当該市町村の区域内に住所を移して引き続き3か月以上右区域内に住所を有していなかったときは、当該市町村の選挙人名簿の被登録資格を取得しない。

1043 遊学先から親許に連れ戻された未成年者につきなされた原理研究会伝道者による人身保護法に基づく釈放請求が棄却された。

1044 定年を男子55歳、女子45歳と定めた就業規則のうち、女子の定年を男子より低く定めた部分が性別のみによる不合理な差別として、民法90条により無効とされた。

1045 公選法が戸別訪問を禁止することは21条に反しない。

1046	最判	昭和 59.1.26	大東水害訴訟	判タ	517・82
1047	東京高裁	昭和 59.2.15		判時	1105・37
1048	最判	昭和 59.2.17		TKC	22800031
1049	最判	昭和 59.2.21		判タ	523・156
1050	最判	昭和 59.2.24		判時	1108・3
1051	最判	昭和 59.3.22		判時	1112・51
1052	最判	昭和 59.3.27		判時	1117・8
1053	京都地裁	昭和 59.3.30	京都市古都保存協力税条例事件	判時	1115・51
1054	高松地裁	昭和 59.4.10		判時	1118・163
1055	最判	昭和 59.4.24		判時	1126・133
1056	東京高裁	昭和 59.4.27		判時	1129・3
1057	最判	昭和 59.5.17	地方議会議員定数不均衡事件	判時	1119・20
1058	東京地裁	昭和 59.5.18	予防接種禍訴訟	判時	1118・28
1059	浦和地裁	昭和 59.6.11		判時	1120・3
1060	横浜地裁	昭和 59.6.14		判時	1125・96
1061	最判	昭和 59.6.19		判時	1129・152

1046 河川の管理についての瑕疵の有無は、過去に発生した水害の規模、発生の頻度、発生原因、被害の性質、降雨状況、流域の地形その他の自然的条件、土地の利用状況その他の社会的条件、改修を要する緊急性の有無及びその程度等諸般の事情を総合的に考慮し、河川管理における財政的、技術的及び社会的諸制約のもとでの同種・同規模の河川の管理の一般水準及び社会通念に照らして是認しうる過渡的安全性を備えていると認められるかどうかを基準として判断すべきである。

1047 個人事業主の事業税の課税標準の算定について、事業主報酬を必要経費として控除を認めないことは、14条、84条に違反しないとされた。

1048 自衛隊が違憲であることを前提に、支払った税金が自衛隊に使用される分の返還を求めたが認められなかった。

1049 選挙における戸別訪問を禁止することは憲法に違反しない。

1050 独禁法89条から91条までの罪に係る訴訟の第一審の裁判権を東京高等裁判所に専属させた同法の規定は77条1項に違反しない。

1051 推定相続人の廃除に関する審判は32条、82条に違反しない。

1052 国税犯則取締法上の質問調査の手続について、実質上刑事責任追及のための資料取得収集に直接結びつく作用を一般的に有しており、38条1項の保障が及ぶ。

1053 本税（指定社寺の文化財の鑑賞に対し、その鑑賞者に大人一回50円の税を課す）が、有償で行う文化財の観賞という行為の客観的、外形的側面に担税力を見出して、観賞者の内心にかかわりなく一律に本税を課すものであること、本税の税額が現在の物価水準からして僅少であることなどに鑑みると、本件条例は、文化財の観賞に伴う信仰行為、ひいては観賞者個人の宗教的信仰の自由を規律制限する趣旨や目的で本税を課すものでないことは明らかである。

1054 29条3項は、財産権に対する侵害に関しての補償を規定したものであり、これを質的に異なる生命及び身体に対する侵害に関しての補償について類推適用することはできない。

1055 共犯者の公判廷外自白が唯一の証拠であるが、その証拠価値に疑問を容れる余地がないとはいえないとして有罪判決を破棄した。

1056 外国における嘱託証人尋問に際し、日本国において刑事訴追を受けるおそれがあることを理由に証言を拒否した証人に対し日本国検事総長において免責付与をして証人尋問調書を取得したことは、当該事実関係のもとにおいては違法ではないとした。

1057 東京都議会議員の定数並びに選挙区及び各選挙区における議員の数に関する条例の議員定数配分規定（人口比率較差最大1対5.15）は、昭和56年7月5日の東京都議会議員選挙当時、公職選挙法に違反していたものである（4対1）。

1058 予防接種（勧奨によるものを含む。）による死亡又は後遺障害の発生につき、29条3項に基づく補償として、逸失利益、慰謝料、弁護士費用等損害賠償金相当額が認められた。

1059 都市計画法の都市計画地方審議会につき、その会議を非公開とする旨の運営規則の規定が、当然にその会議録を非公開とすることまでをも定めたものではないとされた。

1060 外国人登録法の指紋押捺に関する規定が合憲であるとされた。

1061 円皮鍼を無許可で業として小分けした行為と、これにより小分けされた円皮鍼を販売した本件行為につき薬事法の規定をそれぞれ適用し処罰しても22条1項に違反しない。

1062	水戸地裁	昭和 59.6.19		判タ	528・143
1063	最判	昭和 59.7.6		判時	1131・79
1064	東京高裁	昭和 59.7.18		判時	1128・32
1065	東京地裁	昭和 59.8.8		判タ	540・207
1066	函館地裁	昭和 59.9.14		判タ	537・259
1067	東京高裁	昭和 59.9.17		判時	1139・152
1068	東京高裁	昭和 59.10.1		判時	1138・55
1069	東京高裁	昭和 59.10.19		判時	1131・61
1070	東京地裁	昭和 59.11.26		判時	1163・83
1071	大阪高裁	昭和 59.11.29		判タ	541・132
1072	最大判	昭和 59.12.12	札幌税関検査事件	判タ	545・69
1073	最判	昭和 59.12.18	駅構内ビラ配布事件	判時	1142・3
1074	東京高裁	昭和 59.12.20		判時	1137・26
1075	徳島地裁	昭和 59.12.26		判時	1169・141
1076	最判	昭和 60.1.22		判タ	549・167

1062 大学内における集会、文書の掲示・配布、拡声器の使用について学長の許可を要するものとした学生規則が憲法違反とはいえないとして、右規則違反等の行為をした学生に対する無期停学処分を有効と認めた。

1063 親権者でない親と子の面接交渉を認めないのは13条違反であるとの主張を認めなかった。

1064 名誉毀損罪における適示事実の真実性を証明する方法及びその程度は、いわゆる「自由な証明」及び「証拠の優越」では足りない。

1065 拘置所長が未決勾留により拘禁されている者の定期購読する新聞紙に掲載された週刊誌の広告記事部分及び新聞記事中死刑確定者の氏名と顔写真の部分を閲読不許可にして抹消した措置に裁量権を逸脱した違法があるとした。

1066 住宅の被疑者に対する強制採尿令状による採尿場所への強制連行を認めた。

1067 公職選挙法による公民権停止の規定は14条・15条・31条に違反しない。

1068 いわゆる船主責任制限法により権利の制限を受けた被害者の国に対する損失補償の請求が排斥された。

1069 衆議院議員の定数配分規定について、歴史的沿革や地理的条件等において他と比較して際立った特異な事情が認められるような地域でない限り、選挙人の投票価値の較差はおおよそ1対3程度までの範囲にとどまるべきであり、これを大幅に超えるような較差が生じている場合には、憲法の要求する選挙権の平等に反する状態が生じているものと推定される。

1070 キリスト教会の会員に対する破門処分の違法性を判断するにつき当該教会の教義に対する判断が必要不可欠な場合、破門処分の違法を理由とする損害賠償等請求が法律上の争訟に当たらないとされた。

1071 私立高校と公立高校との学費の格差は、国が26条、教育基本法に定める必要な立法、予算上の措置義務違反によるものであるとして、国に対し求めた損害賠償請求が棄却された。

1072 21条2項にいう「検閲」とは、行政権が主体となって、思想内容等の表現物を対象とし、その全部又は一部の発表の禁止を目的として、対象とされる一定の表現物につき網羅的一般的に、発表前にその内容を審査したうえ、不適当と認めるものの発表を禁止することを、その特質として備えるものを指すと解すべきである。
関税定率法21条1項3号の「風俗を害すべき書籍、図画」等とは、猥褻な書籍、図画等を指すものと解すべきであり、右規定は広汎又は不明確の故に21条1項に違反するものではない（11対4）。

1073 駅係員の許諾を受けないで駅構内において乗降客らに対しビラ多数を配布して演説等を繰り返したうえ、駅管理者からの退去要求を無視して約20分間にわたり駅構内に滞留した所為につき、鉄道営業法及び刑法の各規定を適用してこれを処罰しても21条1項に違反しない。

1074 神奈川県の機関の公文書の公開に関する条例に基づき県の住民がした公文書の閲覧等の請求を拒否した実施機関の処分について、右住民は、右処分の取消を求める法律上の利益を有するとした。

1075 宗教法人における特定人の宮司たる地位（宗教上の地位）の存否が代表役員の地位（法律上の地位）の存否を判断する前提となっている場合に宗教上の教義の解釈にわたることなく宮司の地位の存否についての判断ができるとした。

1076 一般旅券発給拒否処分の通知書に、発給拒否の理由として、「旅券法13条1項5号に該当する。」と記載されているだけで、同号適用の基礎となった事実関係が具体的に示されていない場合には、理由付記として不備であって、右処分は違法である。

1077	最判	昭和 60.1.22		判タ	550・136
1078	函館地裁	昭和 60.1.22		判時	1144・157
1079	東京地裁	昭和 60.1.29		判時	1160・97
1080	最判	昭和 60.2.14		訟月	31・9・2204
1081	東京高裁	昭和 60.2.28		判時	1151・68
1082	大阪地裁	昭和 60.3.5		判タ	556・217
1083	宇都宮地裁	昭和 60.3.8		判タ	548・291
1084	大阪地裁	昭和 60.3.18		判タ	555・258
1085	最大判	昭和 60.3.27	サラリーマン税金訴訟	判時	1149・30
1086	東京地裁	昭和 60.3.29		判タ	559・139
1087	大阪高裁	昭和 60.4.5		刑月	17・3、4・65
1088	名古屋高裁	昭和 60.4.12		判時	1150・30
1089	最判	昭和 60.6.6		判自	19・60
1090	最判	昭和 60.6.11		判時	1166・170
1091	東京地裁	昭和 60.6.17		判時	1208・92
1092	最決	昭和 60.7.4		判時	1167・32
1093	最大判	昭和 60.7.17		判時	1163・3
1094	最判	昭和 60.7.19		判タ	560・91

1077 会社更生法に基づく更生計画認否の裁判に対する抗告審の裁判は32条、82条に違反しない。

1078 捜索差押許可状に基づき強制連行した在宅被疑者の尿の鑑定結果の証拠能力を認めた。

1079 私人としての生活行動が「公共の利害に関する事実」に該るとされた。

1080 厚生年金保険の被保険者と直系姻族の関係にある者が被保険者と内縁関係にある場合には、厚生年金保険法にいう「婚姻の届出をしていないが、事実上婚姻関係にある者」に該当しない。

1081 形式的には法律上の争訟に当たる場合であっても、その被保全権利の存否及び範囲を決する前提事実が宗教団体内部の自律的措置に委ねられるべき事項である等として、司法的解決には適さないとして仮処分申請を却下した。

1082 ビラの印刷物としての体裁や記載文章の内容等から判断すると、本件ビラのような紙片に真正な御名御璽がなされることは絶対にあり得ないこと等を理由に御名御璽偽造罪は成立しないとした。

1083 精神衛生法により精神病院に収容されている者につき、入院について保護義務者の同意がなく、かつ、継続入院の必要がないとして、人身保護法に基づく救済が認められた。

1084 離婚訴訟中の夫側から妻(宗教団体の熱心な信徒)側に対する幼児引渡しを求める人身保護請求が認められた。

1085 所得税法が給与所得の金額の計算につき必要経費の実額控除を認めないのは14条に違反しない。

1086 裁判所の構外の歩道上においてけん騒で不穏当な言動(「暗黒裁判を許さないぞ」など)によって裁判所の職務の遂行を妨害した者に対する監置の制裁が違憲違法ではないとされた。

1087 公職選挙法の「選挙運動の期間中及び選挙の当日において定期購読者以外の者に対して頒布する新聞紙又は雑誌については有償でする場合に限る」との規定は21条、22条、29条3項、14条に違反しない。

1088 新幹線列車の減速走行を求める差止請求は、運輸行政権の行使の取消変更若しくはその発動を求める請求を包含するとはいえないから、不適法ではないとした。

1089 本件は、福岡高裁昭和58年3月7日判決の上告審であり、控訴審判決後処分の根拠となった条例が廃止されたため、訴えの利益がないとして却下された。

1090 市議会議員が、現職議員によって構成される会派内において、市議会議長選挙に関し、所属議員の投票を拘束する趣旨で、投票すべき候補者を選出する行為は、市議会議員の職務に密接な関係のある行為として収賄罪にいわゆる職務行為に当たる。

1091 司法試験等の不合格を違法とする国家賠償が棄却された。

1092 寄与分を定める処分の審判は、32条、82条に違反しない。

1093 衆議院議員選挙が14条1項に違反する議員定数配分規定(最大較差1対4.40)に基づいて行われたことにより違法な場合であっても、選挙を無効とする結果余儀なくされる不都合を回避することを相当とする判示のような事情があるときは、いわゆる事情判決の制度の基礎に存するものと解すべき一般的な法の基本原則に従い、選挙無効の請求を棄却するとともに主文において当該選挙が違法である旨を宣言すべきである。

1094 死刑の確定裁判を受けた者につき長期間にわたる拘置を継続したのちに死刑を執行することは36条にいう「残虐な刑罰」には該当しない。

1095		最判	昭和 60.9.10		判時	1165・183
1096		福岡高裁	昭和 60.9.27		判時	1166・34
1097		最大判	昭和 60.10.23	福岡県青少年保護育成条例事件	判時	1170・3
1098		最判	昭和 60.10.31		判タ	585・45
1099		名古屋地裁	昭和 60.10.31		判時	1175・3
1100	一一代目最高裁長官	最判	昭和 60.11.12		判時	1202・142
1101		最判	昭和 60.11.12		判時	1211・143
1102		熊本地裁	昭和 60.11.13	丸刈り訴訟	判時	1174・48
1103		最判	昭和 60.11.21	在宅投票制度廃止事件	判時	1177・3
1104	矢口洪一	大分地裁	昭和 60.12.2		判時	1180・113
1105	在任期間	最判	昭和 60.12.13		判時	1183・83
1106	昭和60年11月5日〜平成2年	最判	昭和 60.12.17		判時	1187・59
1107		最判	昭和 60.12.17		判時	1179・56
1108		最判	昭和 60.12.19		裁判集刑	241・543
1109		最判	昭和 60.12.19		判時	1194・138

1095 大麻が有害性がないとか有害性が極めて低いものであるとは認められないとした原判断は相当である。

1096 公務員の争議行為を全面一律に禁止し、これに反した職員に対し身分上の責任を問うことは、その職務の公共性及び代償措置の存在に照らし、28条に違反するものとはいえない。

1097 16歳の少女とホテルで性交したとして起訴されたという事案である。福岡県青少年保護育成条例にいう「淫行」とは、青少年を誘惑し、威迫し、欺罔し又は困惑させる等その心身の未成熟に乗じた不当な手段により行う性交又は性交類似行為のほか、青少年を単に自己の性的欲望を満足させるための対象として扱っているとしか認められないような性交又は性交類似行為をいう（12対3）。

1098 制定又は改正の当時適法であった定数配分規定の下における選挙区間の議員一人当たりの人口の格差が、その後の人口の変動によって拡大し、公選法15条7項の選挙権の平等の要求に反する程度に至った場合には、そのことによって直ちに当該定数配分規定の同項違反までもたらすものと解すべきではなく、人口の変動の状態をも考慮して合理的期間内における是正が同項の規定上要求されているにもかかわらずそれが行われないときに、初めて当該定数配分規定が同項の規定に違反するものと断定すべきである。

1099 予防接種法による救済制度が違憲無効とはいえず、25条に基づく損失補償請求権の具体的内容は右救済制度によって定められ、画されることになるから、これと異なり、或いはこれを上回る損失補償を肯認することはできない。

1100 法定秩序維持法及び同法に基づく本件の監置決定は31条等に反しない。

1101 公選法上の戸別訪問禁止規定等を合憲とした。

1102 公立中学校の男子生徒の髪形について「丸刈、長髪禁止」と定める校則は14条、21条、31条に違反せず、その制定・公布につき校長に裁量権の逸脱はない。

1103 国会議員の立法行為は、立法の内容が憲法の一義的な文言に違反しているにもかかわらずあえて当該立法を行うというごとき例外的な場合でない限り、国家賠償法の適用上、違法の評価を受けるものではない。

1104 信仰上の理由で骨肉腫の転移を防止するための足の切断手術に伴う輸血を拒否している成年の骨肉腫患者の両親が右患者にかわって病院に対し右手術及びそのために必要な医療行為を委任することができる旨の仮処分申請をなしたことにつき、この輸血拒否は、正常な精神的能力を有する者の真摯な宗教上の信念に基づくものであるなどとして、違法性を帯びるものと断ずることはできないとした。

1105 受刑者に対する差入が差入人と受刑者との関係が明らかでないため受刑者の処遇上害があるか否か不明である場合は、刑務所長は、その裁量により、右差入の拒否を決することができる。

1106 所得税法が扶養控除の対象となる親族の範囲を親族の所得額によって差別しても14条に違反しない。

1107 公有水面埋立免許及び竣功認可につき、当該公有水面の周辺の水面において漁業を営む権利を有するにすぎない者は、その取消しを訴求する原告適格を有しないとされた。

1108 道路標識等による最高速度の指定を都道府県公安委員会に委任することは31条、73条6号に違反しない。

1109 共犯者の公判廷外自白が唯一の証拠であるが、その信用性に合理的な疑いがあるとして無罪判決を下した。

1110	2月19日	最判	昭和	60.12.20	豊前火力発電所操業差止請求事件	裁判集民	146・339
1111		水戸地裁	昭和	60.12.27		判時	1187・91
1112		最判	昭和	61.2.14		判時	1186・149
1113		最判	昭和	61.2.18		判時	1185・96
1114		岡山地裁	昭和	61.2.25		判夕	596・87
1115		東京地裁	昭和	61.2.26		判時	1190・46
1116		最判	昭和	61.3.12		判時	1200・160
1117		最判	昭和	61.3.13		判時	1187・24
1118		東京地裁	昭和	61.3.17		判時	1191・68
1119		東京地裁	昭和	61.3.20	日曜授業参観事件	判時	1185・67
1120		最判	昭和	61.3.27		判時	1195・66
1121		東京高裁	昭和	61.3.31		判自	18・6
1122		最判	昭和	61.4.25		判時	1194・45
1123		京都地裁	昭和	61.5.15		判時	1208・108

1110 一定の地域の代表として、環境権に基き火力発電所の操業の差止め等の訴訟を提起、追行している者は、当該地域の住民からの授権により、訴訟追行権を取得するなど任意的訴訟担当の要件を具備していなければ、当該訴訟につき原告適格を有しない。

1111 市の放送塔からの広報放送に伴う騒音により静穏な生活環境が侵害されたことを理由とする放送の差止めと損害賠償請求が認められなかった。

1112 自動速度監視装置により速度違反車両の運転者及び同乗者の容ぼうを写真撮影することは13条に違反しない。

1113 候補者が提出した掲載文の内容に虚偽があったとしても、その内容自体が甚だしく公序良俗に反することが客観的に明白であり、これを公表することが条理上許されないものと解される特段の場合以外は、選管において、これを訂正すべき権限も義務もない。

1114 指紋押捺に関する外国人登録法の規定は合憲である。

1115 弁護士資格なしに「離婚相談センター」を開設して活動、弁護士法違反で有罪となった事例を、弁護士制度の研究の一環として調査すべく、記録保持者たる東京地検検事正に閲覧を請求したところ拒否されたという事案において、刑事訴訟法53条1項は、82条の規定する裁判の公開と同様に、確定訴訟記録の保管者に対して、確定訴訟記録を一般の閲覧に供すべき義務を課し、その反射的利益として何人もこれを閲覧することができるとしたものにすぎず、閲覧請求権までも認めたものではないとして、検察官の処分は適法とした。

1116 捜索場所を被疑者居室とする捜索差押許可状に基づき被疑者転居後に実施された捜索が適法とされた。

1117 市教育委員会の内申なしで行われた、県教育委員会による教員ストの指導・参加者処分を適法とした。

1118 室生赤目青山国定公園内の土石の採取不許可による制限が、自然公園内におけるすぐれた風致及び景観を維持し保存するために必要かつ合理的な範囲内の制限として何人も受忍すべき財産権の内在的制約の範囲内にあり、これによって生ずる損失は補償することを要しない。

1119 区立小学校長が、日曜日を授業日と指定していわゆる日曜参観授業を実施し、キリスト教の牧師及び副牧師の子で、教会学校に出席したために右授業に欠席した児童に対し、指導要録の出欠の記録に同日欠席した旨の記載をしたことは、14条1項、20条1項、26条に違反しない。

1120 参議院地方選出議員の定数配分規定は、昭和55年6月22日の参議院議員選挙当時、議員一人当たりの選挙人数に選挙区間で最大1対5.37に拡大し、かつ、いわゆる逆転現象が、一部選挙区にみられるとはいえ、国会の立法裁量権の許容限度を超えて違憲の問題が生ずる程度の投票価値の著しい不平等状態を生じていたものとすることはできない。

1121 第三者の請求により住民票の写しの交付がされた場合に、当該住民がした交付請求書の開示請求を拒否する区長の行為は、行政事件訴訟法にいう「行政庁の処分その他公権力の行使に当たる行為」に当たらない。

1122 尿の提出及び押収手続は違法性を帯びるが、尿についての鑑定書の証拠能力は否定されないとした。

1123 住職に犯罪等の著しい非行があり、その選任の基盤にあった宗教上の信頼関係が既に失われるに至った場合において、解任規定を欠くときは、条理上、当該宗教法人の構成員の総意によって、右住職を解任することができるとされた。

1124	千葉地裁	昭和 61.5.28		判時	1216・57
1125	最大判	昭和 61.6.11	北方ジャーナル事件	判時	1194・3
1126	最判	昭和 61.7.7		判時	1211・143
1127	京都地裁	昭和 61.7.10		判自	31・50
1128	東京高裁	昭和 61.8.25		判時	1208・66
1129	京都地裁	昭和 61.8.26		判タ	622・88
1130	東京高裁	昭和 61.9.25		判時	1214・66
1131	大阪地裁堺支部	昭和 61.10.20		判時	1213・59
1132	最判	昭和 61.10.23		判時	1219・127
1133	東京地裁	昭和 61.11.27		判時	1214・30
1134	東京地裁	昭和 61.12.4		判時	1215・3
1135	鳥取地裁	昭和 61.12.4		判時	1216・32
1136	東京地裁	昭和 61.12.16		判時	1220・47
1137	最判	昭和 61.12.19		判時	1239・145
1138	大分地裁	昭和 61.12.24		判時	1238・125
1139	福岡高裁	昭和 61.12.26		判タ	625・259
1140	東京高裁	昭和 62.1.22		行集	38・1・1

1124 89条にいう「公の支配」に属しているというためには、同条所定の事業を行う団体等が、国又は地方公共団体による人事、組織及び予算等についての根本的な支配を受けていることまでは必要とせず、それより軽度の法的規制に基づく支配を受けていれば足りる。

1125 雑誌その他の出版物の印刷、製本、販売、頒布等の仮処分による事前差止めは21条2項前段にいう検閲に当たらない。人格権としての名誉権に基づく出版物の印刷、製本、販売、頒布等の事前差止めは、右出版物が公務員又は公職選挙の候補者に対する評価、批判等に関するものである場合には、原則として許されず、その表現内容が真実でないか又は専ら公益を図る目的のものでないことが明白であって、かつ、被害者が重大にして著しく回復困難な損害を被る虞があるときに限り、例外的に許される。

1126 公選法上の戸別訪問禁止規定等を合憲とした。

1127 洋服を着用する義務がないことの確認を求める訴えが、標準服を着用しないことによる不利益処分の確実性が極めて低く、事前の救済を認めないことを著しく不相当とする特段の事情がないから、法律上の利益を有せず不適法であるとされた。

1128 外国人登録法の指紋押捺に関する規定は、13条、14条、31条等に違反しない。

1129 京都市古都保存協力税条例に基づく宗教法人（社寺）に対する課税処分によって、右法人と信者ないし国民の関係の遊離ないし悪化が必然的に招来されるものではないとして、課税処分の執行停止の申立を却下した。

1130 浮世絵春画を撮影したフィルムは猥褻性を否定できないとした。

1131 市議選をめぐる詐欺投票被疑事件に関し、警察が、その事実裏付けのために捜索差押許可状により特定候補者への投票済投票用紙全部を差押えた上、被疑者の指紋と照合したという事案において、裁判所は、被疑事実の立証上、指紋が投票用紙に存在するかまで探知することが不可欠とは認められず、差押処分は15条4項に違反する違法なものとした。

1132 市立中学校教諭に対する同一市内中学校間の転任処分の取消を求める訴えの利益がないとされた。

1133 基礎控除を定める所得税法が25条1項、14条1項に違反しないとされた。

1134 募集、採用についての男女別取扱いは公序に反するとはいえないとされた。

1135 公立学校女性職員に対する男性と差別した退職勧奨年齢基準の設定、これに基づく退職勧奨行為、この拒否に対する優遇措置不適用は男女差別に基づく継続的な一連の一個の不法行為を構成するとされた。

1136 国会議員及び内閣が本件議員定数配分規定を改正する法律案の発議・提出を行わなかった不作為は国賠法にいう違法な行為に当たらない。

1137 不起訴となった甲事件による逮捕、勾留期間を、実質上無罪の裁判を受けた乙事件による抑留又は拘禁に当たるとして刑事補償を認めることはできない。

1138 宗教法人の一定の名称使用を不法行為とする訴えが法律上の争訟に当たらないとした。

1139 指紋押捺に関する外国人登録法の規定は13条、14条1項に違反しない。

1140 酒類販売業について免許制度を採用した酒税法の規定は職業選択の自由を保障する22条1項の規定に違反しない。

1141	東京地裁	昭和 62.1.26		判時	1265・125
1142	最判	昭和 62.2.17		判時	1243・10
1143	横浜地裁	昭和 62.2.18		判時	1249・42
1144	横浜地裁	昭和 62.2.18		判時	1248・81
1145	大阪地裁	昭和 62.2.23		判タ	641・226
1146	大阪高裁	昭和 62.2.24		判時	1227・51
1147	最判	昭和 62.2.26		判時	1242・41
1148	最判	昭和 62.3.3	大分県屋外広告物条例違反事件	判時	1227・141
1149	東京高裁	昭和 62.3.16	4・28沖縄デー破防法事件	判時	1232・43
1150	最判	昭和 62.3.20		判時	1228・131
1151	名古屋高裁	昭和 62.3.25		判時	1234・38
1152	東京地裁	昭和 62.3.27		判時	1226・33
1153	東京高裁	昭和 62.3.31		判時	1239・45
1154	最大判	昭和 62.4.22	森林法共有分割制限事件	判時	1227・21
1155	最判	昭和 62.4.24	サンケイ新聞事件	判時	1261・74
1156	秋田地裁	昭和 62.5.11		訟月	34・1・41
1157	東京地裁	昭和 62.5.27		判時	1268・58

1141 新聞社のソ連特派員がソ連政府に迎合し、これに好意的な記事を執筆して、情報を貰う等有利な取扱いを受けた旨記載した書籍を執筆、頒布したことについて、当該特派員であった者の提起した名誉毀損による損害賠償の請求が否定された。

1142 東京都議会議員の定数並びに選挙区及び各選挙区における議員の数に関する条例の議員定数配分規定（最大較差1対3.40）は公選法に違反する。

1143 宗教法人の規則の変更の認証の無効確認を求める訴えが不適法であるとされた。

1144 拘置所での保護房収容と懲罰が違法であるとして国家賠償を求めたが認められなかった。

1145 指紋押捺制度を定めた外国人登録法は憲法に違反しない。

1146 司法警察員の請求により発付された捜索差押許可状が準抗告審において違法とされた場合において、当該司法警察員及び裁判官の判断の違法を理由とする国家賠償請求が棄却された。

1147 土地区画整理事業施行規程に基づき土地台帳の地積によってした換地処分は29条に違反しない。

1148 大分県屋外広告物条例で広告物の表示を禁止されている街路樹2本の各支柱に、政党の演説会開催の告知宣伝を内容とするいわゆるプラカード式ポスター各1枚を針金でくくりつけた所為につき、同条例を適用してこれを処罰しても21条1項に違反しない。

1149 破壊活動防止法のせん動罪が成立するためには、その表現行為がなされた当時の具体的事情のもとで、一般的ないし定型的にみて公共の安全を害する程度の抽象的危険が存することを要すると解すべきであり、このように解するかぎり、同条のせん動罪の規定は21条1項に違反するものではない。

1150 国有林野事業の現場作業員に対し約4時間の同盟罷業参加による職場放棄を理由としてされた1か月間10分の1の減給処分が懲戒権を濫用したものとはいえないとされた。

1151 衆参同日選挙は違憲ではない（最高裁昭和62年11月24日上告棄却）。

1152 国鉄客車内における受動喫煙による被害が受忍限度内であるとして、国鉄に対する禁煙車の設置を求める差止（予防）請求及び損害賠償請求が棄却された。

1153 犯罪事実に関連する新聞報道につき名誉毀損、プライバシー侵害による損害賠償責任が否定された。

1154 森林の共有者はその共有に係る森林の分割請求をすることはできない旨定める森林法は29条2項に違反する（14対1）。

1155 新聞記事に取り上げられた者は、当該新聞紙を発行する者に対し、その記事の掲載により名誉毀損の不法行為が成立するかどうかとは無関係に、人格権又は条理を根拠として、右記事に対する自己の反論文を当該新聞紙に無修正かつ無料で掲載することを求めることはできない。

1156 国定公園特別地域内の立木伐採許可申請が申請権の濫用に当たるとして自然公園による損失補償請求が否定された。

1157 文部省検定済みの歴史教科書に「侵略」等の記載があるのは、その戦争に参加した者の名誉権を侵害するものだとして国に対し慰謝料を求めた国家賠償請求について、原告らの主張する精神的苦痛は、法律上慰謝料をもって救済すべき損害に当たらないとされた。

1158	東京地裁	昭和 62.5.27		行集	38・4、5・457
1159	最判	昭和 62.5.28		判時	1246・80
1160	東京地裁	昭和 62.6.17		判時	1253・64
1161	最判	昭和 62.6.26		判時	1262・100
1162	東京高裁	昭和 62.7.29	ロッキード事件丸紅ルート	判時	1257・3
1163	東京地裁	昭和 62.7.29		判時	1243・16
1164	東京高裁	昭和 62.7.30		判時	1252・51
1165	最大判	昭和 62.9.2		判時	1243・3
1166	最判	昭和 62.9.24		判時	1273・35
1167	東京地裁	昭和 62.9.30		判時	1250・3
1168	大阪地裁	昭和 62.9.30		判時	1255・45
1169	東京地裁	昭和 62.10.7		判時	1248・32
1170	東京地裁	昭和 62.10.21		判時	1252・108
1171	長野地裁	昭和 62.10.22		判タ	669・140
1172	最判	昭和 63.1.21		判時	1284・137
1173	最判	昭和 63.1.21		判時	1270・67

1161　尾吹善人「寝ても覚めても憲法学者」（ファラオ企画、1992年59頁）は、この判例の事案について、「名古屋空襲で怪我をした自分達は、戦場で傷つき病いに倒れた兵隊さんと同じことなのに、兵隊さんには『戦傷病者戦没者遺族等援護法』があって、自分達には何もないのは不平等で違憲だ…（と主張した）。」とわかりやすくまとめておられる。

1158 拘置所長のした収容者に対する民事訴訟事件の口頭弁論期日の出頭不許可処分の無効確認又はその取消しを求める訴えは、その対象となった口頭弁論期日を経過したときは法律上の利益がなく不適法であるとした。

1159 自衛隊演習場内において行われる射撃訓練及び立入禁止措置はいずれも抗告訴訟の対象となる公権力の行使に当たる行為に該当しない。

1160 在監者に対する書籍の閲読制限が違法として国の損害賠償責任が認められた。

1161 一般民間人被災者を対象として戦傷病者戦没者遺族等援護法と同等の立法をしなかった国会ないし国会議員の立法不作為などの違法を理由とする慰謝料等の請求が、右立法不作為は国家賠償法上違法の評価を受けるものではないとして棄却された。

1162 特定型式の航空機を選定購入するよう行政指導することは運輸大臣に課せられた任務の範疇に属し、総理大臣の指揮監督権限行使の対象となる運輸大臣の職務行為の範疇に属する等として、総理大臣に受託収賄罪の成立（実刑判決）を認めた。（注）本件の上告審では平成4年に大法廷に回付されるも、翌年被告人が死亡したため公訴棄却となった。

1163 保育費用負担額の決定は25条、26条等に違反しない。

1164 寺院の現住職と前任の住職との間で交された後任住職等の選定に関する私的契約が、寺院の基本規約の趣旨及び宗教法人の規則の定めから判断して無効とされた。

1165 婚姻の本質は、両性が永続的な精神的及び肉体的結合を目的として真摯な意思をもって共同生活を営むことにある。

1166 衆議院(選挙区選出)議員の定数配分規定は、昭和58年6月施行の衆議院議員選挙当時、議員一人当たりの選挙人数に選挙区間で最大1対5.56であったが、なおいまだ立法裁量の範囲内にあるとした。

1167 領海及び接続水域に関する条約及びいわゆる非核三原則等に基づき、横須賀市の住民が国に対してした、核兵器搭載艦及び核兵器搭載疑惑艦の横須賀港への入港差止めを求める訴えが、同条約は、外国軍艦に対する沿岸国の主権行使の要件及び態様を規定したものであって、私人等権利主体の個人的利益を保護する趣旨の規定とは到底解されないとして却下された。

1168 13条、14条1項、25条1項及び29条の各条項の解釈上、29条3項の規定の当然の含意として、予防接種被害に対する国の損失補償責任は肯認することができる。

1169 昭和58年・61年選挙の差止等を求めたが認められなかった。

1170 自己の氏名類似の名称を著作者名として冒用した政界の内幕本を出版されたことにより氏名権及び名誉権が侵害されたとする元参議院議員秘書の請求が認められた。

1171 同意入院届の開示が問題になった事案で、長野県公文書公開条例は自己情報開示を定めたものではないから、本人らの子が開示を望んでも開示できないとされた。

1172 教職員組合の一斉休暇闘争の企画・遂行を指導推進したことを理由とする懲戒処分が有効とされた。

1173 輪中堤(堤防)の敷地が収用された場合に右輪中堤の文化財的価値が土地収用法による損失補償の対象となり得ないとされた。

1167 尾吹善人「寝ても覚めても憲法学者」（ファラオ企画、1992年66頁）は、この裁判例について、「いつまでも動かぬわけではない巨大な空母を裁判手続でどかせようというのが無茶な話であることは、利口な小学生でも直感できる。」とコメントしている。

1174	最判	昭和 63.2.5		労判	512・12
1175	東京地裁	昭和 63.2.15		判時	1264・51
1176	最判	昭和 63.2.16	NHK日本語読み訴訟	判時	1266・9
1177	東京高裁	昭和 63.2.16		判タ	670・265
1178	静岡地裁 沼津支部	昭和 63.2.24		判時	1275・26
1179	東京地裁	昭和 63.2.25		判時	1273・3
1180	東京地裁	昭和 63.2.25		判時	1269・71
1181	最判	昭和 63.2.29	熊本水俣病事件	判時	1266・3
1182	横浜地裁	昭和 63.3.9		判タ	672・139
1183	最判	昭和 63.3.10		判時	1270・73
1184	名古屋高裁	昭和 63.3.16		判時	1294・3
1185	東京高裁	昭和 63.3.24	在日台湾人身上調査票 事件	判時	1268・15
1186	東京地裁	昭和 63.3.24		判時	1275・133
1187	広島高裁	昭和 63.3.25		判タ	675・125
1188	最判	昭和 63.4.11		判時	1282・3
1189	名古屋地裁	昭和 63.4.18		判タ	682・212

1174 公開されるべきでないとされていた情報が外部に漏れ、共産党の機関紙に報道されたことから、その取材源ではないかと疑われていた女子職員に対して、東京電力の営業所の所長が共産党か否かを問い質し、かつ、共産党員ではない旨を書面にして提出するよう求めた事案で、調査方法として不相当な面があるが、社会的限界を超えて精神的自由を侵害したとはいえないとした。

1175 写真週刊誌による名誉毀損(豊田商事永野会長の愛人で悪徳商法のパートナーである等の記事)が不法行為を構成するものとして、謝罪広告掲載と慰謝料の請求が認容された。

1176 氏名を正確に呼称される利益は、不法行為法上の保護を受け得る利益であるが、昭和50年当時テレビ放送のニュース番組において在日韓国人の氏名をそのあらかじめ表明した意思に反して日本語読みによって呼称した行為は、在日韓国人の氏名を日本語読みによって呼称する慣用的な方法が是認されていた社会的な状況の下では違法とはいえない。

1177 公職選挙法が法定外文書頒布罪を定めるのは憲法に違反しない。

1178 宗教法人(世界救世教)の代表役員解任が否定された。

1179 全学柔連の選手の選考が平等取扱条項の趣旨に反し、裁量権の範囲を逸脱したものとして違法とされた。

1180 国民年金の被保険者資格を有しない者は、長期間にわたり被保険者として扱われ、保険料を納付しても、被保険者資格を取得しないとされた。

1181 公訴提起が事件発生から相当の長年月を経過した後になされているが、本件が複雑な過程を経て発生した未曾有の公害事犯であって、事案の解明に格別の困難があったこと等の特殊事情に照らすと、いまだ公訴提起の遅延が著しいとまでは認められず37条1項に違反しない。

1182 酒類販売業の免許制は22条1項に違反しない。

1183 普通地方公共団体の議会は、議決機関としての機能を適切に果たすために合理的な必要性があるときは、その裁量により議員を海外に派遣することができるとした。

1184 外国人の指紋押なつ制度は13条等に違反しない。

1185 他人の保有する個人の情報が、真実に反し不当であって、その程度が社会的受忍限度を超え、そのため個人が社会的受忍限度を超えて損害を蒙るときには、その個人は、名誉権ないし人格権に基づき、当該他人に対し不真実、不当なその情報の訂正ないし抹消を請求し得る場合があるというべきである。

1186 労働委員会が使用者に対して命じたポストノーティスの文言中に「ここに陳謝する」とあるのは19条に違反しない。

1187 衆議院議員の議員定数配分規定(最大格差1対2.99)は、昭和61年7月6日施行の衆議院議員選挙当時、14条1項に違反していたものということはできない。

1188 衆議院議員に対し、同院大蔵委員会で審査中の法律案につき、関係業者の利益のため廃案、修正になるよう、同院における審議、表決に当たって自らその旨の意思を表明すること及び同委員会委員を含む他の議員に対してその旨説得勧誘することを請託して金員を供与したときは、当該議員が同委員会委員でなくても、贈賄罪が成立する。

1189 妻が「エホバの証人」に入信し、集会への出席、伝道活動等が信教の自由の範囲を超えているとして、離婚請求が認容された。

1190	東京高裁	昭和 63.4.20		判時	1279・12
1191	最判	昭和 63.4.28		税資	167・899
1192	福岡高裁	昭和 63.5.31		行集	39・5、6・462
1193	最大判	昭和 63.6.1	自衛官合祀事件	判時	1277・34
1194	熊本地裁	昭和 63.7.7		判タ	678・82
1195	最判	昭和 63.7.8		判時	1287・156
1196	最判	昭和 63.7.15	麹町中学内申書事件	判タ	675・59
1197	東京高裁	昭和 63.7.27		WLJ	1988WLJPCA072 70010
1198	東京地裁	昭和 63.9.6		判時	1292・105
1199	大阪高裁	昭和 63.9.16		判タ	690・175
1200	最判	昭和 63.9.16		判時	1291・156
1201	東京高裁	昭和 63.9.28		判時	1293・96
1202	最判	昭和 63.10.6		判タ	684・181
1203	東京地裁	昭和 63.10.13		判時	1290・48
1204	最判	昭和 63.10.21		判タ	707・90
1205	最判	昭和 63.10.21		判タ	707・88
1206	最判	昭和 63.11.25		判時	1298・109
1207	大阪地裁	昭和 63.12.2		判時	1309・121

1193 本判決には、反対意見、補足意見、意見が付されているので比較対照しながら読むことをお勧めする。

1190 国定公園の特別地域に指定された山林内での岩石等の採取行為の不許可による損失については自然公園法による補償を要しない。

1191 国税犯則取締法に供述拒否権告知の規定がなく、収税官吏が犯則嫌疑者に対し同法に基づく質問をするにあたり、予め右の告知をしなかったからといって、その質問調査手続が38条1項に違反するものではないとされた。

1192 県立高校において採用された、いわゆる合同選抜制度が憲法に違反しないとされた。

1193 自衛隊の職員が殉職者を山口県護国神社に祭神として合祀することに尽力した行為について20条3項の「宗教的活動」には当たらないとした（14対1）。

1194 火力発電所建設を予定する公有水面埋立免許の取消を求める訴えについて、関係漁民・周辺地域の住民の原告適格を認めなかった。

1195 判決宣告期日の直前に国選弁護人選任の請求がされた場合にその選任をしないまま判決の宣告をしたことは31条、37条3項に違反しないとされた。

1196 学校教育法施行規則に基づく調査書（高校入試の際中学校長により作成提出されたいわゆる内申書）の記載は生徒の思想信条の自由や表現の自由を侵すものではない。

1197 「東日本旅客鉄道株式会社」なる商号の使用を制限した旅客会社法は29条に違反しない。

1198 日本シニア・ゴルファース協会の正会員としての入会の適否に関する紛争は、司法審査の対象とはなり得ないとされた。

1199 市立区民センターの使用許可取消処分の効力が停止された。

1200 所持品検査及び採尿手続に違法があってもこれにより得られた証拠の証拠能力は否定されないとした。

1201 責任役員や総代ではない一般の檀徒について宗教法人の財産目録等の閲覧請求権が否定された。

1202 民事執行法による不動産競売事件における引渡命令は、当事者の主張する実体的権利義務の存否を終局的に確定することを目的とする純然たる訴訟事件についての裁判ではないから、公開の法廷における口頭弁論を経ずに決定しても32条又は82条に違反しない。

1203 相互銀行及びその代表者の信用・名誉を毀損する記述を内容とする書籍の出版差止めの仮処分申請が認容された。

1204 衆議院議員の議員定数配分規定（最大較差1対2.99）は、昭和61年7月6日施行の衆議院議員選挙当時、14条1項に違反していたものということはできない。

1205 昭和61年7月6日の本件参議院議員選挙の当時においては、選挙区間における議員一人当たりの選挙人数の較差が最大1対5.85に拡大していたというのであるが、選挙区選出議員の議員定数の配分と選挙人数に右のような不均衡が存したとしても、それだけではまだ違憲の問題が生ずる程度の著しい不平等状態が生じていたとするに足りない。

1206 市が市長交際費をもって県当局者を接待したことが違法とはいえないとされた。

1207 財団法人である会館が主張する使用を断ることのできる事由に該当しないとして、共産主義を志向する政治団体の集会のため会館講堂・会議室の使用を命ずる仮処分を認容した。

1208	最判	昭和 63.12.8	北九州市交通局事件	判タ	698・172
1209	最判	昭和 63.12.9	北九州市清掃事業局事件	判タ	698・152
1210	最判	昭和 63.12.20	共産党袴田事件	判時	1307・113
1211	最判	昭和 63.12.20	囚われの聴衆事件	判時	1302・94
1212	最判	平成 元.1.20		判時	1302・159
1213	最判	平成 元.1.30	日本テレビ事件	判時	1300・3
1214	最判	平成 元.2.7	総評サラリーマン税金訴訟	判時	1312・69
1215	大阪高裁	平成 元.2.28		判タ	703・235
1216	最判	平成 元.3.2	塩見訴訟	判時	1363・68
1217	最判	平成 元.3.7		判時	1308・111
1218	最大判	平成 元.3.8	レペタ事件	判時	1299・41
1219	東京地裁	平成 元.3.24		判タ	713・94
1220	福岡地裁	平成 元.4.18		判時	1313・17
1221	東京地裁	平成 元.4.28		判時	1316・62
1222	福岡高裁宮崎支部	平成 元.5.15		判タ	710・143
1223	大阪高裁	平成 元.5.24		刑集	46・4・347
1224	最判	平成 元.6.20	百里基地訴訟	判時	1318・3

1211　本件の原告は、御堂筋線の車内で放送される「（天王寺駅発車直後）毎度ご乗車有難うございます。この列車はなんばから梅田、新大阪、千里中央行でございます。次は動物園前、動物園前。堺筋線天神橋筋六丁目、阪急線北千里・高槻市方面、阪堺線はお乗り換えでございます。春、緑、さわやか、いきいき、スポーツ、健康、安心、そして住友生命。」等を聞かされたくないとして、その放送の差止等を請求した。

1208 現業地方公務員の争議行為の一律禁止は28条に違反しない。

1209 地方公営企業職員以外の単純な労務に雇用される一般職の地方公務員（単純労務職員）の争議行為の一律禁止は28条に違反しない。

1210 政党が党員に対してした処分が一般市民法秩序と直接の関係を有しない内部的な問題にとどまる限り、裁判所の審判権は及ばない。

1211 大阪市営高速鉄道（地下鉄）の列車内における商業宣伝放送はそれを聞きたくないという乗客がいても違法ではない。

1212 公衆浴場の適正配置を定めた大阪府公衆浴場法施行条例は22条1項に違反しない。

1213 報道機関の取材ビデオテープに対する捜査機関の本件差押処分は、右テープが重大な被疑事件の解明にほとんど不可欠であり、報道機関による右テープの放映自体には支障をきたさないなどの具体的事情の下においては、21条に違反しない。

1214 所得税法の定める、必要経費の控除について事業所得者等と給与所得者との間に設けた区別、給与所得に係る源泉徴収制度は14条に違反しない。

1215 77条1項の「弁護士」に関する事項を法律で定めることができる。

1216 障害福祉年金は、国民年金制度発足時の経過的な救済措置の一環として設けられた全額国庫負担の無拠出制の年金であるから、その支給対象者から在留外国人を除外することは、立法府の裁量の範囲に属する事柄であり、25条の規定に違反するものではない。

1217 公衆浴場の適正配置を定めた公衆浴場法は22条1項に違反しない。

1218 法廷で傍聴人がメモを取ることは、その見聞する裁判を認識、記憶するためにされるものである限り、21条1項の精神に照らし尊重に値し、故なく妨げられてはならない。

1219 学校法人理事長の私生活を記述した書籍の一部分の出版、販売、頒布の仮差止めを認めた。

1220 13条、14条、25条、29条の各規定の解釈上、29条3項の規定に基づき、予防接種被害者は国に対し損失補償請求をすることができる。

1221 外国人の指紋押捺制度は13条等に反しない。

1222 公有水面埋立免許の取消を求める訴えにつき関係漁民らの原告適格が否定された。

1223 信号機柱、電柱及び道路標識柱に各ポスター1枚を貼付した行為につき可罰的違法性に欠けるところはないとした（最高裁平成4年6月15日上告棄却）。

1224 9条の宣明する国家の統治活動に対する規範は、そのままの内容で民法90条にいう「公ノ秩序」の内容を形成し、それに反する私法上の行為の効力を一律に否定する法的作用を営むということはなく、私法的な価値秩序のもとで確立された私的自治の原則、契約における信義則、取引の安全等の私法上の規範によって相対化され、「公ノ秩序」の内容の一部を形成する。

1214 尾吹善人「寝ても覚めても憲法学者」（ファラオ企画、1992年、66頁）では、この裁判例について「生活費全部を所得から控除せよというのはサラリーマンはすべて所得税免除だというに等しいので…一審・二審ばかりか、最高裁もこの身勝手な主張を否定した。」と指摘されている。

1225	最判	平成 元.6.20		判時	1334・201
1226	京都地裁	平成 元.6.23		判タ	710・140
1227	最判	平成 元.7.4		判時	1323・153
1228	東京高裁	平成 元.7.19		判時	1331・61
1229	最判	平成 元.9.8	蓮華寺事件	判時	1329・11
1230	最判	平成 元.9.19	岐阜県青少年保護育成条例事件	判時	1327・9
1231	東京地裁	平成 元.10.3		判タ	709・63
1232	最判	平成 元.11.10		判時	1331・55
1233	最判	平成 元.11.20	記帳書事件	判時	1338・104
1234	最判	平成 元.12.14	三井倉庫港運事件	判時	1336・40
1235	最判	平成 元.12.14	どぶろく裁判	判時	1339・83
1236	最判	平成 元.12.18		判時	1337・17

1225 静岡県指定史跡を研究対象としている学術研究者は史跡指定解除処分取消訴訟の原告適格を有しない。

1226 国民年金制度は、25条2項の積極的な施策としての防貧制度であり、どのような内容・方式をもつ年金制度を採用し、その立法措置を講ずるかの選択決定は立法府の広い裁量に委ねられた高度の専門技術的考察と政策的判断に基づくものであり、それが著しく合理性を欠き、明らかに裁量の逸脱・濫用といえる場合を除き違憲とはいえない。

1227 午後11時過ぎに任意同行の上翌日午後9時25分ころまで続けられた被疑者に対する取調べは、特段の事情のない限り、容易に是認できないが、取調べが本人の積極的な承諾を得て参考人からの事情聴取として開始されていること、一応の自白があった後も取調べが続けられたのは重大事犯の枢要部分に関する供述に虚偽が含まれていると判断されたためであること、その間本人が帰宅や休息の申出をした形跡はないことなどの特殊な事情のある本件においては、任意捜査として許容される限度を逸脱したものとまではいえない。

1228 公立中学校の校長が生徒心得において制服着用について定め、在学生徒にこれを遵守するように指導しても、それが強制したものといえない限り違法であるとはいえない。

1229 当事者間の具体的な権利義務ないし法律関係に関する訴訟であっても、宗教団体内部においてされた懲戒処分の効力が請求の当否を決する前提問題となっており、その効力の有無が当事者間の紛争の本質的争点をなすとともに、それが宗教上の教義、信仰の内容に深くかかわっているため、右教義、信仰の内容に立ち入ることなくしてその効力の有無を判断することができず、しかも、その判断が訴訟の帰趨を左右する必要不可欠のものである場合には、右訴訟はその実質において法令の適用による終局的解決に適しない。

1230 有害図書の自動販売機への収納を禁止処罰する岐阜県青少年保護育成条例は21条1項に違反しない。

1231 教科書検定は、思想の自由市場への登場自体を事前審査により禁止するという検閲の備えるべき特質を欠いている。

1232 検察官を被告とする認知の訴えにおいて認知を求められた亡父の子は、右訴えの確定判決に対する再審の訴えの原告適格を有しない。

1233 昭和63年9月、昭和天皇が重体に陥った際に、千葉県は天皇の病気快癒を願う「県民記帳所」を公費で設置したところ、この公費支出は違法だと攻撃された事件である。天皇は日本国の象徴であり日本国民統合の象徴であることにかんがみ、天皇には民事裁判権が及ばないものと解するのが相当である。

1234 ユニオン・ショップ協定のうち、締結組合以外の他の労働組合に加入している者及び締結組合から脱退し又は除名されたが他の労働組合に加入し又は新たな労働組合を結成した者について使用者の解雇義務を定める部分は、民法90条により無効である。

1235 酒税法の規定は、自己消費目的の酒類製造を処罰する場合においても、31条、13条に違反しない。

1236 都道府県議会において、当該都道府県の行政施策の遂行上当該地域からの代表確保の必要性の有無・程度、隣接の郡市との合区の困難性の有無・程度等を総合判断して、公職選挙法に基づくいわゆる特例選挙区設置の必要性を判断し、かつ、地域間の均衡を図るための諸般の要素を考慮した上で右設置を決定したときは、右設置は原則的には都道府県議会に与えられた裁量権の合理的な行使として是認されるが、当該区域の人口が議員一人当たりの人口の半数を著しく下回る場合には、右設置は認められない。

1237		最判	平成 元.12.21	長崎教師批判ビラ事件	判時	1354・88
1238		最判	平成 元.12.21		判時	1337・26
1239		最判	平成 2.1.18	伝習館高校事件	判時	1337・3
1240		大阪地裁	平成 2.1.26		判時	1379・71
1241		東京高裁	平成 2.1.29		判時	1351・47
1242		最判	平成 2.2.1		判時	1384・38
1243		最判	平成 2.2.6	西陣ネクタイ訴訟	訟月	36・12・2242
1244		最判	平成 2.2.16		判タ	726・144
1245		高松高裁	平成 2.2.19		判時	1362・44
1246	一二代目最高裁長官	最判	平成 2.3.6		判時	1357・144
1247		最判	平成 2.4.17	埼玉県教組事件	判時	1346・4
1248	草場良八 くさばりょうはち	最判	平成 2.4.17	NHK政見放送一部カット事件	判時	1357・62
1249		最判	平成 2.4.24		判時	1346・3

1248 本件の一審判決はNHKによる一部カットの違法性を認め慰謝料60万円の賠償義務をNHKに課した。なお、園部逸夫裁判官の補足意見は参考になる。

1237 公立小学校教師の氏名・住所・電話番号等を記載し、かつ、有害無能な教職員等の表現を用いた大量のビラを繁華街等で配布した場合において、右ビラの内容が、一般市民の間でも大きな関心事になっていた通知表の交付をめぐる混乱についての批判、論評を主題とする意見表明であって、専ら公益を図る目的に出たものに当たらないとはいえ、その前提としている客観的事実の主要な点につき真実の証明があり、論評としての域を逸脱したものでないなどの事実関係の下においては、右配布行為は、名誉侵害としての違法性を欠く。

1238 兵庫県議会議員の定数並びに選挙区及び各選挙区において選挙すべき議員の数に関する条例の議員定数配分規定(最大格差1対4.52)は違法ではない。

1239 教育関係法規に違反する授業をしたこと等を理由とする県立高等学校教諭に対する懲戒免職処分は裁量権の範囲を逸脱したものとはいえない。

1240 日本たばこ産業株式会社がした、塩専売法等に基づく、販売予定数量が標準数量に達しないことを理由とする塩小売人不指定処分が適法とされた。

1241 教育の事業が89条後段の「公の支配」に属しているというためには、国又は地方公共団体等の公の権力が事業の運営、存立に影響を及ぼすことにより、事業が公の利益に沿わない場合にはこれを是正しうる途が確保され、公の財産が濫費されることを防止しうることをもって足り、必ずしも事業の人事、予算等に公権力が直接関与することを要するものではない（最高裁平成5年5月27日上告棄却）。

1242 銃砲刀剣類登録規則が、銃砲刀剣類所持等取締法の登録の対象となる刀剣類の鑑定基準として、美術品として文化財的価値を有する日本刀に限る旨を定めていることは、同条の委任の趣旨を逸脱するものではない。

1243 生糸の一元輸入措置及び生糸価格安定制度を内容とする繭糸価格安定法改正の立法行為は国家賠償法上の違法の評価を受けない。

1244 21条、82条は刑事確定訴訟記録の閲覧を権利として要求できることまでを認めたものでない。

1245 校則（高等学校）に違反して原動機付自転車の運転免許を取得したことを理由とした自宅謹慎の措置は違法ではない。

1246 「深く反省する」、「誓約します」などの文言が用いられているが、同種行為を繰り返さない旨の約束文言を強調する意味を有するにすぎないものであり、右命令は反省等の意思表明を強制するものであるとの見解を前提とする19条違反の主張はその前提を欠く。

1247 県教職員組合中央執行委員長が、関係役員と共謀の上、同組合拡大戦術会議において、傘下の各支部役員などに対し、上部団体からの指令により同盟罷業の決行日が正式に決まった旨及び今次の同盟罷業を成功裡に行うべき旨を申し向けるとともに、同盟罷業に際して組合員のとるべき行動を指示し、右会議参加者らを介し、傘下の組合員多数に対し、右指令及び指示の趣旨を伝達した本件行為は、地方公務員法のあおりの罪を構成する。

1248 政見放送において身体障害者に対するいわゆる差別用語を使用した発言部分が公職選挙法に違反する場合、右部分がそのまま放送されなかったとしても、不法行為法上、法的利益の侵害があったとはいえない。

1249 逃亡犯罪人引渡法に基づいて東京高裁が行った逃亡犯罪人を引き渡すことができるという決定に対しては不服申立は許されない。

1250	在任期間	東京高裁	平成 2.4.27		判タ	726・77
1251	平成2年2月20日〜同7年11月7日	最判	平成 2.5.28		労経速	1394・3
1252		那覇地裁	平成 2.5.29		判時	1351・16
1253		名古屋地裁	平成 2.6.30		判時	1452・19
1254		最判	平成 2.7.9	TBSビデオテープ押収事件	判時	1357・34
1255		最判	平成 2.7.20		判時	1418・75
1256		大阪地裁	平成 2.8.31		判タ	766・283
1257		東京高裁	平成 2.9.13		判時	1362・26
1258		東京地裁	平成 2.9.18		判時	1372・75
1259		最判	平成 2.9.28	渋谷暴動事件	判時	1370・42
1260		東京地裁	平成 2.11.7		判時	1369・125
1261		京都地裁	平成 2.11.16		判時	1452・19
1262		東京高裁	平成 2.11.29		判時	1375・139
1263		最判	平成 2.12.13	多摩川水害訴訟	判時	1369・23

1250 逃亡犯罪人引渡命令を発した法務大臣の判断に裁量権の逸脱・濫用があるとはいえないとされた。その後実際に引渡が行われたため、特別抗告審（最高裁平成2年5月1日）は抗告を棄却した。

1251 定年を男子62歳、女子57歳と定めた就業規則の女子に関する部分が性別のみによる不合理な差別として無効とされた。

1252 日本国とアメリカ合衆国との間の相互協力及び安全保障条約は、主権国としての我が国の存立の基礎に極めて重大な関係をもつ高度の政治性を有するものであるから、これが違憲か否かの法的判断は、一見極めて明白に違憲無効であると認められない限りは、裁判所の司法審査権の範囲外にあるものと解するのが相当であるところ、同条約は、憲法前文の趣旨、9条、98条2項に違反し違憲無効であることが一見極めて明白であるとは認められない。

1253 保管検察官がした刑事確定訴訟記録についての閲覧不許可処分について、これを開示することにより、共犯等で証拠の共通する関連事件の捜査、公判に不当な影響を与えるおそれがあるとして適法とした。

1254 報道機関の取材ビデオテープが軽視できない悪質な被疑事件の全容を解明する上で重要な証拠価値を持ち、他方、右テープが被疑者らの協力によりその犯行現場等を撮影収録したものであり、右テープを編集したものが放映済みであって、被疑者らにおいてその放映を了承していたなどの事実関係の下においては、右テープに対する捜査機関の差押処分は21条に違反しない（4対1）。

1255 再審により無罪判決が確定した場合であっても、公訴の提起及び追行時における各種の証拠資料を総合勘案して合理的な判断過程により有罪と認められる嫌疑があったときは、検察官の公訴の提起及び追行は、国家賠償法の違法な行為に当たらない。

1256 参議院（比例区）議員の選挙における文書図画頒布を全面的に禁止する公選法を合憲とした。

1257 東京都公文書の開示等に関する条例所定の合議制機関等が、審議資料等の情報について同号前段により開示しない旨の定めをしたときは、その定めは、非開示の具体的根拠が明らかでないといった理由で違法無効となることはないとした。

1258 富士箱根伊豆国立公園内の別荘建築につき、自然公園法に基づく不許可処分による利用制限が、国立公園内における優れた風致・景観を保護するために必要かつ合理的な範囲内の制限として社会生活上一般に受忍すべき財産権の内在的制約の範囲内にあるとして損失補償の請求が棄却された。

1259 表現活動といえども、絶対無制限に許容されるものではなく、公共の福祉に反し、表現の自由の限界を逸脱するときには、制限を受けるのはやむを得ないものであるところ、破壊活動防止法上のせん動は、公共の安全を脅かす現住建造物等放火罪、騒擾罪等の重大犯罪をひき起こす可能性のある社会的に危険な行為であるから、公共の福祉に反し、表現の自由の保護を受けるに値しないものとして、制限を受けるのはやむを得ない。

1260 政党機関紙の記事が政治団体としての名誉を毀損したとして、謝罪広告の掲載と慰藉料の損害賠償請求が認容された。

1261 保管検察官がした刑事確定訴訟記録についての閲覧不許可処分について、これを開示することにより関連事件の捜査、公判等に不当な影響を及ぼすおそれがあるとして適法とした。

1262 日本語に通じない外国人の被告人に起訴状謄本を送達するに当たって訳文を添付しなくても31条に反しない。

1263 改修済み河川は、改修、整備がされた段階において想定された洪水から、当時の防災技術の水準に照らして通常予測し、かつ、回避し得る水害を未然に防止するに足りる安全性を備えるべきもので、計画高水流量に充たない増水で決壊した場合には「瑕疵」があったと認めるべきとした。

1264	最判	平成 2.12.13		判自	85・93
1265	長崎地裁	平成 2.12.15		判時	1374・143
1266	仙台高裁	平成 3.1.10	岩手靖國訴訟	判タ	750・58
1267	千葉地裁	平成 3.1.28		判時	1381・89
1268	東京地裁	平成 3.1.29		判時	1381・69
1269	大阪高裁	平成 3.2.7		判タ	756・124
1270	東京高裁	平成 3.2.8		判タ	755・116
1271	最判	平成 3.2.21		金商	866・26
1272	最判	平成 3.2.22		判時	1393・145
1273	最判	平成 3.2.25		判時	1382・15
1274	東京地裁	平成 3.3.25		判時	1397・48
1275	最判	平成 3.3.29		判時	1382・12
1276	東京地裁	平成 3.3.29		判時	1399・98
1277	大阪地裁	平成 3.3.29		判時	1383・22
1278	福岡高裁	平成 3.4.10		判時	1391・140

1264 捜索差押許可状の発付・捜索差押が準抗告において違法と判断されても直ちにこれが国家賠償法上も違法とされるものではない。（注）原審は大阪高裁昭和62年2月24日（判時1227・51）。

1265 公人であると私人であるとを問わず、その人の発言に対して、暴力をもってこれを封ずることは、その人の身体に対する侵害にとどまらず、その思想、信条、表現の自由等の侵害となることは言うまでもないが、本件のごとき犯行は、さらには一般の言論に対し萎縮的効果をもたらすことも危惧されるところであり、とりわけ、選挙民の信託を受けて国政あるいは地方行政に参画する要人の発言に対する暴力は、民主主義社会を根底から揺るがす危険を含むものであり、本件は、長崎市の市長の職にある被害者の発言に対して、暴力によってこれを排除しようとしたものであり、一般予防的見地からもその刑事責任が厳しく問われるべきである。

1266 地方自治法の規定により意見書を提出するためになされた普通地方公共団体の議会の議決をもって要望された天皇及び内閣総理大臣の靖国神社公式参拝は、その意義、目的及び効果に照らし、20条3項の禁止する宗教的活動に該当し、違憲であるから、右議決は違法である（最高裁への特別抗告は不適法とされた。平成3年9月24日）。

1267 歩道上におけるビラの配布が道路交通法等の許可を要する場合に当たらないとされた。

1268 保険金殺人の被疑者が取調べに対する弱気になっている旨の新聞記事が名誉毀損に当たるとして慰謝料請求が認められた。

1269 外国人登録法のいわゆる確認制度は13条等に違反しない。

1270 日刊新聞、週刊誌のした選挙予想は公職選挙法により禁止されている人気投票の経過又は結果の公表に当たらない。

1271 破産者に対する免責の決定を破産者の審尋によることを規定した破産法上の各規定は32条に違反しない。

1272 ポストノーティス命令（「当会社は、貴組合及び組合員に対しこのような不当労働行為を行ったことについて深く陳謝するとともに今後このような不当労働行為を行わないことを約束いたします」という内容の文書を従業員のみやすい場所に掲示するよう命じたもの）が19条に違反するとの主張が排斥された。

1273 最高裁判所規則の制定をめぐる訴訟において、右制定に関する裁判官会議に参加したことを理由に、最高裁判所の裁判官につき忌避の申立てをすることはできない。

1274 拘置所職員が、拘置所内の未決勾留者が発送を申し出た出版原稿の一部を抹消するよう申出者に働きかけることは国家賠償法上の公権力の行使に当たる。

1275 少年法上の不処分決定は、刑訴法上の手続とは性質を異にする少年審判の手続における決定である上、右決定を経た事件について、刑事訴追をし、又は家庭裁判所の審判に付することを妨げる効力を有しないから、非行事実が認められないことを理由とするものであっても、刑事補償法にいう「無罪の裁判」には当たらないと解すべきであり、このように解しても40条及び14条に違反しない。

1276 未決拘禁者に対する新聞差入れについての不許可処分が適法とされ、刑事弁護人に対して発信した信書の削除処分が違法とされた。

1277 人格権及び環境権に基づく道路管理者(国・公団)及び企業に対する二酸化硫黄、二酸化窒素、浮遊粒子状物質の排出差止請求が却下された。

1278 福岡県情報公開条例に基づき、同県内における各県立高校の中途退学者数及び原級留置者数を記録した公文書の開示請求に対してされた非開示決定が違法であるとして取り消された。

1279	最判	平成 3.4.19		判時	1386・35
1280	最判	平成 3.4.19		民集	45・4・518
1281	最判	平成 3.4.23		判時	1418・60
1282	最判	平成 3.4.23		労判	589・6
1283	東京地裁 八王子支部	平成 3.4.25		判時	1396・90
1284	最判	平成 3.5.10		判時	1390・21
1285	札幌地裁	平成 3.5.10		判タ	767・280
1286	大阪地裁	平成 3.5.28		判時	1397・61
1287	最判	平成 3.5.31		判時	1390・33
1288	東京高裁	平成 3.5.31		判時	1388・22
1289	大阪高裁	平成 3.6.6		判時	1408・70
1290	熊本地裁	平成 3.6.13		判タ	777・112
1291	東京地裁	平成 3.6.21	修徳高校パーマ退学事件	判時	1388・3
1292	最判	平成 3.7.9		判時	1399・27
1293	東京高裁	平成 3.7.20		判タ	770・165
1294	大阪高裁	平成 3.8.2		判タ	764・279
1295	甲府地裁	平成 3.9.3		判時	1401・127

1279 痘そうの予防接種によって重篤な後遺障害が発生した場合には、予防接種実施規則上の禁忌者を識別するために必要とされる予診が尽くされたが禁忌者に該当する事由を発見することはできなかったこと、被接種者が右後遺障害を発生しやすい個人的素因を有していたこと等の特段の事情が認められない限り、被接種者は禁忌者に該当していたものと推定すべきである。

1280 福岡地方裁判所及び福岡家庭裁判所の各甘木支部を廃止する旨を定めた最高裁判所規則について、右支部の管轄区域内に居住する者が、具体的な紛争を離れ、抽象的に右規則の憲法違反を主張してその取消しを求める訴訟は法律上の争訟に当たらない。

1281 東京都議会議員の定数並びに選挙区及び各選挙区における議員の数に関する条例の議員定数配分規定（最大較差1対3.09）は、平成元年7月2日施行の東京都議会議員選挙当時、公職選挙法に違反していた。

1282 国鉄労働組合から日本国有鉄道清算事業団に対し鉄道乗車証制度の改廃に関する事項につき団体交渉を求め得る地位にあることの確認を求める訴えが適法であるとされた。

1283 市会議員が辞職勧告決議により名誉を毀損されたとして謝罪広告掲載等を求めた民事訴訟は司法審査が及ぶとされた。

1284 弁護人又は弁護人を選任することができる者の依頼により弁護人となろうとする者と被疑者との接見交通権は憲法上の保障に由来するものである。

1285 日本語を解さない外国人被疑者の勾留質問手続に当たり、勾留質問の意義や勾留の要件、効果等を通訳人を介して説明しなかったことは31条に反するとはいえない。

1286 15条4項にいう「投票の秘密」とは、だれがだれに対して投票したかを他人に知られないことをいい、単なる投票の有無の事実を知られないことは含まれない。

1287 弁護人又は弁護人を選任することができる者の依頼により弁護人となろうとする者と被疑者との接見交通権は憲法上の保障に由来するものである。

1288 分譲マンションの建築確認申請書添付図面が著作物であって、その公開が公表権を侵害するとされ、神奈川県の機関の公文書の公開に関する条例に基づく右図面の公開請求に対する知事の公開拒否処分が適法とされた。

1289 海上自衛隊の掃海艇等をペルシャ湾に派遣するとの閣議決定の効力の停止を求める申立てが不適法であるとされた。

1290 集会目的の公の施設の使用許可を取り消した処分の執行停止の申立てを公共の福祉に重大な影響を及ぼすおそれがあるとして却下した。

1291 私立高校のパーマを掛けることを禁止する旨の校則及び自動車運転免許の取得を制限する旨の校則は有効である。

1292 監獄法施行規則は、未決勾留により拘禁された者と一四歳未満の者との接見を許さないとする限度において監獄法の委任の範囲を超え無効である。

1293 公会堂使用承認取消処分の執行停止が認められた。

1294 公立の高等工業専門学校の生徒が、その信仰上の信条を理由に、必須の体育科目とされている剣道の実技を受講しなかった結果、体育科目が不認定（不合格）となり、校長が学則に従い右生徒に対してした原級留置の処分は、20条、26条等に違反しない。

1295 電話の通話内容を傍受した行為を適法とした。

1296	最判	平成　3.9.3	東京学館高校訴訟	判時	1401・56
1297	東京高裁	平成　3.9.17		判時	1407・54
1298	東京高裁	平成　3.9.18		判タ	777・260
1299	東京地裁	平成　3.9.30		判時	1402・86
1300	東京地裁	平成　3.9.30		判時	1411・87
1301	最判	平成　3.10.17		訟月	38・5・911
1302	東京地裁	平成　3.11.27		判時	1435・84
1303	最判	平成　3.12.3		税資	187・231
1304	大阪地裁	平成　3.12.26		判タ	788・159
1305	仙台高裁	平成　4.1.10	岩手銀行女子賃金差別事件	判時	1410・36
1306	最判	平成　4.1.23		判時	1412・107
1307	東京地裁	平成　4.2.4		判時	1436・45
1308	大阪高裁	平成　4.2.20	国道43号線公害訴訟・控訴審	判時	1415・3
1309	東京高裁	平成　4.2.26		行集	43・2・207
1310	東京高裁	平成　4.2.27		判タ	795・249

1297　この裁判例もまた、尾吹善人教授の言葉を借りれば「意見裁判」ということになるだろう（「憲法学者の空手チョップ」東京法経学院、1991年、34頁）。

1296 いわゆる三ない原則（バイクの免許を取らない、乗らない、買わない）を定めた校則に違反したことを理由の一つとしてされた私立高等学校の生徒に対する自主退学の勧告は違法とはいえない。

1297 個人が納めた所得税中、防衛関係費に相当する部分の納付拒否につき行われた滞納処分が違憲違法であるとして提起された国家賠償請求及び防衛費の支出が違法であるとして提起された損害賠償請求が棄却された。

1298 日本語に通じない外国人の被告人に起訴状謄本を送達するに当たって訳文を添付しなくても国際人権規約に違反しないとされた。

1299 殺人未遂容疑で逮捕勾留中の被疑者について、その少年時代の前歴・私生活上の行状に関する事実等を報ずる記事を週刊誌に掲載した新聞社の名誉毀損責任を肯定した。

1300 土地賃料を非課税としながら住宅家賃を課税対象とする消費税法は14条に反しない。

1301 未認知の子等を扶養控除の対象から除外している所得税法は14条1項に違反するものではない。

1302 ゴルフ場をめぐる対立抗争の中で、人格権に基づいてなされた印刷物の配布等の差止請求が却下された。

1303 夫及び妻がその婚姻届の日以後に得る財産について共有持分を各2分の1とする夫婦財産契約を締結していたとしても、それは夫又は妻が一旦取得した財産の夫婦間における帰属形態をあらかじめ包括的に取り決めたものにすぎないから、納税者たる夫が得た報酬、給与等の収入金額はいずれも納税者の所得に係る収入金額であるとされた。

1304 刑務所長ないし刑務所職員の受刑者に対する裸検身及び図書削除処分の一部が違法であるとして国家賠償請求が認容された。

1305 夫に所得税法上の扶養控除対象限度額を超える所得のある女子行員に対しては家族手当及び世帯手当を支給しない旨の給与規定は性別による差別であり、労働基準法に違反し無効である。

1306 宗教団体内部においてされた懲戒処分が被処分者の宗教活動を制限し、あるいは当該宗教団体内部における宗教上の地位に関する不利益を与えるものにとどまる場合においては、当該処分の効力に関する紛争をもって具体的な権利又は法律関係に関する紛争ということはできないから、裁判所に対して右処分の効力の有無の確認を求めることはできない。

1307 未決勾留中の被疑者が購読していた新聞及び週刊誌に掲載された記事中の別の被疑者の顔写真について拘置所長が閲読を不許可とし、抹消措置を施したことを違法とした。

1308 環境権なる権利については、実定法上の根拠が認め難いうえ、その成立要件及び内容等も極めて不明確であり、これを私法上の権利として承認することは、法的安定性を害することになり、許容できないというべきである。

1309 千葉県議会議員の選挙区の投票価値の最大格差が1対3.48であったことについて、いまだ違法とはいえないとした。

1310 宗教法人の宗教教義を巡る内部紛争に伴う懲戒処分の無効を主張してする代表役員等の地位確認・右懲戒処分を前提とする相手方からの建物明渡の各請求訴訟を却下した。

1311	福岡高裁	平成 4.2.28	福岡靖国神社公式参拝訴訟	判時	1426・85
1312	神戸地裁	平成 4.3.13	市立尼崎高校事件	判時	1414・26
1313	東京地裁	平成 4.3.18		判時	1413・27
1314	東京高裁	平成 4.3.19	修徳学園バイク退学処分事件	判時	1417・40
1315	高知地裁	平成 4.3.30		判時	1456・135
1316	福岡地裁	平成 4.4.16	福岡セクシャル・ハラスメント事件	判時	1426・49
1317	仙台高裁	平成 4.4.23		判タ	798・125
1318	福岡高裁	平成 4.4.24	南九州税理士会政治献金徴収拒否訴訟・控訴審	判時	1421・3
1319	最判	平成 4.4.28	台湾住民元日本兵戦死傷者の損失補償請求事件	判時	1422・91
1320	高松高裁	平成 4.5.12	愛媛玉串料訴訟・控訴審	判時	1419・38
1321	浦和地裁	平成 4.5.14		判時	1452・19
1322	最大判	平成 4.7.1	成田新法事件	判時	1425・45
1323	東京高裁	平成 4.7.13		判時	1432・48
1324	静岡地裁富士支部	平成 4.7.15		判タ	796・227
1325	山口地裁岩国支部	平成 4.7.16		判時	1429・32
1326	東京地裁	平成 4.7.27		判タ	806・144

1311　この裁判例でも平和的生存権の主張は退けられている。

1311 内閣総理大臣の靖国神社公式参拝により信教の自由、宗教的人格権、宗教的プライバシー権、平和的生存権を侵害されたと主張する仏教徒、クリスチャン、無信仰者らの慰謝料請求が否定された。

1312 身体障害者（筋ジストロフィー患者）の市立高校への入学の不許可処分に裁量権の逸脱又は濫用があったとして同処分を取り消し、市に対し慰謝料100万円の支払を命じた。

1313 羽田空港飛行差止請求訴訟において、争いの対象たる処分の不明確性を指摘して訴えを却下した。

1314 運転免許の取得及びバイク乗車を禁止する校則に違反したことを理由としてされた私立高校生に対する退学処分は違法である。

1315 私生活上の事実の公表につき、プライバシーの侵害に当たるが、名誉毀損に当たらないとされた。

1316 部下の女性との対立関係に関連してその女性の異性関係をめぐる行状や性向についての悪評を流す等した上司の行為について、不法行為責任（セクシャル・ハラスメント）が認められた。

1317 宗教団体（日蓮正宗）内部における懲戒処分の効力を前提問題とする具体的な権利義務ないし法律関係に関する訴訟について訴えを却下した。

1318 税理士会の特別会費徴収決議が政治献金を目的としたものとは認められず、公序良俗に反しない。

1319 台湾住民である軍人軍属が援護法及び恩給法の適用から除外されたのは、台湾住民の請求権の処理は日本国との平和条約及び日華平和条約により日本国政府と中華民国政府との特別取極の主題とされたことから、台湾住民である軍人軍属に対する補償問題もまた両国政府の外交交渉によって解決されることが予定されたことに基づくものと解されるのであり、そのことには十分な合理的根拠がある。

1320 県が靖国神社等に対し玉串料等の名目でした公金の支出は、89条の禁止する宗教上の組織又は団体の維持のための公金の支出に当たらない。

1321 刑事確定訴訟記録謄写請求の拒否処分について、保管検察官の裁量を逸脱したものと判断された。

1322 行政処分の相手方に事前の告知、弁解、防御の機会を与えるかどうかは、行政処分により制限を受ける権利利益の内容、性質、制限の程度、行政処分により達成しようとする公益の内容、程度、緊急性等を総合較量して決定されるべきものであって、常に必ずそのような機会を与えることを必要とするものではない。

1323 もっぱら個人的鑑賞のための単なる所持を目的としてわいせつ表現物を輸入することを関税法によって処罰することはできない。

1324 宗教法人が財産権・人格権に基づき右翼団体に対して本山への立ち入り、僧侶・従業員等に対する面会の強要、近隣における街頭宣伝等の行為の禁止を求めた仮処分が認可された。

1325 市職員が市に対したばこの害を訴え、庁舎内の禁煙及び損害賠償を求めた請求が棄却された。

1326 在監者が差入れを受けた外国語図書についての閲読不許可処分が違法ではないとされた。

1327	大阪高裁	平成 4.7.30		判時	1434・38
1328	京都地裁	平成 4.8.6		判時	1432・125
1329	東京地裁	平成 4.8.27		判時	1433・3
1330	東京地裁	平成 4.8.31		判時	1463・102
1331	最判	平成 4.9.22	高速増殖炉もんじゅ訴訟	判時	1437・29
1332	東京高裁	平成 4.10.15		判時	1443・154
1333	大阪高裁	平成 4.10.15		判時	1446・49
1334	東京地裁	平成 4.10.26		判時	1452・19
1335	最判	平成 4.10.29		判時	1441・50
1336	最判	平成 4.11.16	森川キャサリーン事件	裁判集民	166・575
1337	最判	平成 4.11.16	大阪地蔵訴訟	判時	1441・57
1338	東京高裁	平成 4.11.24		判時	1445・143
1339	東京高裁	平成 4.12.2		判時	1449・95
1340	最判	平成 4.12.10		判時	1453・116
1341	最判	平成 4.12.15	酒類販売免許制事件	判時	1464・3
1342	東京地裁	平成 4.12.16		判時	1472・130
1343	東京高裁	平成 4.12.17		判時	1453・35

1327 公費から3万円を支出して行われた内閣総理大臣の靖国神社公式参拝は、政教分離原則に違反するとしても、そのことのみから、直ちに、国民個人が特定の宗教を強制され、信仰の自由に対する国民個人の具体的権利・利益が侵害されたものとは認め難い。

1328 古都の宗教的・歴史的文化環境権（景観権）の侵害を理由とする高層ホテルの建築工事中止の仮処分申請が、被保全権利の疎明を欠くとして却下された。

1329 男女間の賃金格差が労働基準法に違反する違法な賃金差別に当たるとされた。

1330 医師は、緊急を要し時間的余裕がないなどの格別の事情がない限り、患者において当該治療行為をうけるかどうかを判断決定する前提として、十分な情報を提供すべき義務があるとして、本件における違法性を認めた。

1331 設置許可申請に係る原子炉の周辺に居住する住民が右原子炉の設置者に対しその建設ないし運転の差止めを求める民事訴訟を提起している場合であっても、右住民が提起した右原子炉の設置許可処分の無効確認の訴えは、適法である。

1332 犯罪捜査のため検証許可状に基づき通話者双方に知られずに電話の傍受・録音をすることは違憲、違法ではない。

1333 本件学生は入学に際しそれが必修科目として行われることの説明を受けて入学したのであるから、学校側がその履修をその学生に求めたことは、仮にそれがその学生の信仰に反するものであったとしても、信教の自由への不当な介入には当たらない。

1334 自民党前副総裁に対する政治資金規正法違反被告事件の確定訴訟記録に関し検察官がした閲覧不許可処分について、内容がほぼ公開されている一部についての不許可は違法とされたが、その他の大部分については適法とされた。

1335 原子力基本法等が原子炉設置予定地の周辺住民の同意、公聴会の開催、周辺住民に対する告知、聴聞の手続及び安全審査に関する全資料の公開に関する定めを置いていないことは31条の法意に反するものとはいえない。

1336 我が国に在留する外国人は、憲法上、外国へ一時旅行する自由を保障されていない。

1337 大阪市が各町会に対して、地蔵像建立あるいは移設のため、市有地の無償使用を承認するなどした行為は、その目的及び効果にかんがみ、その宗教とのかかわり合いが我が国の社会的・文化的諸条件に照らし信教の自由の確保という制度の根本目的との関係で相当とされる限度を超えるものとは認められず、20条3項あるいは89条の規定に違反するものではない。

1338 写真週刊誌記事の見出しによる名誉毀損の成立を認めた原審を取り消し、真実の報道として違法性の阻却を認めた。

1339 昭和天皇病状悪化時期に企画された天皇制を考える集会に対し公の施設の利用を拒否した静岡県の処分を違法とした。

1340 東京都公文書の開示等に関する条例に基づいてなされた公文書の非開示決定が理由付記の要件を欠き違法であると判断された。

1341 酒類販売業免許は22条1項に違反しない。

1342 東洋史に関する二つ以上の研究の先後の評価・判定は、その研究の属する分野の学者・研究者等に委ねられるべきであり、法律上の争訟ではない。

1343 改修、整備がされた後の河川について破堤による水害発生の危険の予測が可能であり、これを回避するために防災措置を講じることが可能であったとして河川管理の瑕疵が認められた。

1344	東京地裁	平成 4.12.18		判時	1445・3
1345	東京高裁	平成 4.12.21		判時	1446・61
1346	大分地裁	平成 5.1.19		判時	1457・36
1347	最判	平成 5.1.20		民集	47・1・67
1348	神戸地裁	平成 5.1.25		判タ	817・177
1349	神戸地裁	平成 5.1.26		判タ	827・243
1350	大阪高裁	平成 5.1.28		判タ	827・201
1351	東京高裁	平成 5.2.3		東高刑時報	44・1〜12・11
1352	最判	平成 5.2.16	箕面忠魂碑・慰霊祭訴訟	民集	47・3・1687
1353	最判	平成 5.2.18		判タ	812・168
1354	最判	平成 5.2.25	厚木基地公害訴訟	民集	47・2・643
1355	最判	平成 5.2.25	横田基地騒音公害訴訟	判タ	816・137
1356	最判	平成 5.2.26	ヒッグス・アラン訴訟	判タ	812・166
1357	最判	平成 5.3.2	気象庁事件	判時	1457・148
1358	神戸地裁	平成 5.3.5		判タ	826・219
1359	最判	平成 5.3.16	第一次家永教科書事件上告審	民集	47・5・3483
1360	大阪高裁	平成 5.3.18		判時	1457・98
1361	大阪高裁	平成 5.3.25		判時	1469・87

1344 予防接種による死亡又は健康被害に対しては29条3項を根拠とする損失補償請求権は生じないとする一方で国家賠償法上の過失責任を認めた。

1345 前科があることを掲載した週刊誌の記事がプライバシーの侵害にあたるとして慰謝料請求が認められた。

1346 スト参加者に対して懲戒処分を行うことは28条に違反し無効である。

1347 平成2年の衆議院選挙（最大格差1対3.18）につき、この不均衡は憲法の選挙権の平等に反するが、合理的な期間内に是正がされなかったと断定することは困難である。

1348 風俗営業店舗の建築について、風営法及び県条例よりも強度の規制を定めた市の条例は違憲ではない。

1349 報道記事の内容自体につき主要な部分は概ね真実と認めながら「県議、組長と灰色交際」という見出しが相当性の範囲を逸脱しているとして慰謝料請求が一部認容された。

1350 京都市の古都税反対運動に関わった不動産会社社長に関する月刊誌の批判記事について名誉毀損が認められ、同誌へ謝罪広告を掲載すること等が命じられた。

1351 国際人権規約に規定する「無料で通訳の援助を受けること」の保障は無条件かつ絶対的のものであって、裁判の結果被告人が有罪とされ、刑の言渡しを受けた場合であっても、刑訴法181条1項本文により被告人に通訳に要した費用の負担を命じることは許されないと解するを相当とする。

1352 市教育長が地元の戦没者遺族会が忠魂碑前で神式または仏式で挙行した各慰霊祭に参列した行為は、政教分離規定に違反しない。

1353 個人の支出する国又は地方公共団体に対する寄付金の額の所得控除について限度額を設けている所得税法は14条1項、84条に違反しない。

1354 いわゆる統治行為論には触れずに自衛隊機離着陸に対する民事差止請求は不適法とした。

1355 国に対し米軍機の離着陸等の差止めを請求するのは、国の支配の及ばない第三者の行為の差止めを請求するものというべきであるから、主張自体失当である。

1356 国会議員の選挙に関し国籍要件を定める公職選挙法の規定は違憲ではない。

1357 給与の改善等を目的として行われた勤務時間に食い込む職場集会に参加し主たる役割を果たしたことを理由としてされた気象庁職員に対する戒告処分は裁量権を逸脱・濫用したものとはいえない。

1358 いわゆる暴力団新法に基づいて暴力団と指定されたことは、執行停止の要件である「回復の困難な損害」に該当しないとした。

1359 教科書検定制度は26条、教育基本法10条に違反するものではなく、執筆者に告知聴聞の機会を与えていないことは違憲ではない。

1360 内閣総理大臣が靖国神社を公式参拝したことを理由とする国家賠償請求の事案において、宗教的人格権ないし宗教的プライバシー権なるものは国家賠償法上の保護の対象になる権利又は法的利益とはいえないとされた。

1361 暴力団組長の元妻で現在内縁関係にある者の所有する建物について、暴力団事務所としての使用禁止等の請求が認められた。

1362	熊本地裁	平成 5.3.25		判時	1455・3
1363	東京高裁	平成 5.3.26		判タ	829・52
1364	神戸地裁 明石支部	平成 5.3.29		判タ	827・238
1365	最判	平成 5.4.8		労判	645・13
1366	秋田地裁	平成 5.4.23		判時	1459・48
1367	最判	平成 5.5.27	大阪合同税理士会会費返還請求事件	判時	1490・83
1368	水戸地裁 土浦支部	平成 5.6.15		判時	1467・3
1369	東京高裁	平成 5.6.21		判タ	858・144
1370	東京高決	平成 5.6.23		高民	46・2・43
1371	最判	平成 5.6.25		判時	1475・59
1372	大阪地裁	平成 5.6.29		判タ	825・134
1373	最判	平成 5.7.20		判タ	855・58
1374	東京高裁	平成 5.7.20		行集	44・6・7（合併号）・627
1375	東京高裁	平成 5.8.4		判時	1515・78
1376	福岡高裁	平成 5.8.10		判時	1471・31
1377	高松地裁	平成 5.8.18		判タ	832・281
1378	東京高裁	平成 5.8.30		判タ	863・168

1362 水俣病発生の拡大を防止する権限を行使しなかった国および県に対し、国家賠償法に基づく国家賠償責任を認めた。

1363 政治家が職務上知り得た情報を利用して、自己又は第三者の利益を図る目的で、情報を秘匿したまま、これを知らない相手方と私法上の契約を締結した場合、右契約は政治家としての地位を不当に利用したものとして公序良俗に反し無効である。

1364 日蓮正宗信徒の創価学会葬を批判する同宗末寺住職の頒布した文書等により遺族の名誉等を毀損されたとして住職に対し提起された慰藉料請求の訴えにつき司法権が及ぶとされた。

1365 公務員の争議行為を禁止する地公法は28条に違反しない。

1366 生活保護費を原資とする預貯金を有するため、その一部を資産として収入認定して行った保護費減額処分を違法無効とした。

1367 税理士会の決議は、会員から徴収する会費の使途を定めたものにすぎず、これに相当する金員を会員から徴収することを定めたものではない。したがって、仮にこれらが無効であるとしても、そのことは、税理士会に対し右金員の支払を求める法的根拠にはならないことが明らかである。

1368 P4実験室で内閣総理大臣により策定された組換えDNA実験指針に従って組換えDNA実験が行われる限り、組換え体等の漏出や外界への伝播、拡散が防止され、生命、身体の侵害が発生する客観的な蓋然性は認められないとした。

1369 検定処分を受けた中学校社会科用教科書を使用する生徒及びその親が検定処分の取消し及び無効確認を求めた事案において、訴えの利益が抽象的、平均的、一般的であるとして訴えの適格を否定した。

1370 非嫡出子の相続分を嫡出子のそれの2分の1と定める民法900条4号但書は違憲である。

1371 製造たばこの小売販売業について許可制を採用することは違憲ではない。

1372 15条1項により参政権を保障されているのは、「国民」すなわち、「日本国籍を有する者」に限られる。

1373 宗教上の教義ないし信仰の内容について一定の評価をすることを避けることができない場合には「法律上の争訟」に該当しない。

1374 教育の事業が89条後段の「公の支配」に属しているというためには、国等の公の権力が当該教育事業の運営、存立に影響を及ぼすことにより、当該事業が公の利益に沿わない場合にはこれを是正し得る方途が確保され、公の財産が濫費されることを防止し得ることをもって足りる。

1375 私立大学理事長が独断で大学の経費により株売買を行なって多額の損失を被った旨の新聞報道について、その主要部分が真実であるとして、名誉毀損の成立を否定した。

1376 厚生大臣に予防接種の禁忌該当者に予防接種を実施させないための十分な措置を採ることを怠った過失があるとされた。

1377 場外馬券売り場の2キロメートル以内に居住する近隣住民がその設置開業により教育環境の破壊などの人格権侵害生ずることを理由として求めた売り場の設置差止等の仮処分申請が被保全権利の疎明がないとして却下された。

1378 29条3項にいう正当な補償が財産的な損失を経済的な交換価値として補償しようとするものであって、生存権的価値の補償をも含むものではない。

1379	福岡地裁	平成 5.8.31	とびうめ国体訴訟事件	判タ	854・195
1380	最判	平成 5.9.7	日蓮正宗管長事件	判タ	855・90
1381	最判	平成 5.9.7		判時	1473・38
1382	最判	平成 5.9.10		判タ	828・130
1383	最判	平成 5.9.10		判時	1472・66
1384	最判	平成 5.9.21		裁判集刑	262・421
1385	最判	平成 5.10.19		判時	1477・21
1386	東京高裁	平成 5.10.20	家永教科書裁判第3次訴訟	判タ	833・78
1387	東京地裁	平成 5.10.20		判時	1492・111
1388	最判	平成 5.10.22		裁時	1109・9
1389	最判	平成 5.10.22	良心的軍事費支払拒否訴訟	網中政機編「憲法要論」嵯峨野書院、2013年	120
1390	東京地裁	平成 5.11.19		判時	1486・21
1391	東京高裁	平成 5.11.24		判時	1491・99
1392	最判	平成 5.11.25		判時	1503・3

1389　なぜこの最高裁判例が公の判例集に載らないのかが不思議である。この種の訴訟は今後も起こされる可能性がある以上、最高裁の判断を公に知らしめる必要があるのではないかと思う。

1379 福岡国体実施要項中の参加資格の国籍条項、「日の丸・君が代」の国体開会式等の使用は14条等に違反しない。

1380 特定の者が宗教団体の宗教活動上の地位にあることに基づいて宗教法人である当該宗教団体の代表役員の地位にあることが争われている訴訟において、その者の宗教活動上の地位の存否を審理、判断するにつき、当該宗教団体の教義ないし信仰の内容に立ち入って審理、判断することが必要不可欠である場合には、右の者の代表役員の地位の存否の確認を求める訴えは「法律上の争訟」に当たらない。

1381 市が行う港内の公有水面埋立工事が違法であるとして、右工事等に関して市長がする一切の公金の支出の包括的な差止めを求める請求は、その対象の特定に欠けるところはない。

1382 監獄内の規律及び秩序維持に障害を生ずること並びに受刑者の改善、更正という懲役刑の目的を阻害することを理由として文書の閲読を不許可とした処分は違法なものとはいえない。

1383 在監者に対する50日の軽屏禁等の懲罰処分は31条に反しない。

1384 死刑を定めた刑法の規定は36条に違反するものではないとした。

1385 夫婦の一方が他方に対し、人身保護法に基づき、共同親権に服する幼児の引渡しを請求する場合において、幼児に対する他方の配偶者の監護につき拘束の違法性が顕著であるというためには、右監護が、一方の配偶者の監護に比べて、子の幸福に反することが明白であることを要する。

1386 文部大臣のした教科書検定処分の違憲、違法を理由とする国家賠償請求について、検定意見の一部に裁量権濫用の違法がある。

1387 甲市の市議会が発行する市議会だよりに掲載された「乙市議会議員に猛省を促し陳謝を求める決議」の解説記事や議長声明等によって乙が議員の名誉等を侵害されたとして甲市に対し提起した慰謝料請求が右決議等の掲載の当否について議会内部で解決すべき問題であるとして司法審査が及ばないとされた。

1388 都道府県議会の議員の選挙制度の下においては、投票価値の不平等は、千葉県議会において地域間の均衡を図るために通常考慮し得る諸般の要素を斟酌してもなお、一般的に合理性を有するものとは考えられない程度に達していたものとはいえず、同議会に与えられた裁量権の合理的な行使として是認することができる。

1389 違憲な自衛隊のために税金を支払うことは良心に照らしてできないとの主張は訴えの利益なしとされた。

1390 公務員の服務及び勤務関係において、婚姻届出に伴う変動前の氏名を通称名として使用する権利は13条によって保障されていると断定することができないとされた。

1391 勾留中の刑事被告人護送写真の写真週刊誌掲載が違法でないとされた。

1392 宗教上の教義ないし信仰の内容について一定の評価をすることを避けることができない場合には「法律上の争訟」に該当しない。

1393	大阪高裁	平成 5.12.16		判タ	838・85
1394	名古屋高裁	平成 5.12.24		判タ	846・221
1395	最判	平成 6.1.20	福岡空港夜間飛行禁止等請求事件	判タ	855・103
				訟月	41・4・532
1396	宮崎地裁	平成 6.1.24		判タ	844・90
1397	最判	平成 6.1.27		判タ	841・65
1398	最判	平成 6.1.27		判タ	841・82
1399	大阪高裁	平成 6.2.1		判タ	876・155
1400	最判	平成 6.2.8	ノンフィクション「逆転」事件	判タ	933・90
1401	最判	平成 6.2.8	大阪府水道部懇談会議費情報公開請求事件	判タ	841・91
1402	東京高裁	平成 6.2.25		判時	1493・54
1403	大阪高裁	平成 6.3.16		判時	1500・15
1404	福岡地裁	平成 6.3.18		判タ	843・120
1405	最判	平成 6.3.25		判時	1512・22
1406	大阪地裁	平成 6.3.30		判タ	860・123
1407	東京高裁	平成 6.4.26		判時	1511・63

1400 本件において、原告が求めた慰謝料額は300万円であったが、裁判所が認めたのは50万円であった。

1393 平成4年7月26日の参議院議員選挙当時、各選挙区間の議員1人当たりの選挙人数の最大較差が6倍を超えており、この較差は約7年前から継続していたのに国会が右不平等状態を回避、是正する何らの措置を講じなかったのはその裁量権の限界を超えているから、全体として違憲である。ただし、選挙自体は無効としない。

1394 宗教法人及びその代表者の名誉を毀損する雑誌記事により信者の名誉・伝道の自由が害されたとして求められた損害賠償請求が棄却された。

1395 空港において民間航空機の離着陸の差止めを請求することは、民事上の請求としては不適法である。
空港周辺住民の航空機騒音等に基づく被害のうち全員に共通する最少限度の被害について、各自につき、その限度で慰謝料という形でその賠償を請求すること及びそのような判断の方法が許される。

1396 性的表現に係わるコンピューターソフトを内包するフロッピーディスクを青少年に有害な図書類と指定した行政処分に違憲、違法な点はない。

1397 大阪府知事の交際費に係る債権者の請求書、領収書、歳出額現金出納簿及び支出証明書のうち、交際の相手方が識別され得るものは、相手方の氏名等が外部に公表、披露されることがもともと予定されているものなどを除き、同府条例に基づく公開しないことができる文書に該当する。

1398 栃木県知事の交際費に係る現金出納簿のうち交際の相手方が識別され得るものは、原則として同県条例における開示しないことができる文書に該当する。

1399 昭和天皇の大喪の礼当日の大阪市立大阪城音楽堂の使用許可申請に対して、当日が臨時休館日に内定していることを理由とする申請の不受理は違法である。

1400 ある者の前科等に関わる事実が著作物で実名と共に公表されたことについて損害賠償責任が認められた。

1401 接待費支出対象の懇談会を関係者との内密の協議目的のものとそれ以外のものとに分類し、前者に該当する旨の実施機関側の主張・立証がないことを理由に非公開の主張を認めなかった。

1402 公正取引委員会の審決に関与する資格を喪失した委員が関与した審決は、違法として取消を免れない。

1403 厚生大臣に予防接種の禁忌該当者を適切に識別・除外するため十分な予診を受けさせるための体制を確立し、担当医に対しその体制を確立させるよう万全の措置を講ずることを怠った過失があるとされた。

1404 宗像市環境保全条例の規定は、廃棄物の処理及び清掃に関する法律による産業廃棄物処理施設に対する規制の法目的と効果を阻害し、違法、無効であるとされた。

1405 府知事の設置した協議会に検討資料として提出されたダムサイト候補地地点選定位置図を公開しない旨の決定は適法であり21条等に反しない。

1406 89条に基づく公の支配の具体的な方法は、当該事業の目的、事業内容、運営形態等諸般の事情によって異なり、必ずしも、当該事業の人事、予算等に公権力が直接的に関与することを要するものではない。

1407 参議院（選挙区選出）議員選挙の各選挙区の議員定数の配分は人口比例原則に則って行われるべきであるとする主張は採用できない。

1408	大阪地裁	平成 6.4.27	西成テレビカメラ撤去請求事件	判タ	861・160
1409	東京高裁	平成 6.4.28		ジュリ臨増	1068・4
1410	札幌高裁	平成 6.5.24		判タ	854・102
1411	福岡地裁	平成 6.5.27		判時	1526・121
1412	最判	平成 6.6.21		判時	1502・96
1413	大阪高裁	平成 6.6.29		判タ	890・85
1414	東京地裁	平成 6.8.30		判時	1532・92
1415	福岡高裁	平成 6.9.16		判タ	885・222
1416	広島高裁	平成 6.9.30		判タ	863・60
1417	大阪高裁	平成 6.10.18		判時	1521・44
1418	最判	平成 6.10.27		判時	1513・91
1419	最判	平成 6.11.8		判時	1514・73
1420	東京高裁	平成 6.11.30		判時	1512・3
1421	東京地裁	平成 6.12.6		判時	1558・51
1422	大阪高裁	平成 6.12.22		判タ	873・68
1423	名古屋高裁金沢支部	平成 6.12.26	小松基地騒音差止等請求事件	判時	1521・3
1424	最判	平成 7.2.22	ロッキード事件丸紅ルート事件	判時	1527・3

1408 情報収集活動の一環として警察が公道上にテレビカメラを設置することは、基本的にはその裁量によるが、各種人権を侵害する可能性があるから、①目的の正当性、②客観的具体的な必要性、③設置状況の妥当性、④設置使用の効果の存在、⑤使用方法の相当性といった要件を充たすべきである。

1409 参議院議員について国民代表としての実質的内容ないし機能に衆議院議員とは異なる独自の性格をもたせる選挙制度は合理性を欠くものとはいえないとして配分規定を合憲と判断した。

1410 中学校長が生徒を特殊学級に入級させた処分は違法ではない。

1411 統一教会の信者らによる違法な献金勧誘行為について、不法行為の成立を認めるとともに同協会に対し使用者責任が認められた。

1412 町議会議員が町所有の土地を不法に占拠しているとして議員辞職勧告決議等をしたことが、名誉き損に当たるとしてされた本件の国家賠償請求は、裁判所法3条1項にいう「法律上の争訟」に当たり、右決議等が違法であるか否かについて裁判所の審判権が及ぶものと解すべきである。

1413 大阪府が建設計画中のダムのダムサイト調査資料についての非公開決定が取り消された（最高裁平成7年4月27日上告棄却、ジュリ臨増1091・5）。

1414 保険金殺人疑惑（いわゆるロス疑惑）のある人物に対する女性関係に関する週刊誌記事の公共性が認められなかった。

1415 週刊フライデー、週刊現代などに掲載された幸福の科学ないし大川主宰に対する一連の批判記事の一部が節度を超えている疑いが強いとされた。

1416 平成5年7月18日の衆院選挙当時議員1人当たりの選挙人数の最大較差が従前最高裁が違憲状態ではないと判断した較差値を下回る2.84であり、制度の抜本的改正までの暫定措置でもあることから違憲ではないが、今後の抜本的改正、殊に小選挙区制を前提とした改正においては、最大較差を2倍以内に納めることが期待されるとした。

1417 宗教上の人格権等が宗教法人とその代表者を中傷する雑誌記事により侵害されたことを理由とする信者らの損害賠償請求が棄却された。

1418 監獄法、監獄法施行規則に基づく信書に関する制限は21条2項前段にいう検閲に当たらない。

1419 子の監護権を有する者が監護権を有しない者に対し、人身保護法に基づき幼児の引渡しを請求する場合には、幼児を請求者の監護の下に置くことが拘束者の監護の下に置くことに比べて子の幸福の観点から著しく不当なものでない限り、拘束の違法性が顕著であるというべきである。

1420 非嫡出子の相続分を嫡出子の相続分の2分の1とする民法の規定は14条に違反し違憲である。

1421 自らの存立及び組織の秩序維持に関する自治権ないし自律権を有し構成員を規律する包括的機能を有する社会運動団体について、団体内部における制裁処分は、一般市民法秩序と直接関係を有しない内部規律の問題にとどまる限り、裁判所の司法審査の対象とならない。

1422 エホバの証人である工業高等専門学校生が剣道実技への参加を拒否したことを原因とする進級拒否及び退学処分は違法である。

1423 国に対しアメリカ合衆国軍隊の使用する航空機の離着陸等の差止めを請求することはできない。

1424 内閣総理大臣が運輸大臣に対し民間航空会社に特定機種の航空機の選定購入を勧奨するよう働き掛けることは、内閣総理大臣の運輸大臣に対する指示として、賄賂罪の職務行為に当たる。

1425	最判	平成 7.2.23		判時	1527・140
1426	最判	平成 7.2.24		民集	49・2・517
1427	最判	平成 7.2.28	定住外国人地方参政権事件	判時	1523・49
1428	福岡高裁宮崎支部	平成 7.3.1		判タ	883・119
1429	最判	平成 7.3.7	泉佐野市民会館事件	判時	1525・34
1430	大阪高裁	平成 7.3.9	即位の礼・大嘗祭国費支出差止等請求事件	訟月	43・2・739
1431	最判	平成 7.3.24		判タ	875・63
1432	横浜地裁	平成 7.3.28	東海大学安楽死事件	判タ	877・148
1433	最判	平成 7.4.13		判タ	878・77
1434	東京地裁	平成 7.5.19	「名もなき道を」事件	判タ	883・103
1435	最判	平成 7.5.25	日本新党繰上補充事件	判タ	878・63

1427　この判決を作成した裁判官の一人園部逸夫は、最高裁判事退官後、法律によって外国人に地方参政権を付与することができるとしたこの判旨について懐疑的な意見を産経新聞紙上（平成22年2月9日付）にて公表している。

1425 「…ここに深く陳謝致しますとともに、今後このような行為を繰り返さないことを誓います。」
との旨を掲示することを命じたことは、19条、21条に違反しない。

1426 政治資金規正法に基づいて政治団体から大阪府選挙管理委員会に提出された収支報告書が大阪府
公文書公開等条例所定の非公開事由となる公文書に当たるとされた。

1427 法律をもって、地方公共団体の長、その議会の議員等に対する選挙権を付与する措置を講ずるこ
とは、憲法上禁止されているものではないと解するのが相当であるが、このような措置を講ず
るか否かは、専ら国の立法政策にかかわる事柄であって、このような措置を講じないからといって
違憲の問題を生ずるものではない。

1428 性的表現を有するコンピューターソフトを含むフロッピーディスクを青少年に有害な図書と指定
する処分に違憲、違法な点がないとされた。

1429 公の施設である市民会館の使用を許可してはならない事由として市立泉佐野市民会館条例の定め
る「公の秩序をみだすおそれがある場合」とは、右会館における集会の自由を保障することの重
要性よりも、右会館で集会が開かれることによって、人の生命、身体又は財産が侵害され、公共
の安全が損なわれる危険を回避し、防止することの必要性が優越する場合をいうものと限定して
解すべきであり、その危険性の程度としては、単に危険な事態を生ずる蓋然性があるというだけ
では足りず、明らかな差し迫った危険の発生が具体的に予見されることが必要であり、そう解す
る限り、このような規制は21条等に違反しない。

1430 大喪の礼等それ自体は、直接的には各個人に向けられたものではなく（国民に対する国教の樹
立、宣布であるとの主張には左祖できないし、三権の長が即位の礼や大嘗宮の儀等へ公人として
参列したからといって、全国民が間接的に参列を強いられたと解することも論理の飛躍があ
る）、各個人に何らの具体的な義務や負担を課すものでもなく、本件行為が各個人の思想等の形
成、維持に具体的且つ直接に影響を与えたとは解せられない等として、19条違反等は認められな
いとした。

1431 公職選挙法が定める都道府県議会の議員の選挙制度の下においては、本件選挙当時における投票
価値の不平等（人口の最大較差は1対2.04）は、東京都議会において地域間の均衡を図るために通
常考慮し得る諸般の要素をしんしゃくしてもなお、一般的に合理性を有するものとは考えられな
い程度に達していたものとはいえない。

1432 治療行為の中止について、①患者が治療不能な病気に冒され、回復の見込みがなく死が避けられ
ない末期状態にあること、②治療行為の中止を求める患者の意思表示が治療行為を中止する時点
で存在していることなどの要件の下に認めた。

1433 我が国の刑法175条がわいせつ表現物の単なる所持を処罰の対象としていないことにかんがみる
と、その輸入規制を最小限度のものにとどめ、単なる所持を目的とする輸入を規制の対象から除
外することも考えられなくはないが、わいせつ表現物がいかなる目的で輸入されるかはたやすく
識別され難いだけではなく、流入したわいせつ表現物を頒布、販売の過程に置くことは容易であ
るから、わいせつ表現物の流入、伝播により我が国内における健全な性的風俗が害されることを
実効的に防止するには、その輸入の目的のいかんにかかわらず、その流入を一般的に、いわば水
際で阻止することもやむを得ない。

1434 小説のモデルとされた者から執筆者及び出版社に対しプライバシーの侵害等を理由に出版の中
止、謝罪広告の掲載及び損害賠償（慰謝料）を求めた請求が棄却された。

1435 参議院（比例代表選出）議員の選挙後に名簿届出政党等から選挙長に対し当選人とならなかった
次順位の名簿登載者甲の除名届がされ、その後欠員が生じたため甲より後順位の名簿登載者乙が
繰上補充による当選人と決定された場合、甲の除名が不存在又は無効であることは、右除名届が
適法にされている限り、乙の当選無効の原因とならない。

1436	最判	平成 7.5.30		判タ	884・130
1437	最判	平成 7.6.8		判タ	885・145
1438	神戸地裁	平成 7.6.19		判自	139・58
1439	最大判	平成 7.7.5	非嫡出子相続分規定事件	判タ	885・83
1440	最判	平成 7.7.6	反戦自衛官訴訟	判タ	888・100
1441	最判	平成 7.7.7	阪神高速道路訴訟	判タ	892・124
1442	最判	平成 7.7.18		判時	1542・64
1443	東京地裁	平成 7.7.20		判時	1543・127
1444	神戸地裁	平成 7.7.25		判時	1568・101
1445	岡山地裁倉敷支部	平成 7.8.4		判時	1593・146
1446	東京高裁	平成 7.8.10		判時	1546・3
1447	福岡高裁	平成 7.8.30		判時	1551・44
1448	最判	平成 7.9.5	関西電力事件	判タ	891・77

1436 採尿手続に違法があっても尿の鑑定書の証拠能力は肯定できる。

1437 衆議院議員の議員定数配分規定（最大較差1対2.82）は、平成5年7月18日施行の衆議院議員選挙当時、14条1項に違反していたものということはできない。

1438 市が生活保護法に基づき非定住外国人に支給した治療費に係る国庫負担金分を国に請求しないことに違法な点があるとして、当該市の住民が、市に代位して国に国庫負担金の支払を求める住民訴訟が不適法とされた。

1439 嫡出子と非嫡出子の法定相続分の区別は、その立法理由に合理的な根拠があり、かつ、その区別が右立法理由との関連で著しく不合理なものでなく、いまだ立法府に与えられた合理的な裁量判断の限界を超えていないと認められ、合理的理由のない差別とはいえず、これを14条1項に反するものということはできない。

1440 自衛官が政治的集会において不特定多数の者に対して国の政策を批判し自衛隊を誹謗中傷する等の内容の要求書及び声明文を読み上げるなどした行為を懲戒処分とすることは21条に反するとはいえない。

1441 一般国道等の道路の周辺住民がその供用に伴う自動車騒音等により被害を受けている場合において、右道路の周辺住民が現に受け、将来も受ける蓋然性の高い被害の内容が、睡眠妨害、会話、電話による通話、家族の団らん、テレビ・ラジオの聴取等に対する妨害及びこれらの悪循環による精神的苦痛等のいわゆる生活妨害にとどまるのに対し、右道路が地域間交通や産業経済活動に対してその内容及び量においてかけがえのない多大な便益を提供しているなどの事情の存するときは、右道路の周辺住民による自動車騒音等の一定の値を超える侵入の差止請求を認容すべき違法性があるとはいえない。

1442 宗教法人において、壇信徒名簿が備え付けられていて、檀徒であることが右法人の代表役員を補佐する機関である総代に選任されるための要件とされている等の事情においては、右法人における檀徒の地位は、具体的な権利義務ないし法律関係を含む法律上の地位といえる。

1443 平成7年6月9日に衆議院で行われた「歴史を教訓に平和への決意を新たにする決議」いわゆる戦後50年の国会決議の無効確認を求める訴えが、法律上の争訟に当たらないとして却下された。

1444 宗教者の宗教的行為に付随して祈祷料その他の献金を勧誘する行為は、相手方の窮迫、軽率等に乗じ、ことさらその不安、恐怖心等をあおるなど不相当な方法でなされ、その結果、相手方の正常な判断が妨げられ著しく過大な献金がなされたと認められるような場合は、当該勧誘行為は不法行為に該当する。

1445 覚せい剤の自己使用事案において、捜査手続に令状主義の精神を没却するような重大な違法があるとして、尿の鑑定書等の証拠能力を否定し無罪を言い渡した（白紙調書による警察官調書捏造事件）。

1446 「面会が取材目的ではなく、面会内容を一切公表しない」旨の誓約書の提出に応じなかったこと等を理由として死刑判決を受けて上告中の被勾留者と雑誌編集者との接見を不許可とした拘置所長の処分は裁量権の範囲の逸脱又はその濫用があるとはいえない（最高裁平成10年10月27日上告棄却）。

1447 参考人に署名・押印させた白紙の供述調書用紙を利用して捜査官が虚偽の供述調書を作成し、その調書を被疑事実を裏付ける唯一の証拠資料として捜索差押許可状の発付を受け、本件覚せい剤を差し押さえたとして、その覚せい剤、差押調書及び鑑定書の証拠能力を否定した。

1448 会社が職制等を通じて共産党又はその同調者である特定の従業員を監視し孤立させるなどした行為は、人格的利益を侵害する不法行為に当たる。

1449		仙台高裁	平成 7.10.9		判時	1549・3
1450		大阪地裁	平成 7.10.11		判タ	901・84
1451		東京高裁	平成 7.10.17		別冊ジュリ	186・145
1452		大阪地裁	平成 7.10.17		判時	1569・39
1453		大阪地裁	平成 7.10.25		判時	1576・37
1454		福岡高裁 那覇支部	平成 7.10.26		判時	1555・140
1455		東京高裁	平成 7.10.30		判時	1557・79
1456		大阪地裁	平成 7.11.6		判タ	898・254
1457	一三代目最高裁長官	東京高裁	平成 7.11.28		判時	1570・57
1458		最判	平成 7.12.5	女子再婚禁止期間事件	判タ	906・180
1459		最判	平成 7.12.15	指紋押捺拒否事件	判タ	900・167
1460		最判	平成 7.12.15		税資	214・765
1461	三好達 みよしとおる	最判	平成 7.12.15		毛利透ほか「憲法1」（有斐閣、2022年）	292
1462		東京高裁	平成 8.1.18		判時	1563・76
1463	在任期間	大阪高裁	平成 8.1.25		判タ	909・124
1464	平成7年	名古屋地裁	平成 8.1.26		判時	1575・95

1449 連座制の対象者を組織的選挙運動管理者等（以下単に「管理者」という）にまで拡げた法改正の目的は、選挙浄化の一層の拡充徹底を図る点にあり、したがって、総括主宰者等のみが連座制の対象者とされていた従前の場合以上に、公職の候補者等は選挙浄化のための努力をしなければならない。

1450 在日韓国人の軍人軍属に対する具体的援護の程度、内容を決定するについては、国民感情や社会、経済、財政、国際関係、政治事情等を考慮した立法府の政治的裁量にゆだねられる立法政策に属する問題である。

1451 一私人が犯罪に巻き込まれた場合における犯罪事実それ自体及びこれと密接に関連する記事には公共性が認められる。

1452 いわゆるバブル経済期に設けられた相続税の課税価格の特別な計算規定を、地価の下落した現在においてもそれを無制限に適用することは29条に違反する疑いがきわめて強いとした。

1453 自衛隊の掃海艇の派遣に関する内閣の閣議決定、内閣総理大臣及び防衛庁長官の指揮命令により平和的生存権を侵害された等としてされた国家賠償責任が棄却された。

1454 沖縄県で開催された国民体育大会の少年男子ソフトボール競技会の開会式中に、外野スタンドスコアボード屋上のセンターポールに掲揚されていた日の丸旗を引き降ろし、火を点けた上球技場内の人々に掲げて見せるなどし、その半分を焼失させた行為が威力業務妨害罪に当たるとして処罰しても21条に違反しない。

1455 幸福の科学及びその主宰者を中傷する雑誌の記事により宗教上の人格権を侵害されたとする信者の損害賠償請求が棄却された。

1456 関連事件の被疑者が勾留中の事案に関して、刑事確定訴訟記録の保管検察官がした閲覧不許可処分について、公刊物の写しについては違法とし、それ以外の被告人及び関係人のプライバシーに関する書面と被告人の供述調書等については適法であるとされた。

1457 84条の租税法律主義に鑑み租税特別措置法の包括的委任文言を限定的に解釈し、手続的事項を課税要件とした租税特別措置法施行令及び施行規則の規定を無効とした。

1458 再婚禁止期間について男女間に差異を設ける民法は14条1項に違反するものではない。

1459 我が国に在留する外国人について指紋押なつ制度を定めた外国人登録法は13条に違反しない。

1460 給与所得控除制度及び寡夫控除と寡婦控除との適用要件の差異は、14条1項に違反しない。

1461 判事補指名拒否処分等請求訴訟において、抗告訴訟としては不適法とされ却下された。

1462 いわゆる連座制が秘書にも拡大され静岡県議の当選が無効とされた。

1463 君が代を録音して学校に配付する目的であっても、市販のテープを購入しその代金を支出したことによっては、損害の発生はなく、このことは右目的が違法・違憲であるかどうかにかかわりがないとされた。

1464 検察官のした刑事確定訴訟記録閲覧謄写請求に対する不許可処分について、国家賠償請求を棄却した。

1465	11月7日〜同9年10月30日	最判	平成 8.1.30	オウム真理教解散事件	判時	1555・3
1466		最判	平成 8.2.22		判タ	902・51
1467		大阪地裁	平成 8.2.22	東淀川高校日の丸掲揚事件	判タ	904・110
1468		最判	平成 8.2.22		判タ	905・95
1469		最判	平成 8.2.26		判時	1562・20
1470		最判	平成 8.3.8	剣道実技拒否事件	判時	1564・3
1471		最判	平成 8.3.8		地自	155・89
1472		最判	平成 8.3.15	上尾市福祉会館事件	判タ	906・192
1473		東京地裁	平成 8.3.15		判時	1591・69
1474		最判	平成 8.3.19	南九州税理士会政治献金事件	判タ	914・62
1475		仙台高裁	平成 8.3.25		税資	224・893
1476		大阪高裁	平成 8.3.27		訟月	43・5・1285
1477		大阪地裁	平成 8.3.27		判時	1577・104
1478		東京地裁	平成 8.3.28		判時	1558・3
1479		福岡地裁小倉支部	平成 8.3.28		別冊ジュリ	187・424
1480		広島高裁	平成 8.4.16		判時	1587・151

1470　本件の一審（神戸地裁平成5年3月22日）は学校側が勝訴している。

1465 大量殺人を目的として計画的、組織的にサリンを生成した宗教法人について、宗教法人法に規定する事由があるとしてされた解散命令は、必要でやむを得ない法的規制であり、20条1項に違反しない。

1466 市立中学校の「中学校生徒心得」に男子生徒の丸刈り等の定めを置く行為は抗告訴訟の対象となる処分に当たらない。

1467 「日の丸」は日本を象徴する国旗であるとの慣習法が成立しているというべきであることを前提に、公立高校の卒業式及び入学式に校長が日の丸を掲揚しようとしたことに反対し、これを妨害する等の行為をしたことを理由に教育長から訓告の制裁を受けた教職員が行った損害賠償請求を否定した。

1468 外国人登録法に規定する指紋押なつ制度は13条、14条に違反しない。

1469 職務執行命令訴訟における補助参加は許されないと解しても32条には反しない。

1470 信仰上の理由（エホバには「武器を取って戦わない」という教義がある）により剣道実技の履修を拒否した市立高等専門学校の学生に対する原級留置処分及び退学処分は裁量権の範囲を超える違法なものである。

1471 京都市屋外広告物条例は罪刑法定主義に反するものではなく、また、同条例そのものを表現の自由を侵す違憲の条例ということもできず、同条例を特に美観の優れた地域とはいえない一般の市街地における政党ポスターの貼付について適用することをもって違憲とすることもできない。

1472 労働組合幹部の合同葬のための使用不許可処分時において、本件合同葬のための本件会館の使用によって、条例に定める「会館の管理上支障がある」との事態が生ずることが客観的な事実に照らして具体的に明らかに予測されたものということはできないので処分は違法である。

1473 拘置所長が死刑確定者と獄中結婚した者らとの接見及び死刑に関する図書の閲読を制限したことなどを違法とする国家賠償請求が棄却された。

1474 政党など政治資金規正法上の政治団体に金員の寄付をするために会員から特別会費を徴収する旨の税理士会の総会決議は無効である。

1475 国税犯則取締法に供述拒否権告知の規定を欠いていることは38条1項に違反するものではない。

1476 参政権はその国の政治に参加する権利であり、特に選挙権と被選挙権とは国家意志の形成に参与する国民固有のものであって、15条による権利の保障は我が国に在留する外国人に及ばないと解される。

1477 ペルシャ湾岸危機に際して、国が避難民の輸送に関して政令を制定公布した行為、湾岸平和基金に90億ドルを支出した行為及び掃海艇等を派遣した行為の違憲確認を求めた訴えが不適法とされ、右違憲を理由とする国家賠償請求が棄却された。

1478 宗教法人（オウム真理教）が代表役員らの不法行為による損害賠償債務のため債務超過・支払不能の状態にあるとして破産宣告がされた。

1479 死刑事件に関する刑事確定訴訟記録の閲覧請求が認められなかった。

1480 違法な留置がされている間に収集された資料により請求発付された捜索差押許可状に基づき押収された覚せい剤及びこれに関する鑑定書等の証拠能力を肯定した。

1481	東京地裁	平成 8.5.10		判時	1579・62
1482	大阪地裁	平成 8.5.20		判時	1592・113
1483	最判	平成 8.5.31		判時	1573・3
1484	最判	平成 8.6.17		最高裁解説民事篇	平成9年度（上）・487
1485	東京地裁	平成 8.6.20		判自	171・26
1486	最判	平成 8.7.12		訟月	43・9・2339
1487	最判	平成 8.7.18		判タ	921・106
1488	最判	平成 8.7.18	修徳高校パーマ退学事件	判タ	936・201
1489	仙台地裁	平成 8.7.29		判時	1575・31
1490	東京地裁	平成 8.7.31		判時	1593・41
1491	最大判	平成 8.8.28	沖縄代理署名訴訟	判タ	920・79
1492	名古屋高裁	平成 8.8.29		ジュリ臨増	1113・2
1493	最大判	平成 8.9.11		判タ	922・96
1494	最判	平成 8.9.20		判時	1581・33
1495	最判	平成 8.9.24		判時	1582・21
1496	大阪高裁	平成 8.9.27	レセプト情報公開請求事件	判タ	931・188
1497	最判	平成 8.10.28		ジュリ臨増	1113・2

1488　地裁、高裁、最高裁とも学校側の勝訴である。

1481 いわゆる湾岸戦争について、わが国が行った資金拠出、海上自衛隊掃海艇の派遣の各違憲、違法確認請求が法律上の争訟に当たらないか、当たるとしても確認の利益を欠くとして却下した。

1482 国を被告とし、いわゆる国連平和協力法に基づく自衛隊員のカンボジアへの派遣の差止め、右派遣が違憲であることの確認及び右派遣によって被った損害の賠償を求める訴えが排斥された。

1483 不在者投票の管理執行に関する違法が不在者投票全体についての公正を疑わしめるに足りるものであって選挙の結果に異動を及ぼすおそれがあるとされた。

1484 いわゆる拡大連座制の適用について秘書該当性が争われたが、違憲の主張はなく原審の判断が是認された。

1485 都会議費に係る公文書非開示決定の取消請求が認められた。

1486 退去強制令書発付処分取消訴訟係属中に退去強制令書が執行され本国に送還され、1年が経過したとして訴えの利益が消滅したとされた。

1487 選挙運動の総括主催者等が選挙犯罪により刑に処せられたときに公職の候補者等であった者の立候補を所定の選挙及び期間に限って禁止することとしている公職選挙法の規定は、15条、31条、93条に違反しない。

1488 普通自動車運転免許の取得を制限しパーマをかけることを禁止する校則に違反するなどした私立高等学校の生徒に対する自主退学の勧告は違法とは言えない。

1489 宮城県の情報公開条例において公文書の非開示事由に該当するとしてされた、食糧費支出伺、支出負担行為兼支出決議書及び請求書中の懇談会の目的、開催場所、出席者並びに懇談会に係る債権者名及び口座名が記載されている部分を非開示とした県知事の決定が取り消された。

1490 高齢者ホームヘルプサービス事業実施要綱等にヘルパー派遣の要件が対象者基準及び介護者基準によって具体化されている場合に、介護者が右基準に該当していると認定して、右要件に該当するのにヘルパーを派遣しなかったことが違法とされた。

1491 駐留軍用地特措法は憲法前文、9条等に違反しない。

1492 嫌煙運動家が25条等によって煙草の製造・輸入の禁止を国に求めたが訴えが却下された。

1493 参議院議員の議員定数配分規定の下で、平成4年7月26日の参議院議員選挙当時、選挙区間における議員一人当たりの選挙人数の較差は最大1対6.59に達しており、違憲の問題が生ずる程度の投票価値の著しい不平等状態が生じていたものといわざるを得ないが、右較差が右の程度に達した時から右選挙までの間に国会が右議員定数配分規定を是正する措置を講じなかったことをもってその立法裁量権の限界を超えるものと断定することはできず、14条1項に違反するに至っていたものと断ずることはできない。

1494 死刑の選択がやむを得ないと認められる場合に当たるとはいい難いとして原判決及び第一審判決が破棄され無期懲役が言い渡された。

1495 名古屋市議会の議員の定数及び各選挙区において選挙すべき議員の数に関する条例の議員定数配分規定(最大格差1対1.73)は適法である。

1496 公文書の公開等に関する条例に基づく自己の分娩に関する診療報酬明細書の公開請求に対し、県知事が同条例の非公開事由に該当するとして非公開とした決定は違法である。

1497 判事補任官拒否取消訴訟が不適法却下された。

1498	最判	平成 8.10.29		判時	1584・148
1499	東京高裁	平成 8.10.30		判時	1590・63
1500	最判	平成 8.11.18		判時	1587・148
1501	最判	平成 8.11.26		別冊ジュリ	218・353
1502	盛岡地裁	平成 9.1.24		判時	1638・141
1503	鹿児島地裁	平成 9.1.27		ジュリ臨増	1135・2
1504	最判	平成 9.1.28		判時	1598・56
1505	最判	平成 9.1.30		判時	1592・142
1506	東京地裁	平成 9.1.31		判時	1601・160
1507	神戸地裁 尼崎支部	平成 9.2.12	「タカラヅカおっかけマップ」事件	判時	1604・127
1508	東京高裁	平成 9.2.27		判時	1602・48
1509	東京地裁	平成 9.2.27		判時	1607・30
1510	東京地裁	平成 9.3.12		判時	1619・45
1511	最判	平成 9.3.13	拡大連座制事件	判時	1605・16
1512	最判	平成 9.3.13	シベリア抑留訴訟	判時	1607・11
1513	大阪高裁	平成 9.3.18		訟月	44・6・910
1514	東京地裁	平成 9.3.25		判時	1605・63
1515	東京地裁	平成 9.3.27		判時	1610・132

1498 令状に基づく捜索の現場で警察官が被告人に暴行を加えた違法があっても、それ以前に発見されていた覚せい剤の証拠能力は否定されないとされた。

1499 死刑確定者からの国際連合人権擁護委員会あて「人権救済の申立」と題する書面の発信を不許可とした拘置所長の処分に裁量権の逸脱・濫用があるとして、慰謝料請求が認容された。

1500 判例変更により行為当時の最高裁判所の判例の示す法解釈に従えば無罪となるべき行為であっても、これを処罰することは39条に違反しない。

1501 いわゆる拡大連座制の適用について、公選法上の『組織的選挙運動管理者等』の定めが漠然不明確で違憲であるとの主張が認められなかった。

1502 町のモーテル類似施設建築規制条例は94条等には違反しないもののその適用が29条に違反するとされた。

1503 平和的生存権等に基づく、湾岸戦争時の資金支出等の違憲確認請求等が不適法却下等された。

1504 被収用者は、土地収用法所定の損失補償に関する訴訟において、正当な補償額と権利取得裁決に定められた補償額との差額のみならず、右差額に対する裁決に定められた権利取得の時期からその支払済みまで民法所定の利率に相当する金員を請求することができる。

1505 道路交通法上の呼気検査は、酒気を帯びて車両等を運転することの防止を目的として運転者らから呼気を採取してアルコール保有の程度を調査するものであって、その供述を得ようとするものではないから、右検査を拒んだ者を処罰する同法の規定は、38条1項に違反するものではない。

1506 民事訴訟の証拠資料を得る目的で関連する刑事事件について確定記録の閲覧請求が不許可とされたが、「関係人の名誉又は生活の平穏を著しく害することとなるおそれがある」とまでは認められない部分については閲覧を可とした。

1507 出版社に対し、同社の発刊する雑誌に自宅の地図や写真が掲載されて個人のプライバシーが侵害されるとして宝塚スターらが求めた、右雑誌の出版・販売・頒布を禁止する仮処分が認容された。

1508 臨海副都心開発の関係部局など東京都の五部局が支出した会議費・懇談会費の支出に関する公文書の非開示決定が取り消された。

1509 国民障害基礎年金と通算老齢年金の併給調整規定が25条、14条に反しないとされた。

1510 平和的生存権等に基づく、国連平和維持活動に協力するために我が国が行ったカンボジアへの自衛隊の派遣の差止め及び違憲確認を求める各訴えがいずれも却下された。

1511 いわゆる連座制は憲法前文、1条、15条、21条及び31条に違反するものではない。

1512 シベリア抑留者は、長期にわたる抑留と強制労働により受けた損害につき、11条、13条、14条、17条、18条、29条3項及び40条に基づき、国に対して補償を請求することはできない。

1513 公職選挙法に定められた供託及び供託金の没収は、13条、14条1項並びに15条1項、3項及び4項後段に違反しない。

1514 「学生の自治」の観念から、国立大学学生寮における学生の自治と学生らないしこれにより構成される権利能力なき社団である寮自治会の占有権限が導出されるわけではないとされた。

1515 自衛隊法所定の懲戒処分事由（「政府の活動能率を低下させる怠業的行為」）は合憲限定解釈すべきでチラシ貼付行為は該当しない等と争ったが認められなかった。

1516	札幌地裁	平成 9.3.27	二風谷ダム事件	判時	1598・33
1517	最判	平成 9.3.28		判時	1602・71
1518	最大判	平成 9.4.2	愛媛県玉串料訴訟	判時	1601・47
1519	東京地裁	平成 9.4.14		判時	1617・140
1520	最判	平成 9.5.27	ロス疑惑スポーツニッポン新聞事件	判タ	941・128
1521	大阪地裁	平成 9.5.28		判タ	956・163
1522	東京高裁	平成 9.6.26		判タ	954・102
1523	前橋地裁	平成 9.7.8		判タ	969・281
1524	最判	平成 9.7.15		判タ	952・176
1525	東京高裁	平成 9.7.15		ジュリ臨増	1135・2
1526	浦和地裁	平成 9.8.18		判時	1660・48
1527	高松高裁	平成 9.8.26		判タ	957・159
1528	最判	平成 9.8.29	教科書検定事件	判タ	958・65
1529	仙台高裁	平成 9.8.29		労判	729・76
1530	最判	平成 9.9.9	札幌病院長自殺事件	判タ	967・116
1531	東京高裁	平成 9.9.16	東京都青年の家事件	判タ	986・206
1532	東京高裁	平成 9.9.24		判時	1627・93
1533	最判	平成 9.9.30		判時	1620・50

1518 本件は、最高裁の判断が出される約2ヶ月前に最高裁の合議の内容が外部に流出したのではないかという疑義が出て国会でも問題になった。この点については、平成9年3月11日に行われた第140回国会参議院予算委員会における野間赳議員と涌井紀夫（最高裁判所長官代理者）とのやりとりが参考になる。

1516 収用裁決の取消訴訟において、収用裁決はダム建設によるアイヌ文化等に対する影響が十分に考慮されていないといった事業認定の違法を承継して違法であるが、既に右事業に係るダム本体が完成し湛水している現状において右裁決を取り消すことは公共の福祉に適合しないとしていわゆる事情判決がされた。

1517 公職選挙法所定の詐偽投票罪の捜査のために投票済み投票用紙の差押え等がされた場合において、投票した選挙人の投票の秘密に係る法的利益の侵害はない。

1518 県が靖国神社又は靖国神社の挙行した例大祭、みたま祭又は慰霊大祭に際し、玉串料、献灯料又は供物料を県の公金から支出して奉納したことは20条3項、89条に違反する（13対2）。

1519 国立大学助手に対する60歳定年制が14条等に違反しないとした。

1520 不法行為の被侵害利益としての名誉とは、人の品性、徳行、名声、信用等の人格的価値について社会から受ける客観的評価のことであり、名誉毀損とは、この客観的な社会的評価を低下させる行為のことにほかならない。

1521 在日韓国・朝鮮人が国に対し地方参政権の行使を可能にする立法措置を講じないことが違憲であることの確認を求める訴えが不適法であるとされた。

1522 県警察官らによる政党幹部宅への電話の盗聴行為につき、県及び国の損害賠償責任が認められた。

1523 ジャーナリストが週刊誌等に公表する取材のために刑事事件の訴訟記録を閲覧することはできない。

1524 いわゆる連座制は13条、14条、15条1項、31条、32条、43条1項、93条2項に違反しない。

1525 平和的生存権等に基づく、湾岸戦争時の資金支出等の違憲確認請求等が不適法却下等された。

1526 「高校入学志願者調査書」（いわゆる内申書）は非公開とされており、この個人情報については、右個人が未成年の子であっても、その親は、公開請求権を有しないとされた。

1527 いわゆる連座制適用により衆議院（小選挙区選出）議員選挙への立候補禁止請求が認容された。

1528 教科書検定は、13条、21条、23条、26条、31条等に反しない。

1529 郵便局職員に対するネームプレートの着用義務付けは、氏名権、プライバシー権及び思想・良心の自由を侵害しない。

1530 国会議員が国会で行った質疑等において、個別の国民の名誉や信用を低下させる発言があったとしても、これによって当然に国家賠償法にいう違法な行為があったとはいえない。

1531 同性愛者の団体からの青年の家の利用申込みを不承認とした教育委員会の処分を違法であるとして損害賠償請求を一部認容した。

1532 衆議院議員総選挙の立候補者に対し、その組織的選挙運動管理者該当者が選挙違反により処罰されたことを理由に連座制規定を適用し、検察官による立候補禁止請求が認容された。

1533 町議会による議員の外国研修旅行の決定に裁量権を逸脱した違法があるとされた。

1534		大阪高裁	平成 9.10.8	捜査一課長事件	判時	1631・80
1535		最判	平成 9.10.17		判時	1620・52
1536		東京高裁	平成 9.10.20		判時	1637・20
1537		東京高裁	平成 9.10.20		ジュリ臨増	1135・4
1538	一四代目最高裁長官	東京高裁	平成 9.11.10		判時	1638・87
1539		最判	平成 9.11.17		判時	1624・143
1540		東京高裁	平成 9.11.17		判時	1625・12
1541	山口繁	東京高裁	平成 9.11.26		判タ	960・79
1542		東京高裁	平成 9.12.15		判タ	961・87
1543	在任期間	東京地裁	平成 10.1.21		判時	1646・102
1544		東京高裁	平成 10.1.28		判時	1647・101
1545	平成9年10月31日〜同14年11月3日	最判	平成 10.1.30	ロス疑惑朝日新聞社事件	判時	1631・68
1546		最判	平成 10.3.13		裁時	1215・5
1547		最判	平成 10.3.13		自由と正義	49・5・213
1548		大阪高裁	平成 10.3.19		判タ	1014・183
1549		最判	平成 10.3.24		判時	1658・188
1550		東京高裁	平成 10.3.25		判時	1668・44

1534 現実の犯罪事件を素材としたモデル小説において、素材事実と虚構事実が渾然一体となって区別できない場合に、その犯人であるという印象を与える事実の摘示が名誉毀損であり、作家及び出版社の損害賠償責任が認められた（最高裁、平成11年2月4日、上告棄却）。

1535 客観的にみて、戸籍の記載上嫡出の推定がされなければ日本人である父により胎児認知がされたであろうと認めるべき特段の事情がある場合には、右胎児認知がされた場合に準じて、国籍法2条1号の適用を認め、子は生来的に日本国籍を取得すると解するのが相当である。

1536 衆議院小選挙区選出議員の定数配分の定めにつき、投票価値の平等が唯一絶対の原則ではないとして、13条、14条1項に違反しないとされた。

1537 衆議院議員選挙において比例代表制の仕組みを採用することは憲法の許容するところである。

1538 いわゆるロス疑惑事件の被疑者の女性関係についての報道に公共性ありと認めた。

1539 外国人登録原票記載事項の確認申請を義務づける登録事項確認制度(外国人登録法)は13条、14条に違反しない。

1540 衆議院議員選挙区画定審議会設置法の規定は、衆議院小選挙区選出議員に「地域代表」としての性格を付与したものということはできず、13条及び43条1項の規定に違反しないとされた。

1541 我が国に在住する外国人である地方公務員を、管理職のうち公権力を行使せず、公の意思の形成に参画する蓋然性も少ない職に任用することは、憲法の国民主権の原理に反するものではない。

1542 衆議院議員選挙において比例代表制の仕組みを採用することは憲法の許容するところである。

1543 加入電話契約者がNTTに対し電話帳に氏名、電話番号、住所を掲載しないよう明示に求められたのにこれらを掲載されたことがプライバシーの侵害に当たるとして慰謝料請求が認められた(10万円)。

1544 高級クラブのママが有名芸能人の子を宿して店を閉店したとの風説があるとする週刊誌の記事に不法行為の成立を認めた。

1545 ある者が犯罪を犯したとの印象を与える新聞記事を掲載したことが不法行為を構成しないとするためには、その者が真実犯罪を犯したことが証明されるか、又は右を真実と信ずるについて相当の理由があったことが認められなければならず、ある者に対して犯罪の嫌疑がかけられていてもその者が実際に犯罪を犯したとは限らないことはもちろんであるから、ある者についての犯罪の嫌疑が新聞等により繰り返し報道されて社会的に広く知れ渡っていたとしても、それによって、その者が真実その犯罪を犯したことが証明されたことにならないのはもとより、右を真実と信ずるについて相当の理由があったとすることもできない。

1546 国会議員の被選挙権を有する者を日本国民に限っていること、そしてこれを前提として立候補届出等に当たって戸籍の謄本又は抄本の添付を要求する公職選挙法の各規定は15条に違反しない。

1547 自民党が「防衛秘密を外国に通報する行為等の防止に関する法律案」を国会に提出することに反対する日弁連決議が無効であることの確認等を111人の弁護士が求めたが認められなかった。

1548 店主不在の間に店舗及び住居部分で税務職員が行った質問検査権の行使を違法とした。

1549 酒税法による酒類販売業の免許制規制は22条1項に反しない。

1550 都の執行機関が開催した都議会特定会派の役職者との懇談会の際の飲食費等の支出に関する起案文書等に記載された前記会議に出席した私人である相手方の役職名につき、架空の懇談会への出席者として冒用された役職名であるとして公開が命じられた。

1551	最判	平成 10.3.26		判時	1639・36
1552	最判	平成 10.4.10		判時	1638・63
1553	大阪高裁	平成 10.4.14		判時	1674・40
1554	最判	平成 10.4.24		判時	1640・123
1555	最判	平成 10.4.24		判時	1640・123
1556	山口地裁 下関支部	平成 10.4.27		判時	1642・24
1557	最判	平成 10.5.1		判時	1643・192
1558	東京高裁	平成 10.5.26		判時	1664・28
1559	大阪高裁	平成 10.6.19		訟月	45・3・646
1560	最判	平成 10.7.3		判時	1652・43
1561	大阪高裁	平成 10.7.7		労判	742・17
1562	最判	平成 10.7.10		判時	1651・152
1563	最判	平成 10.7.13		判時	1651・54
1564	最判	平成 10.7.16		判時	1652・52
1565	最判	平成 10.7.17	雑誌「諸君！」事件	判時	1651・56
1566	高知地裁	平成 10.7.17		判時	1699・67
1567	最大判	平成 10.9.2		判時	1653・31

1551 酒税法が酒類販売業につき免許制を採用したのは、酒類製造者に酒類の販売代金を確実に回収させ、最終的な担税者である消費者への税負担の転嫁を円滑ならしめるため、これを阻害するおそれのある酒類販売業者を酒類の流通過程から排除し、酒税の適正かつ確実な徴収を図ろうとしたものと解されるから22条1項に反しない。

1552 いわゆる協定永住許可を受けていた者に対してされた指紋押なつ拒否を理由とする再入国不許可処分は違法とはいえない。再入国不許可処分を受けた者が本邦から出国した場合には、右不許可処分の取消しを求める訴えの利益は失われる。

1553 相続開始前3年以内に被相続人が取得した土地についてはその取得価額を相続税の課税価格に算入すべき価額とする旨定めた規定が土地急落の場合にまで適用するのは29条等に反すると主張したが認められなかった（最高裁平成11年6月11日上告棄却）。

1554 監獄内の規律及び秩序の維持に障害を生ずること並びに受刑者の教化を妨げることを理由とする新聞記事、機関紙の記事、受信した信書及び発信した信書の一部抹消は違法なものとはいえない。

1555 受刑者の発受にかかる信書を一部抹消した刑務所長の措置は21条等に違反しない。

1556 いわゆる従軍慰安婦に対する国会議員の救済立法の不作為を違法であるとして国に損害賠償（各30万円）が命じられた。ただし、控訴審（広島高裁平成13年3月29日）はこれを取り消した。

1557 フロッピーディスク等につき捜索差押えの現場で内容を確認せずに差し押さえることが許されるとされた。

1558 酒類販売に免許を要求することは22条1項に違反しない。

1559 政党交付金の交付の差止めを求める訴えが不適法却下された。

1560 酒税法に基づく酒類販売業免許の拒否処分を適法とした原審の判断は違法である。

1561 男女雇用機会均等法の施行後に実施された大阪市の外郭団体「大阪市交通局協力会」における男女別定年制を合理的理由のない差別待遇に当たるとした(最高裁平成11年6月24日上告不受理)。

1562 アブラソコムツ（温熱帯の深海域に生息する魚）は、食品衛生法上の「有害な物質」が含まれる食品に当たる。

1563 抗告許可申立ての対象とされる裁判に法令の解釈に関する重要な事項が含まれるか否かの判断を高等裁判所にさせることとしている民事訴訟法の規定は31条、32条に違反しない。

1564 酒税の徴収のため酒類販売業免許制を存置させていたことが、立法府の政策的、技術的な裁量の範囲を逸脱するもので著しく不合理であるとまで断定することはできない。

1565 他人の著作物に対する論評について、当該著作物の引用紹介が全体として正確性を欠くとまではいえないから、右論評に名誉毀損としての違法性があるということはできない。

1566 地方公共団体である村が、宗教法人が所有する社殿の修復工事に係る費用の一部を補助金として支出したことは89条、20条1項後段に違反するとした。

1567 参議院（選挙区選出）議員の議員定数配分規定の改正の結果、選挙区間において、平成2年の国勢調査による人口に基づく議員1人当たりの人口及び右改正当時における議員の1人当たりの選挙人数にそれぞれ最大1対4.81及び最大1対4.99の較差が残ることとなったとしても、右改正をもって国会の立法裁量権の限界を超えるものとはいえず、平成7年7月23日施行の参議院議員選挙当時右の較差は更に縮小しているから、参議院（選挙区選出）議員の議員定数配分規定は、右選挙当時、14条1項に違反していたものということはできない。

1568	最判	平成 10.9.7		判時	1661・70
1569	東京高裁	平成 10.9.22		判時	1704・77
1570	最判	平成 10.10.13		判時	1662・83
1571	最判	平成 10.11.10		地自	187・96
1572	最判	平成 10.11.17		判時	1662・74
1573	大阪高裁	平成 10.11.26		労判	757・59
1574	東京地裁	平成 10.11.30	「ジャニーズおっかけマップ・スペシャル」	判時	1686・68
1575	最大判	平成 10.12.1	寺西判事補事件	判時	1663・66
1576	福岡高裁宮崎支部	平成 10.12.1		民集	56・6・1291
1577	大阪高裁	平成 10.12.3		ジュリ臨増	1157・2
1578	大阪高裁	平成 10.12.15		判時	1671・19
1579	最判	平成 11.1.21		判時	1675・48
1580	最判	平成 11.1.22		判タ	994・101
1581	最判	平成 11.2.23		判タ	998・108
1582	最判	平成 11.2.26		判タ	1006・125

1575 裁判官の政治活動の自由の制約が問題となった。国家公務員・地方公務員の場合と何が違うのか、行為態様はどうであったのか等を含めて、考える素材を提供してくれる極めて示唆に富む裁判例である。

1568 外国人登録法違反（指紋押なつ拒否）被疑事件における逮捕状の請求及びその発付は、明らかに逮捕の必要がなかったということはできず、適法なものであった。

1569 いわゆる統一教会の信者による献金勧誘行為が違法であるとして同協会の使用者責任を認めた。

1570 独占禁止法違反被告事件において罰金刑を科せられるとともに国から不当利得返還請求訴訟を提起されている者に課徴金の納付を命ずること（三者併科）は39条に違反しない。

1571 外国人登録法の指紋押なつ制度は13条、14条に違反しない。

1572 改正公選法が、秘書や組織的選挙運動管理者を連座制の対象に加えたことは15条1項等に反しない。

1573 大学の人事に関する大学の自治は，寄附行為の定めるところにより業務決定機関である理事会に委ねられており、教授会にはその権限がなく、学問自由は各教員に保障されているとはいえ、そのことを根拠に、当然に教員の解雇については、教授会の解任決定が必要かつ有効要件であるとすることはできない。

1574 有名芸能人自宅住所等が記載された出版物について、その出版、販売の差止請求を認容し、更に、将来にわたり同種の出版物一般について、その出版、販売の差止請求を認容した。

1575 裁判所法52条1号にいう「積極的に政治運動をすること」とは、組織的、計画的又は継続的な政治上の活動を能動的に行う行為であって裁判官の独立及び中立・公正を害するおそれがあるものをいい、具体的行為の該当性を判断するに当たっては、行為の内容、行為の行われるに至った経緯、行われた場所等の客観的な事情のほか、行為をした裁判官の意図等の主観的な事情をも総合的に考慮して決するのが相当である(10対5)。

1576 天皇の皇位継承に際して行われた大嘗祭の意味内容及び性格が憲法の定める国民主権の原理及び象徴天皇制に違反するとまではいえない等とされた。

1577 自衛隊のカンボジア派遣等にかかわる違憲確認・国家賠償請求が斥けられた。

1578 新穀献納行事を行う団体として組織された奉賛会に対する近江八幡市の補助金支出（488万円）は20条3項に違反する。

1579 市長が住民票に非嫡出子の世帯主との続柄を「子」と記載したことに国家賠償法上の違法はない。

1580 東京都議会議員の定数並びに選挙区及び各選挙区における議員の数に関する条例の議員定数配分規定（人口の最大較差は1対2.15）は公職選挙法に違反しない。

1581 関税定率法21条1項3号にいう「風俗を害すべき書籍、図画」等とは、わいせつな書籍、図画等を指すものと解すべきであり、右規定が広範又は不明確のゆえに違憲無効といえない。

1582 死刑確定者の拘禁の趣旨、目的、特質にかんがみれば、監獄法に基づく死刑確定者の信書の発送の許否は、死刑確定者の心情の安定にも十分配慮して、死刑の執行に至るまでの間、社会から厳重に隔離してその身柄を確保するとともに、拘置所内の規律及び秩序が放置することができない程度に害されることがないようにするために、これを制限することが必要かつ合理的であるか否かを判断して決定すべきものであり、具体的場合における右判断は拘置所長の裁量にゆだねられている。

1581 多数意見は最高裁昭和59年12月12日を踏襲した。

1583	金沢地裁	平成 11.3.5		判タ	1049・316
1584	最判	平成 11.3.9		判時	1672・67
1585	最大判	平成 11.3.24		判タ	1007・106
1586	東京地裁	平成 11.3.24		判タ	1003・89
1587	仙台高裁	平成 11.3.31		判時	1680・46
1588	神戸地裁	平成 11.6.23		判時	1700・99
1589	東京高裁	平成 11.6.23		労判	767・27
1590	東京高裁	平成 11.7.23		訟月	47・3・381
1591	東京高裁	平成 11.8.23		判時	1692・47
1592	京都地裁	平成 11.8.27		判自	200・91
1593	大阪高裁	平成 11.9.10		訟月	46・6・2966
1594	最判	平成 11.9.17		訟月	46・6・2992
1595	最判	平成 11.10.20		判時	1696・158
1596	最判	平成 11.10.21		判時	1696・96
1597	最判	平成 11.10.26		判時	1692・59

1583 学校法人の設置する大学の教授らが学長・学部長らの地位不存在確認を求める訴えの原告適格を欠くとして訴えが却下された。

1584 上告理由が、理由の不備を言うがその実質は事実認定を主張するものであっても、上告受理の申立てを却下することはできないとされた。

1585 身体の拘束を受けている被疑者と弁護人又は弁護人を選任することができる者の依頼により弁護人となろうとする者との接見等を検察官等が制限することを認める刑訴法39条3項本文の規定は、34条前段、37条3項、38条1項に違反しない。

1586 東京都が天皇陛下御即位祝賀記念式典等の祝賀事業を行いそのために公金を支出したことが政教分離原則等に違反し違憲、違法であるとして、東京都知事の職にあった個人らを被告として提起された地方自治法に基づく損害賠償請求が棄却された。

1587 原子力発電所において、現時点では具体的な危険性があるとは認め難いとして、その運転差止請求を棄却した一審判決が維持された。

1588 電話帳に記載されている実名、電話番号等をパソコン通信における掲示板に無断で掲載したことが、プライバシーの侵害に当たるとして損害賠償責任が認められた。

1589 労働組合が労働条件の向上を目的として行う団体行動である限り、直接労使関係に立つ者との間での団体交渉に関係するものではない要請行動等も、28条の保障の対象に含まれ得るが、その場合には、行為の主体、目的、態様等の諸般の事情を考慮して、社会通念上相当と認められる行為に限りその正当性を肯定すべきである。

1590 民事上の請求として、自衛隊の使用する航空機の離着陸等の差止め及び右航空機の騒音の規制を求める訴えを認めなかった。

1591 中学生の女児を自殺によって失った父親が、町田市個人情報保護条例に基づいて、同女の通学していた中学校が同女の死について生徒に書かせた作文の開示を求めたのに対し、町田市当局のした非開示の決定が相当とされた。

1592 国政調査権を行使するか否かは、国会の自由な判断に任されている。

1593 国等が収集した情報の保管、利用又は廃棄については、法令の制限がない限り、国等の広範な裁量にゆだねられており、また、法令の改廃により、右情報を収集する機能に変動があったとしても、国等において右情報を保管し、利用する根拠が失われ、当然にその廃棄が義務付けられるものではない。

1594 衆議院議員が提出した法律案（国民投票法案）を不受理とした衆議院事務局の取扱いを違法とする国家賠償請求が棄却された。

1595 国の行政機関が国家公務員の採用に関し民間企業における就職協定の趣旨に沿った適切な対応(いわゆる青田買い防止)をするよう尽力することは、内閣官房長官の職務権限に属する。

1596 市が社会福祉協議会を通じて地元の戦没者遺族会に補助金を支出したこと及び市福祉事務所職員が右遺族会の書記事務に従事したことが20条3項により禁止される宗教的活動に当たらないとされた。

1597 名誉毀損の行為者において刑事第一審の判決を資料としてその認定事実と同一性のある事実を真実と信じて適示した場合には、特段の事情がない限り、適示した事実を真実と信ずるについて相当の理由があるといえる。

1598	最大判	平成 11.11.10		民集	53・8・1441
1599	最大判	平成 11.11.10		民集	53・8・1577
1600	最大判	平成 11.11.10		民集	53・8・1704
1601	高松高裁	平成 11.11.30		判タ	1058・163
1602	最判	平成 11.12.16		判タ	1023・138
1603	最判	平成 11.12.20		訟月	47・7・1787
1604	最判	平成 12.1.27		判タ	1027・90
1605	最判	平成 12.2.8		判タ	1027・89
1606	名古屋高裁金沢支部	平成 12.2.16	天皇コラージュ事件	判タ	1056・188
1607	福岡高裁	平成 12.2.18		WLJ	2000WLJPCA02189002
1608	最判	平成 12.2.22		判タ	1040・117
1609	大阪高裁	平成 12.2.29	堺市通り魔殺人事件	判時	1710・121
1610	最判	平成 12.2.29	エホバの証人輸血拒否事件	判タ	1031・158
1611	東京高裁	平成 12.3.15		WLJ	2000WLJPCA03159002

1610　一審では病院（国）側が勝訴したが、高裁、最高裁では患者側が勝訴した。

1598 衆議院小選挙区選出議員の選挙区割りの基準を定める規定は、14条1項、43条1項に違反するものとはいえず、右基準に従って定められた区割りを定める規定は、平成8年10月20日施行の衆議院議員選挙当時、14条1項、43条1項に違反していたものということはできない。

1599 重複立候補の禁止は憲法上の要請ではなく、その可否は立法政策に属する。

1600 衆議院の選挙制度として小選挙区制を採用したことが国会の裁量の限界を超えるということはできない。

1601 市が郷土出身作家菊池寛の全集を発行し、そのための費用を支出したことが、違憲・違法でないとして住民訴訟による損害賠償請求が棄却された。

1602 捜査機関が電話の通話内容を通話当事者の同意を得ずに傍受することは、重大な犯罪に係る被疑事件について、罪を犯したと疑うに足りる十分な理由があり、かつ、当該電話により被疑事実に関連する通話の行われる蓋然性があるとともに、他の方法によってはその罪に関する重要かつ必要な証拠を得ることが著しく困難であるなどの事情が存し、犯罪の捜査上真にやむを得ないと認められる場合に、対象の特定に資する適切な記載がある検証許可状によって実施することが許される（4対1）。

1603 BC級戦犯として刑の執行を受けた朝鮮半島出身者が条理に基づき我が国に対し国家補償を請求することはできないとされた。

1604 非嫡出子の相続分を嫡出子の相続分の2分の1と定めた民法900条4号ただし書前段の規定は14条1項に違反するものではない。

1605 司法書士法の各規定は、登記制度が国民の権利義務等社会生活上の利益に重大な影響を及ぼすものであることなどにかんがみ、法律に別段の定めがある場合を除き、司法書士及び公共嘱託登記司法書士協会以外の者が、他人の嘱託を受けて、登記に関する手続について代理する業務及び登記申請書類を作成する業務を行うことを禁止し、これに違反した者を処罰することにしたものであって、右規制は公共の福祉に合致した合理的なもので22条1項に違反しない。

1606 昭和天皇の肖像と東西の名画、裸婦などを組み合わせて構成され、コラージュと呼ばれる手法を用いて制作された作品等の公開について、県立美術館等に対し、執拗な抗議、右翼団体による街宣活動、県知事に対する暴行未遂事件などが相次いで発生している等の状況のもとでは、県教育委員会は、地方自治法の正当な事由があるとして、本件作品等の特別観覧許可申請を不許可とすることが許されるとした（最高裁平成12年10月27日、上告棄却）。

1607 大学を設立する学校法人に対する市の補助金支出が89条に違反しないとされた。

1608 弁護人からの被疑者との接見の申出に対して書面を交付する方法により接見の日時等の指定をしようとした検察官の措置は違法とはいえない。

1609 いわゆる堺市通り魔殺人事件の犯人である犯行当時19歳の少年が、実名、顔写真等により本人であることが特定される記事を雑誌に掲載した発行所、執筆者及び編集長に対し、損害賠償、謝罪広告を求めた事案につき、本件記事は社会の正当な関心事であり、かつ、その表現内容・方法は不当なものではないとして、表現行為の違法性を否定した。

1610 「エホバの証人」の信者である患者に対して輸血の方針に関し説明をしないで手術を施して輸血をした医師は不法行為責任を負う。

1611 皇太子及び同妃の結婚の儀及び饗宴の儀が国事行為として挙行されたことが適法とされた。

1612	最判	平成 12.3.17	全農林人勧凍結反対ストスト訴訟	判タ	1031・162
1613	最判	平成 12.3.17		判タ	1032・145
1614	最判	平成 12.4.21		判タ	1034・94
1615	東京地裁	平成 12.4.25		WLJ	2000WLJPCA04250007
1616	最判	平成 12.4.25		判自	208・49
1617	那覇地裁	平成 12.5.9	名護ヘリポート住民投票訴訟	判タ	1058・124
1618	最判	平成 12.6.13		判タ	1040・113
1619	横浜地裁川崎支部	平成 12.7.6		別冊ジュリ	245・119
1620	最大判	平成 12.9.6		判タ	1045・86
1621	最判	平成 12.9.7		判時	1728・17
1622	大阪地裁	平成 12.10.5		判タ	1049・309
1623	最判	平成 12.12.19		判時	1737・141
1624	大阪地裁	平成 13.1.23	高槻市パネル展事件	判時	1755・101
1625	大阪高裁	平成 13.2.2		判タ	1081・181
1626	最判	平成 13.2.9		ジュリ臨増	1224・3

1612 人事院勧告の完全実施等を求めるストライキに関与した農林水産省職員に対する懲戒処分は裁量権の範囲を逸脱したものとはいえない。

1613 少額訴訟の判決に対する異議後の判決に対して控訴することができないとする民訴法の規定は32条に違反しない。

1614 千葉県議会議員の選挙区等に関する条例の議員定数配分規定（人口の最大較差は1対2.758）は公職選挙法に違反しない。

1615 米国において夫である大学教授と娘が何者かに射殺された事件に関して報道する週刊誌の記事の公共性が認められ、全体として、残された妻が射殺事件に関与したとの印象を一般読者に与えるものとはいえず、名誉毀損に当たらないとされた。

1616 普通地方公共団体の長及び地方議会の議員の選挙権を有する者を日本国民たる住民に限っている公職選挙法等は15条1項、93条2項に違反しない。

1617 米軍のヘリポート基地の建設に反対する住民投票の結果は市長に対して法的拘束力を有しない。

1618 被疑者の依頼により弁護人となろうとする者から被疑者の逮捕直後に初回の接見の申出を受けた捜査機関が接見の日時を翌日に指定した措置は国家賠償法1条1項にいう違法な行為に当たる。

1619 電子メールに添付されたわいせつ画像自体が刑法上の「わいせつ図画」に該当するとした。

1620 参議院（選挙区選出）議員の議員定数配分規定の改正の結果、選挙区間において、平成2年の国勢調査による人口に基づく議員1人当たりの人口及び右改正当時における議員1人当たりの選挙人数にそれぞれ最大1対4.81及び最大1対4.99の較差が残ることとなったとしても、右改正をもって国会の立法裁量権の限界を超えるものとはいえず、右改正後の議員定数配分規定の下において、人口を基準とする右較差は平成7年10月の国勢調査結果によれば最大1対4.79に縮小し、平成10年7月12日施行の参議院議員選挙当時における選挙人数を基準とする右較差は最大1対4.98であったことなどにかんがみると、参議院（選挙区選出）議員の議員定数配分規定は、右選挙当時、14条1項に違反していたものということはできない。

1621 受刑者と訴訟代理人である弁護士との接見の許可につき刑務所長が接見時間を30分以内に制限したことが適法とされた。

1622 学長選任手続における理事会と教授会の関係について法律上の規定はないから、これらの関係をどう定めるかは、本来、学校法人の自主的、自律的な判断に委ねられており、学校法人は、学長の選任過程に教授会の審議をどのように反映させ、位置づけるかについて、業務決定機関である理事会において決定することができる。

1623 禁錮以上の刑に処せられたため失職した地方公務員に対して一般の退職手当を支給しない旨を定めた条例の規定は13条等に違反しない。

1624 高槻市立総合市民交流センター内で「男女共生フェスティバル」を主催した高槻市が、「暮らしの中から政治を変える女たちの会」が展示した展示物を撤去したことが違法であるとして、高槻市と同交流センターを管理する財団法人の不法行為責任が認められた。

1625 固定資産評価基準の実施を自治大臣告示に委任した地方税法は、84条（租税法律主義）に違反しない。

1626 統一教会によるいわゆる霊感商法の違法性が認められた。

1627	最判	平成	13.2.13		判タ	1058・96
1628	宮崎地裁	平成	13.2.23		WLJ	2001WLJPCA022 30002
1629	最判	平成	13.3.13		訟月	48・8・1961
1630	最判	平成	13.3.27	大阪府知事交際費情報 公開請求事件	判時	1749・25
1631	広島高裁	平成	13.3.29		判時	1759・42
1632	最大判	平成	13.3.30		判タ	1071・99
1633	最判	平成	13.4.5		判時	1751・68
1634	最判	平成	13.4.13		訟月	49・5・1490
1635	大阪高裁	平成	13.4.18		判時	1755・79
1636	東京高裁	平成	13.4.25		判時	1759・59
1637	最判	平成	13.4.26		判時	1751・173
1638	松山地裁	平成	13.4.27		判タ	1058・290
1639	熊本地裁	平成	13.5.11	ハンセン病訴訟	判タ	1070・151
1640	最判	平成	13.5.29		判時	1754・63

1639　昭和49年公開の松竹映画「砂の器」（原作：松本清張、監督：野村芳太郎、脚本：橋本忍・山田洋次）ではこの
ハンセン病が背景事情となっている。同映画の中で丹波哲郎が演じる今西刑事が筆者にとっては秀逸である。

1627 判決に影響を及ぼすことが明らかな法令の違反があることを理由として最高裁判所に上告をすることができないこととしている民訴法312条及び318条は32条に違反しない。

1628 太平洋戦争中に陸軍の軍属として勤務し、終戦後俘虜虐待殴打等により禁固15年の判決を受け、収容所に収容されて精神的、肉体的に苦痛を受けたとしても、国に対し29条3項に基づいて直接補償請求をすることはできない。

1629 国民年金法の改正において、いわゆる国籍条項を削除するに当たり、その改正の効果を遡及させるなどして、廃疾認定日（国民年金法施行日）当時日本国籍を有せず、その後日本国に帰化した者に対し、障害福祉年金を受給することができるような特別の救済措置を講じなかったことは25条、14条1項に反しない。

1630 知事の交際費のうち、生花料や供花料、公開・披露が予定されているものについては公開、香典や見舞いについては非公開とした。

1631 いわゆる従軍慰安婦に対する国会議員の救済立法の不作為を違法であるとして国に損害賠償（各30万円）を命じた原判決を取り消した（最高裁平成15年3月25日上告棄却）。

1632 犯罪の嫌疑を受けた妻のため裁判官として許容される限界を超えた実質的に弁護活動に当たる行為をしたことを理由として裁判官に対して戒告がされた。

1633 韓国人である軍人軍属に対する補償問題は、日本国と韓国政府の外交交渉によって解決されることが予定されていたから、同人らへの適用を除外した戦傷病者戦没者遺族等援護法附則には十分な合理的根拠があり14条に違反しない。

1634 旧日本軍軍属として徴用され、戦地で負傷した在日韓国人からの戦傷病者戦没者遺族等援護法に基づく障害年金請求を却下した厚生大臣の処分は14条等に反しない。

1635 指紋押捺を拒否した在日外国人を逮捕・留置したことを理由とする国及び都道府県に対する国家賠償請求について、逮捕・留置は違憲・違法ではないとして、この請求が棄却された。

1636 衆議院小選挙区選出議員の選挙において、候補者とは別に候補者届出政党に選挙運動を認めた公職選挙法の規定は憲法に違反しないとした。

1637 市立中学校の教諭が校長の発したエックス線検査受診命令に従わなかったことが懲戒事由に該当するとされた。

1638 愛媛県宇摩郡新宮村が観音浄土館モニュメントを設置することは、20条3項の禁止する宗教的活動として違法であるとし、請負代金を支出した町長個人らに対して損害賠償を請求した住民訴訟が認められた。

1639 昭和44年以降にらい予防法の隔離規定を改廃しなかった国会議員に違法、過失が認められるとして、ハンセン病患者の国に対する国家賠償請求が認められた。

1640 知事の交際費に係る公文書に記録された個人に対する結婚祝い及び受賞祝いに関する情報が京都府情報公開条例所定の非公開事由に該当するとされた。

1641	東京地裁	平成 13.6.13		判時	1755・3
1642	最判	平成 13.6.14		地自	217・20
1643	最判	平成 13.6.21		判時	1754・176
1644	札幌地裁	平成 13.6.29		判タ	1121・202
1645	東京高裁	平成 13.7.4		判時	1754・35
1646	東京高裁	平成 13.7.5		判時	1760・93
1647	最判	平成 13.7.13		訟月	48・8・2014
1648	最判	平成 13.7.16	アルファーネット事件	判タ	1071・157
1649	東京高裁	平成 13.7.18		判時	1751・75
1650	東京地裁	平成 13.7.18		判時	1764・92
1651	東京高裁	平成 13.8.20		判時	1757・38
1652	東京地裁	平成 13.8.31		判時	1787・112
1653	東京高裁	平成 13.9.5	ニフティサーブ事件	判タ	1088・94

1641 いわゆる団体規制法に基づく観察処分制度は、当該団体が再び無差別大量殺人行為の準備行為を開始するおそれが常に存在すると通常人をして思料せしめるに足りる状態にあることを基礎づける事実を定めているものであるとして解釈、運用する限りにおいて、13条及び20条1項に反しない。

1642 宗教団体アレフ(旧オウム真理教)の信者がした住民票削除処分の執行停止の申立てが認められた。

1643 軽油取引税の賦課・徴収が平等原則違反として争ったが認められなかった。

1644 世界基督教統一神霊協会の協会員が、一般市民に対して団体への加入を勧誘し、教義の学習を勧奨して費用を収受し、財産を収奪し、無償の労役を享受するなどしたことについて不法行為が成立するとされた。

1645 原子炉設置許可処分の取消訴訟について、当該原子炉施設から約20キロメートルの範囲内に居住している者については原告適格を認めることができるが、その後遠隔地に転居するに至った者については原告適格を認めることができない。

1646 公共の利害に関する事実とは、当該事実が多数一般の利害に関係するところから右事実につき関心を寄せることが正当と認められるものを指すのであって、多数人の単なる好奇心の対象となる事実をいうものではない等として、女優の私生活に関する週刊誌の記事に不法行為が成立することを認めた。

1647 行政事件訴訟法9条にいう当該処分の取消しを求めるにつき「法律上の利益を有する者」とは、当該処分により自己の権利若しくは法律上保護された利益を侵害され又は必然的に侵害されるおそれのある者をいうのであり、当該処分を定めた行政法規が、不特定多数の者の具体的利益を専ら一般的公益の中に吸収解消させるにとどめず、それが帰属する個々人の個別的利益としてもこれを保護すべきものとする趣旨を含むと解される場合には、このような利益もここにいう法律上保護された利益に当たる。

1648 被告人は、自ら開設し、運営していたいわゆるパソコンネットのホストコンピュータのハードディスクにわいせつな画像データを記憶、蔵置させ、それにより、不特定多数の会員が、自己のパソコンを操作して、電話回線を通じ、ホストコンピュータのハードディスクにアクセスして、そのわいせつな画像データをダウンロードし、画像表示ソフトを使用してパソコン画面にわいせつな画像として顕現させ、これを閲覧することができる状態を設定したのであり、これは刑法175条にいうわいせつ物を「公然と陳列した」に該当する。

1649 公益法人の常勤理事のプライバシーを仮名で報じた週刊誌の記事について不法行為の成立を否定した。

1650 夕刊紙『日刊ゲンダイ』が、与党幹事長であった国会議員について、政治的謀略を行っている旨の記事を掲載した場合において名誉毀損に当たるとして慰謝料500万円と謝罪広告の掲載が命じられた。

1651 交通事故により死亡した11歳の女子の逸失利益の算定において、死亡時の賃金センサス第一巻第一表の産業計・学歴計・企業規模計による全労働者の全年齢平均賃金を基礎収入とした。

1652 いわゆる通信傍受法の制定が違法であるとして、ジャーナリストが国に対して求めた損害賠償請求が棄却された。

1653 パソコン通信ネットワーク上の電子会議室における発言が他人の名誉を毀損し、他人を侮辱、強迫するものである場合、いわゆるシスオペは、電子会議室の円滑な運営及び管理というシスオペの契約上託された権限を行使する上で必要であり、標的とされた他人が自己を守るため有効な救済手段を有しておらず、会員等からの指摘等に基づき対策を講じても、なお奏功しない等一定の場合には、電子会議室の運営契約に基づき当該発言を削除する義務を負う。

1654	東京地裁	平成 13.9.5		判タ	1070・77
1655	最判	平成 13.9.11		交民	34・5・1171
1656	東京地裁	平成 13.9.12		芦部信喜「憲法　第八版」（岩波書店、2023年）	192
1657	東京高裁	平成 13.9.19		WLJ	2001WLJPCA09199002
1658	大阪高裁	平成 13.9.21		WLJ	2001WLJPCA09219002
1659	最判	平成 13.9.25		判時	1768・47
1660	東京高裁	平成 13.10.16		判時	1772・57
1661	東京高裁	平成 13.10.24		判時	1768・91
1662	最判	平成 13.10.25		判時	1770・145
1663	東京高裁	平成 13.10.29		判時	1765・49
1664	京都地裁	平成 13.11.1		ジュリ臨増	1224・3
1665	最判	平成 13.11.16		判時	1770・86
1666	最判	平成 13.11.22		判時	1771・83
1667	最判	平成 13.11.27		判タ	1079・198
1668	弾劾裁判所	平成 13.11.28		弾劾裁判所HP	https://www.dangai.go.jp/lib/lib1.html

1654 テレビ局に勤務する女子アナウンサーが学生時代にランジェリーパブに勤務していた旨の記事を掲載した週刊誌などが同アナウンサーの名誉を毀損するものであるとして、週刊誌の発行会社に対する損害賠償及び謝罪広告が命じられた。

1655 女子年少者の逸失利益について、男子の平均賃金ではなく、女子の平均賃金を基礎収入として算定した原審の判断が維持された。

1656 少年法61条(「氏名、年齢、職業、住居、容ぼう等によりその者が当該事件の本人であることを推知できるような記事又は写真を新聞紙その他の出版物に記載してはならない」)に反する図書の非公開は管理者の裁量に属するとした。

1657 道路上に設置された自動車ナンバー読み取りシステム(Nシステム)の端末により車両の運転席、搭乗者の容貌等を撮影された上車両ナンバーを判読され、これらに関する情報を保存管理され、肖像権、自由に移動する権利、情報コントロール権を侵害されたとして、国に対して不法行為に基づき損害賠償を請求したが認められなかった。

1658 地方議会は、その自律権の範囲内で決定された事項については、原則として司法権が及ばないと解され、地方議会が行う地方議会議員の除名処分については司法権が及ぶべきだと考えるべきであるが、しかし、戒告処分については、議会内部の紛争にとどまっているから、内部規律の問題として、司法審査権は及ばないと解するのが相当である。

1659 生活保護法が不法残留者を保護の対象としないことは何ら合理的理由のない不当な差別的取扱いには当たらないから14条1項に違反しない。

1660 交通事故で死亡した女子年少者の逸失利益について賃金センサスにおける女子労働者の平均賃金を基礎収入として算定したことが男女差別に当たらないとした(最高裁平成14年7月9日上告棄却)。

1661 登山家団体機関紙「山」への謝罪広告の掲載を命じた。

1662 税関職員の組織する労働組合とその組合員らが当局による昇任差別等があったとして提起した損害賠償請求を全部棄却した原判決が是認された。

1663 賃貸借の新規賃料額の確認を求めたが法律上の争訟に当たらないとして却下された。

1664 真言宗大谷派の紛争において、家子孫の墓参権(慣習上の権利)に基づいて短期日の墓参のみが認められた。

1665 旧日本軍人として負傷した大韓民国人からの恩給請求につき日本国籍の喪失を理由として棄却した処分が適法とされた。

1666 BC級戦犯として逮捕・拘禁された元日本陸軍軍属である韓国人の日本国に対する未払給与債権はいわゆる日韓協定実施措置法等に基づいて昭和40年6月22日に消滅したとされた。

1667 乳がん手術は、体幹表面にあって女性を象徴する乳房に対する手術であり、手術により乳房を失わせることは、患者に対し、身体的障害を来すのみならず、外観上の変ぼうによる精神面・心理面への著しい影響をもたらすものであって、患者自身の生き方や人生の根幹に関係する生活の質にもかかわるものであるから、胸筋温存乳房切除術を行う場合には、選択可能な他の療法(術式)として乳房温存療法について説明すべき要請は、このような性質を有しない他の一般の手術を行う場合に比し、一層強まるものといわなければならない。

1668 訴追の事由は、現金の供与を約束して、ホテルなどで3人の少女に児童買春をしたというものであり罷免された。

1669	東京高裁	平成	13. 11. 28		判時	1780・86
1670	東京高裁	平成	13. 11. 28		判時	1768・54
1671	最判	平成	13. 12. 7		判時	1776・165
1672	最判	平成	13. 12. 10		判時	1767・139
1673	最判	平成	13. 12. 14		判時	1772・37
1674	最判	平成	13. 12. 18		判タ	1083・89
1675	最判	平成	13. 12. 18		裁時	1306・4
1676	最判	平成	13. 12. 18		判タ	1084・154
1677	神戸地裁	平成	13. 12. 19		判自	231・21
1678	大阪高裁	平成	13. 12. 25		ジュリ臨増	1224・8
1679	東京高裁	平成	14. 1. 16		判時	1772・17
1680	最判	平成	14. 1. 22		判時	1776・58
1681	東京高裁	平成	14. 1. 23		判時	1773・34
1682	和歌山地裁	平成	14. 1. 24		訟月	48・9・2154
1683	最判	平成	14. 1. 29	ロス疑惑配信記事訴訟	判タ	1086・96
1684	最判	平成	14. 1. 29		判時	1779・22

1669 公職選挙法違反の罪により有罪判決を受けた当選市議会議員は、当選の無効により遡って議員の職を失い、支払を受けた報酬等を不当利得として返還しなければならない（上告棄却）。

1670 運輸大臣がいわゆる成田新法に基づき規制区域内に所在する団結小屋についてした使用禁止命令が適法であるとされた。

1671 少年の保護事件に係る補償に関する法律の決定に対する抗告は許されず、このように解しても14条、32条に違反しない。

1672 少年法による、いわゆるみなし勾留に際し、裁判官の関与なしに検察官の判断のみで勾留場所が決定されることとなる身柄の取扱いは、刑訴法等の解釈として合理性、相当性を有するかにつき疑問があるとされた。

1673 県議会の食糧費等の支出に係る一切の書類についてされた非公開決定を取り消した原審の判断が違法とされた。

1674 衆議院小選挙区選出議員の選挙区割りの基準を定める規定は、平成12年6月25日施行の衆議院議員選挙当時、14条1項、43条1項に違反していたものということはできない（1対2.471）。

1675 本件条例（名古屋市）の定数配分規定（最大較差1対1.31）は、公職選挙法に違反するものとはいえない。

1676 公文書公開条例の下において個人情報の記録された公文書の公開請求を当該個人がした場合には、それが個人に関する情報であることを理由に非公開とすることは許されないとされた。

1677 本件補助金に係る事業が、公の利益に沿わない場合が生じたとしても、町において、これを是正する途が確保され、公の財産の濫費を防止しうるのであれば、89条にいう「公の支配」に属するものということができる。

1678 市のシステム開発委託業務に関し、再々委託先のアルバイト従業員が住民基本台帳のデータを不正にコピーしてこれを名簿販売業者に販売する等して、一定期間インターネット上でその購入を勧誘する広告が掲載された事案につき、市の使用者責任が認められた。

1679 中国の江沢民主席による講演会に参加した早稲田大学の学生が提出した名簿を同大学が警視庁に提出したことは、学生のプライバシーの権利を侵害する不法行為に当たるとし、学生の大学に対する損害賠償請求が認容された（1人1万円）。

1680 いわゆる寺院墓地を経営する寺院が当該寺院の属する宗派を離脱した使用権者に対してその宗派の方式と異なる宗教的方式により墓石を設置することを拒むことができるとされた。

1681 外国人のゴルフクラブ加入拒否に基づく損害賠償請求が認められなかった。

1682 宗教活動の名の下にその所属する僧侶らが寺院を舞台にして組織的に行った詐欺行為により、宗教法人法に基づいて宗教法人の解散が命じられた。最高裁（平成14年12月12日）も同じ判断（ジュリ臨増1246・4参照）。

1683 新聞社が通信社から配信を受けて自己の発行する新聞紙にそのまま掲載した記事が私人の犯罪行為やスキャンダルないしこれに関連する事実を内容とするものである場合には、当該記事が取材のための人的物的体制が整備され、一般的にはその報道内容に一定の信頼性を有しているとされる通信社から配信された記事に基づくものであるとの一事をもって、当該新聞社に同事実を真実と信ずるについて相当の理由があったものとはいえない。

1684 宗教法人の所有する建物の明渡しを求める訴えは、実質において法令の適用による終局的解決に適しないものとして法律上の争訟に当たらないとされた。

1685	最判	平成 14.1.31	広島事件	判タ	1085・169
1686	最大判	平成 14.2.13		判タ	1085・165
1687	東京地裁	平成 14.2.20	野村證券事件	判時	1781・34
1688	最判	平成 14.2.22	京都事件	判タ	1089・131
1689	最判	平成 14.2.22		判時	1779・22
1690	東京高裁	平成 14.2.27		判時	1784・87
1691	最判	平成 14.2.28		判時	1782・10
1692	最判	平成 14.3.8	ロス疑惑配信記事訴訟	判タ	1091・71
1693	札幌高裁	平成 14.3.19		判時	1803・147
1694	東京高裁	平成 14.4.3		WLJ	2002WLJPCA040 30003
1695	最判	平成 14.4.5		判タ	1091・219
1696	大阪高裁	平成 14.4.11		判タ	1120・115
1697	最判	平成 14.4.12	横田基地夜間飛行差止等請求事件	判タ	1092・107
1698	佐賀地裁	平成 14.4.12		判時	1789・113

1685 児童扶養手当法の委任に基づき児童扶養手当の支給対象児童を定める児童扶養手当法施行令のうち、「母が婚姻（婚姻の届出をしていないが事実上婚姻関係と同様の事情にある場合を含む。）によらないで懐胎した児童」から「父から認知された児童」を除外している部分は、同法の委任の範囲を逸脱し無効である。

1686 証券取引法164条1項は、上場会社等の役員又は主要株主が同項所定の有価証券等の短期売買取引をして利益を得た場合には、同条8項に規定する内閣府令で定める場合に当たるとき又は類型的にみて取引の態様自体から役員若しくは主要株主がその職務若しくは地位により取得した秘密を不当に利用することが認められないときを除き、当該取引においてその者が秘密を不当に利用したか否か、その取引によって一般投資家の利益が現実に損なわれたか否かを問うことなく、当該上場会社等はその利益を提供すべきことを当該役員又は主要株主に対して請求することができるものとした規定であり、これは29条に違反しない。

1687 「雇用の分野における男女の均等な機会及び待遇の確保等に関する法律」が施行された後における証券会社の男女のコース別の処遇は違法であり、公序に反するとして、慰謝料の支払請求が認められた。

1688 母が婚姻によらないで懐胎、出産した児童が父から認知されたときは、児童扶養手当を支給しないとする児童扶養手当法施行令は、児童扶養手当法の委任の趣旨に反し、その委任の範囲を逸脱し無効である。

1689 宗教法人の所有する建物の明渡しを求める訴えに関して、請求の当否を決定するために判断することが必要な前提問題が、宗教上の教義、信仰の内容に深くかかわっており、その内容に立ち入ることなくしてはその問題の結論を下すことができないときは、その訴訟は、実質において法令の適用による終局的解決に適しない法律上の争訟に当たらないとされた。

1690 強姦の被疑事件を取り上げ、犯人同様の取り扱いをしたテレビ局のワイドショー番組について、その被疑者に対する名誉毀損の成立が認められた。

1691 公文書に記録されている交際の相手方が識別され得る情報につき、その具体的な類型を審理せずに条例所定の非公開事由に該当するとした原審の判断に違法があるとされた。

1692 通信社から配信を受けた記事をそのまま掲載した新聞社にその内容を真実と信ずるについて相当の理由があるとはいえない。

1693 被告人の黙秘・供述拒否の態度をそのように（被告人の殺意の認定のための）1個の情況証拠として扱うことは、それはまさに被告人に黙秘権、供述拒否権が与えられている趣旨を実質的に没却することになる。

1694 短期滞在の資格で我が国に入国し、不法残留、不法就労を継続している韓国人に対する退去強制令書の発付処分について、送還部分に限り、本案事件の第一審判決の言渡しの日から起算して10日後までの間これを停止するとした。

1695 農地法による農地の転用などの許可制と無許可転用などの処罰については29条に反しない。

1696 生命保険相互会社が、政治資金規正法の範囲内で同法上の政治団体に金員を寄附することは、公序に違反せず、同社の目的の範囲外の行為にも当たらないとされた。

1697 外国国家の主権的行為については、国際慣習法上、民事裁判権が免除される。

1698 自治会費に含まれる神社関係費の支払を拒絶した自治会員に対して、自治会員としての取扱をしなかった自治会の行為は、神社神道を信仰しない自治会員の信教の自由を侵害し違法であるとした。

1699	大津地裁	平成	14.4.22		WLJ	2002WLJPCA042 29003
1700	最判	平成	14.4.25	群馬司法書士会事件	判タ	1091・215
1701	東京高裁	平成	14.5.15		判タ	1119・160
1702	東京高裁	平成	14.5.22		判時	1805・50
1703	東京高裁	平成	14.5.23		判時	1798・81
1704	最判	平成	14.5.31		交民	35・3・607
1705	最判	平成	14.6.4		判タ	1094・117
1706	最判	平成	14.6.11		判タ	1098・104
1707	最判	平成	14.6.17		裁判集刑	281・577
1708	東京地裁	平成	14.6.28		判時	1809・46
1709	大阪高裁	平成	14.7.3		判時	1801・38
1710	名古屋地裁	平成	14.7.5		判時	1812・123
1711	最判	平成	14.7.9	宝塚市パチンコ店等建築規制条例事件	判タ	1105・138
1712	最判	平成	14.7.9	抜穂の儀違憲訴訟	判タ	1105・136
1713	最判	平成	14.7.9		交民	35・4・921
1714	最判	平成	14.7.11	鹿児島大嘗祭違憲訴訟	判タ	1105・134
1715	最判	平成	14.7.18		判タ	1104・147

1700　一審（前橋地裁）はこの決議を無効とした。

1699 大津市長及び被告大津市民部の部長らが大津市の自治会等に報償金の名目で公金を支出したことは89条に違反しない。

1700 阪神・淡路大震災により被災した兵庫県司法書士会に復興支援金を寄付するために特別に負担金を徴収する旨の群馬司法書士会の総会決議の効力は同会の会員に対して及ぶ(3対2)。

1701 宗教団体アレフの信者の転入届を不受理とした杉並区長の処分は違法であるとして、同信者の杉並区に対する国家賠償請求が認められた。

1702 宗教団体アレフの信者の転入届を住民基本台帳の記録から抹消した世田谷区長の処分は違法であるとして、同信者の世田谷区に対する国家賠償請求が認められた。

1703 県議会議員に関する疑念、疑惑としての報道による名誉毀損について、疑念、疑惑として合理的な根拠があり、かつ更なる真実究明の必要性を社会的に訴えるために、これを違憲ないし論評として表明する報道として名誉毀損の成立を認めなかった。

1704 女子中学生の死亡による逸失利益について全労働者の平均賃金を基礎として算定した原審の判断が維持された。

1705 酒類販売業について免許制を定めた酒税法は22条1項に違反しない。

1706 土地収用法は、補償金の額は、事業の認定の告示の時における相当な価格を近隣類地の取引価格等を考慮して算定した上で、権利取得裁決の時までの物価の変動に応じる修正率を乗じて決定するが、これは29条3項に反しない。

1707 児童ポルノの製造、所持などの行為を処罰することは13条、21条、31条に反しない。

1708 受刑者に対する革手錠の継続的な使用が違法であるとして国家賠償請求が認められた。

1709 阪神・淡路大震災の被災女性が結婚により世帯主でなくなった場合に、被災者に対する自立支援金の支給等の事業を行う財団法人が、被災者が世帯主でないことのみを理由として支援金の支給を行わないとすることは、合理性のない世帯間差別及び男女間差別にあたり無効とした。

1710 巨大高層マンション建設により、日照を奪われる商業地域の住民が、建設販売会社の住宅展示場付近道路等で建設反対のビラを配布した場合、右会社からの右表現行為の差止めの仮処分命令の申立てが認められなかった。

1711 国又は地方公共団体が専ら行政権の主体として国民に対して行政上の義務の履行を求める訴訟は法律上の争訟に当たらず、これを認める特別の規定もないから不適法というべきである。

1712 県の知事等が主基斎田抜穂の儀に参列した行為は憲法上の政教分離原則及び20条に違反しない。

1713 交通事故で死亡した女子年少者の逸失利益について賃金センサスにおける女子労働者の平均賃金を基礎収入として算定した原審の判断が維持された。

1714 知事が大嘗祭に参列した行為は、大嘗祭が皇位継承の際に通常行われてきた皇室の伝統儀式であること、他の参列者と共に参列して拝礼したにとどまること、参列が公職にある者の社会的儀礼として天皇の即位に祝意を表する目的で行われたことなど判示の事情の下においては20条3項に違反しない。

1715 いわゆる在日韓国人である旧軍人等の恩給請求権についていわゆる国籍条項を存置することとしたことは14条1項に違反しない。

1716	最判	平成 14.7.30		判時	1798・67
1717	最判	平成 14.9.9		判タ	1104・145
1718	最判	平成 14.9.10		判時	1799・174
1719	最大判	平成 14.9.11	郵便法違憲判決	判タ	1106・64
1720	大阪高裁	平成 14.9.13		WLJ	2002WLJPCA091 39001
1721	最判	平成 14.9.24	「石に泳ぐ魚」事件	判タ	1106・72
1722	最判	平成 14.9.27		判時	1802・45
1723	東京地裁	平成 14.9.27		判時	1811・113
1724	最判	平成 14.10.11		判時	1805・38
1725	福岡高裁	平成 14.10.25		判時	1813・97
1726	札幌地裁	平成 14.11.11	外国人入浴拒否事件	判タ	1150・185
1727	大阪高裁	平成 14.11.15		判時	1843・81
1728	最判	平成 14.11.22		判時	1808・55
1729	東京地裁	平成 14.11.28		判タ	1114・93
1730	大阪高裁	平成 14.12.5		訟月	49・7・1954
1731	東京高裁	平成 15.1.30	東京都銀行税訴訟	判タ	1124・103
1732	東京高裁	平成 15.1.30		判時	1828・3

一五代目最高裁長官

町田顕（まちだあきら）

在任期間

1716 村長が、村長選挙において、戸籍謄抄本の交付権限を濫用し、他の立候補予定者の戸籍抄本の入手を妨げて立候補を妨害し、無投票当選を果たしたことが公職選挙法違反として選挙無効となった。

1717 公職選挙法が戸別訪問等を禁止することは21条等に反しない。

1718 選挙の公正のために事前運動を禁じても21条等に反しない。

1719 郵便法が、特別送達郵便物について、郵便の業務に従事する者の故意又は過失によって損害が生じた場合等に、国家賠償法に基づく国の損害賠償責任を免除し、又は制限している部分は17条に違反する。

1720 戦没者遺族への線香配布が政教分離等に反するとして公金の返還を求めたが認められなかった。

1721 人格的価値を侵害された者は、人格権に基づき、加害者に対し、現に行われている侵害行為を排除し、又は将来生ずべき侵害を予防するため、侵害行為の差止めを求めることができるものと解するのが相当である。

1722 御嵩町における産業廃棄物処理施設の設置についての住民投票に関する条例が投票の資格を有する者を日本国民たる住民に限るとしたことは14条1項等に違反しない。

1723 電波法等の改正により、以前より容易に通信士の資格が取得されるようになったために就労の機会が奪われたとして、法改正にあわせて就労の機会を保障するための立法上・行政上の措置を講じなかったことが違法であるとして、29条に基づく補償ないし国家賠償を求めたが認められなかった。

1724 公立学校の教員採用選考の筆記審査の問題とその解答が高知県情報公開条例所定の非開示事由に該当しないとされた。

1725 宗教上の地位の確認を求める訴えが「法律上の争訟」に当たるとされ、「法中」という地位を承継した者に永代法中たる地位を認める旨の契約が成立したものとは認められないとされた。

1726 公衆浴場を経営する事業者が、外国国籍を有する者、日本に帰化した者の入浴を拒否することは人種差別に当たるとして不法行為責任が認められた（慰謝料100万円）。

1727 焼鳥屋から出る臭気による悪臭公害が受忍限度を超えるとは認められないとして、臭気差止請求及び損害賠償請求が認められなかった。

1728 出生後の認知の遡及効を否定して国籍法による生来的国籍取得を認めないことには合理的な根拠がある。

1729 重度の筋萎縮性側索硬化症（ALS）患者が選挙権を行使できるような投票制度が設けられていなかったことは、違憲違法の状態であったが、憲法の一義的な文言に違反していたとまでは認められないとして、上記投票制度を設けるための公職選挙法改正の立法不作為による国家賠償法上の違法はない。

1730 いわゆる被爆者援護法の「被爆者」は、当該被爆者が日本に居住も現在もしなくなることにより当然に「被爆者」たる地位を喪失することはない。

1731 東京都の法人事業税の外形標準課税を定める条例は、税負担の比較において「著しく」均衡を失している可能性が強く、地方税法に違反し無効である。

1732 町長が調査特別委員会に証人として出頭した前町長が証言を拒否したとして、議会に議決を経ることなく告発したことについての違法性が認められた。

1733	平成14年11月6日〜同18年10月15日	東京地裁	平成	15.2.7		判時	1837・25
1734		東京地裁	平成	15.2.10		判タ	1121・272
1735		最判	平成	15.2.14		判時	1819・19
1736		東京地裁	平成	15.2.14		判時	1816・166
1737		東京高裁	平成	15.2.18		判時	1833・41
1738		最判	平成	15.3.14	長良川リンチ殺人報道訴訟	判時	1825・63
1739		最判	平成	15.3.28		判時	1820・62
1740		最判	平成	15.3.31		判時	1820・62
1741		最判	平成	15.4.18		判時	1823・47
1742		東京地裁	平成	15.4.24		WLJ	2003WLJPCA04249009
1743		最判	平成	15.5.26		判時	1829・154
1744		最判	平成	15.6.10		判時	1834・21
1745		東京地裁	平成	15.6.11		判時	1831・96
1746		最判	平成	15.6.26	アレフ信者転入拒否事件	判時	1831・94
1747		福島地裁	平成	15.7.22		判自	251・50

1735 覚せい剤所持については、一審（大津地裁）、二審（大阪高裁）いずれも無罪であった。

1733 拘置所長が在監中の死刑確定者に対してした私本購入の出願を不許可とする処分が、裁量権を逸脱濫用した違法なものであるとして、国に対する損害賠償請求が認容された。

1734 メーデー会場の占有使用を巡って二団体の許可申請が競合した場合に、管理者が抽選の方法により占有者を決定したとしても違憲・違法ではないとした。

1735 被疑者の逮捕手続には、逮捕状の呈示がなく、逮捕状の緊急執行もされていない違法があり、これを糊塗するため、警察官が逮捕状に虚偽事項を記入し、公判廷において事実と反する証言をするなどの経緯全体に表れた警察官の態度を総合的に考慮すれば、本件逮捕手続の違法の程度は、令状主義の精神を没却するような重大なものであり、本件逮捕の当日に採取された被疑者の尿に関する鑑定書の証拠能力は否定される。

1736 刑事確定訴訟記録の閲覧請求の不許可処分の一部が、「検察庁の事務に支障のあるとき」及び「関係人の名誉又は生活の平穏を著しく害することとなるおそれがあると認めるとき」との不許可事由のいずれにも該当しないとして、取り消された。

1737 入管法所定の60日の申請期間条項違反を理由にされた難民不認定処分について、当該難民認定処分について同法の「やむを得ない事情」があったものとして取り消された。

1738 プライバシー侵害については、記事が週刊誌に掲載された当時の少年の年齢（事件当時18歳）や社会的地位、当該犯罪行為の内容、これらが公表されることによってプライバシーに属する情報が伝達される範囲と少年が被る具体的被害の程度、本件記事の目的や意義、公表時の社会的状況、本件記事において当該情報を公表する必要性など、その事実を公表されない法的利益とこれを公表する理由に関する諸事情を個別具体的に審理し、これらを比較衡量して判断することが必要である。

1739 民法900条4号ただし書前段は14条1項に違反しない。

1740 民法900条4号ただし書前段は14条1項に違反しない。

1741 証券取引法が、締結された損失保証や特別の利益の提供を内容とする契約に基づいてその履行を請求する場合を含め、顧客等に対する損失補てんや利益追加のための財産上の利益の提供を禁止していることは29条に違反しない。

1742 華道家元と衆議院議員の二女であり、約100万人の門弟を有する華道家元戊総務所において青年部代表を務めている者の不倫記事（写真付き）について公共性は認められるも、真実性が認められないとして不法行為が成立するとした。

1743 警察官がホテル客室において宿泊客を制圧しながら所持品検査を行って発見した覚せい剤について証拠能力が肯定された。

1744 県警察本部及び県議会の懇談会費等の支出に係る書類が情報公開の実施機関において管理している文書に当たるとした原審の判断が違法とされた。

1745 退去強制令書による収容中のタイ人女性が統合失調症を発症した場合、同令書の執行が収容部分も含めて停止された。

1746 住民基本台帳法による転入届を法定の届出事項に係る事由以外の事由を理由として受理しないことはできない。

1747 県立高校の校長が、面接結果、調査書の記載等の総合判断により、入学希望者の入学を不許可としたことにつき、裁量権の逸脱はない。

1748	東京地裁	平成 15.8.22		判時	1838・83
1749	最判	平成 15.9.5		判時	1850・61
1750	最判	平成 15.9.12	早稲田大学江沢民主席講演会名簿提出事件	判タ	1134・98
1751	大阪高裁	平成 15.10.10		判タ	1159・158
1752	最判	平成 15.10.16	所沢ダイオキシン報道訴訟	判タ	1140・58
1753	大津地裁	平成 15.10.16		判時	1840・76
1754	最判	平成 15.10.20		裁判集刑	284・453
1755	最判	平成 15.10.28		判時	1840・9
1756	最判	平成 15.11.11	大阪市食糧費事件	判タ	1140・94
1757	最判	平成 15.11.20		訟月	50・10・2948
1758	最判	平成 15.11.27		判タ	1139・302
1759	最判	平成 15.12.4		判時	1848・66
1760	最判	平成 15.12.11		判タ	1141・132
1761	最判	平成 15.12.18		判時	1848・69
1762	最判	平成 15.12.25		判タ	1141・122
1763	東京地裁	平成 16.1.13		判時	1853・151
1764	最大判	平成 16.1.14		民集	58・1・1
1765	最大判	平成 16.1.14		民集	58・1・56

1748 学部長選挙に当選したが学部長の就任が大学の理事会で承認されず学部長に任命されなかった者が、当該手続に関する意見書及び裁決書により名誉を毀損されたとする争いに司法審査が及ぶとされた。

1749 在監者の信書の発受に関する制限を定めた監獄法及び監獄法施行規則は21条等に反しない。

1750 大学主催の講演会に参加を申し込んだ学生の学籍番号、氏名、住所及び電話番号は学生のプライバシーに係る情報として法的保護の対象となり、大学が学生に無断でこれを警察に開示した行為は不法行為を構成する(3対2)。

1751 最高裁判所が内閣に任命を求める判事補としていかなる者を指名するかは、最高裁判所の広範な裁量に委ねられている(最高裁平成17年6月7日、上告棄却)。

1752 テレビジョン放送された報道番組によって摘示された事実がどのようなものであるかについては、一般の視聴者の普通の注意と視聴の仕方とを基準とし、その番組の全体的な構成、これに登場した者の発言の内容、画面に表示された文字情報の内容を重視し、映像及び音声に係る情報の内容並びに放送内容全体から受ける印象等を総合的に考慮して判断すべきである。

1753 歯科医師が政治活動を行う目的で設立された歯科医師連盟からの退会を求めたのに対し、連盟のみの退会はできないとして拒絶した場合、歯科医師会と連盟の行為は違法であるとしてその損害賠償責任が認められた。

1754 再審請求において再度の事実審理を受けることができる旨の規定を設けるか否かは専ら立法政策の問題であり憲法適否の問題ではないとした。

1755 知事の交際の相手方及び内容が不特定の者に知られ得る状態でされる交際に関する情報は、千葉県公文書公開条例に基づいて公表されるものに該当するとされた。

1756 公務員の職務の遂行に関する情報は、公務員個人の私事に関する情報でない限り、大阪市公文書公開条例が非公開情報として定める「個人に関する情報」に当たらない。

1757 新東京国際空港の安全確保に関する緊急措置法に基づく工作物除去処分に際し告知聴聞の機会が与えられなかったことは29条1項及び2項に違反せず、31条の法意に反しない。

1758 駐留軍用地について使用裁決手続が進行している間、告知聴聞の機会を与えられないまま暫定使用を認める駐留軍用地特措法の一部改正法の規定は29条、31条に違反しない。

1759 公共用地取得特別措置法が定める緊急裁決の制度は29条3項に違反しない。

1760 ストーカー規制法は、規制の範囲が広きに過ぎ、かつ、規制の手段も相当ではないとはいえない。

1761 公務員の職務の遂行に関する情報は、公務員個人の私事に関する情報が含まれる場合を除き、広島県公文書公開条例にいう「個人に関する情報」に当たらないとされた。

1762 漢字の「曽」が戸籍法50条およびその委任を受けた戸籍法施行規則60条に列挙されておらず、子の名に使うことができないとされていたことは違法である。

1763 わいせつ図画を頒布・販売する行為を処罰する刑法175条は憲法に違反しない。

1764 参議院非拘束名簿式比例代表制は国民の選挙権を侵害し15条に違反するものとまでいうことはできない。

1765 参議院議員の議員定数配分規定(最大較差1対5.06)は、平成13年7月29日施行の参議院議員選挙当時、14条1項に違反していたものということはできない(9対6)。

1766	最判	平成 16.1.15		判時	1850・16
1767	最判	平成 16.1.20		判タ	1144・167
1768	東京地裁	平成 16.2.19		WLJ	2004WLJPCA021 90012
1769	最判	平成 16.3.2		地自	254・13
1770	福岡高裁	平成 16.3.15		WLJ	2004WLJPCA031 59002
1771	最判	平成 16.3.16	学資保険訴訟（中嶋訴訟）	判タ	1148・128
1772	松山地裁	平成 16.3.16		判時	1859・76
1773	東京高裁	平成 16.3.31		判タ	1157・138
1774	福岡地裁	平成 16.4.7		判時	1859・76
1775	最判	平成 16.4.13		判タ	1153・95
1776	高松高裁	平成 16.4.15		判タ	1150・125
1777	東京高裁	平成 16.4.16		WLJ	2004WLJPCA041 69001
1778	東京地裁	平成 16.4.23		WLJ	2004WLJPCA042 30013
1779	最判	平成 16.4.27		判時	1860・34
1780	横浜地裁	平成 16.4.28		判自	268・35
1781	大阪高裁	平成 16.5.10		別冊ジュリ	187・446

1766 我が国に不法に残留している外国人が国民健康保険法所定の「住所を有する者」に該当するとされた。

1767 質問調査権に基づく取得収集される証拠資料が後に犯則事件の証拠として利用されることが想定できたとしても、そのことによって直ちに犯則事件の調査あるいは捜査のための手段として行使されたことにはならない。

1768 テレビに出演していた弁護士がキャバクラに通い、セクハラと受け取られかねない言動をしていたという内容の記事について公共性が認められた。

1769 東京都知事の交際費に関する現金出納簿等に記録された「弔意」、「会費」、「接遇」に分類される支出内容の情報は、交際の相手方及びその内容が不特定の者に知られうる状態であるかどうか具体的な類型ごとに区別して開示・不開示の判断をすべきであるとされた。

1770 政教分離に基づいて爆心地公園の母子像撤去と制作費の返還を求めたが認められなかった。

1771 生活保護法による保護を受けている者が、同一世帯の構成員である子の高等学校修学の費用に充てることを目的として満期保険金50万円、保険料月額3000円の学資保険に加入し、保護金品及び収入の認定を受けた収入を原資として保険料を支払い、受領した満期保険金が同法の趣旨目的に反する使われ方をしたことなどがうかがわれないという事情の下においては、上記満期保険金について収入の認定をし、保護の額を減じた保護変更決定処分は違法である。

1772 内閣総理大臣の靖國神社参拝が原告ら個人の法的権利ないし利益を侵害するものではないとされた。

1773 著名な政治家を母に持つ女性が、発売予定の週刊誌の記事によるプライバシー侵害を理由として出版社に対して当該週刊誌の出版等の禁止を求めた仮処分命令申立事件につき、プライバシーの権利を侵害するものであるが、事前差止めは認めるべきではない。

1774 首相が靖国神社へ公式参拝することが憲法に違反するとして、国及び首相個人に対して求めた損害賠償請求について、宗教的人格権及び平和的生存権なるものは、主観的・抽象的なものであって、憲法上保障されている法律上の権利とはいえない等として棄却された。

1775 医師法上の医師の警察署への異状死体届出義務（医師法21条）は、死体との関係など犯罪行為を構成する事項の供述を強制していないこと等から38条1項に違反しない。

1776 住民投票条例制定請求において、条例制定請求代表者から署名収集の委任を受けた者が提出した署名収集委任届出書を、市長が公開条例に基づき公開したことは、委任者のプライバシー権を侵害するとして、委任者の市に対する損害賠償請求が認容された。

1777 即位の礼等が政教分離原則等に反し、それらに伴う公金支出も違憲・違法である等として損害賠償を求めたが棄却された。

1778 東京都知事が皇太子の結婚の儀等の儀式に参列したこと、東京都が祝賀パレード沿道に仮設トイレを設置したこと及び各祝賀行事を実施したことは1条、14条1項、89条等に反しない。

1779 通商産業大臣が石炭鉱山におけるじん肺発生防止のための鉱山保安法上の保安規制の権限を行使しなかったことが国家賠償法上違法となるとされた。

1780 議場に国旗を掲揚することに反対して議長席を占拠するなどした市議会議員らに対する除名処分に裁量権の逸脱濫用はないとして、除名処分の取消請求が棄却された。

1781 最高裁の違憲判断に従った権利利益の保護を第三者にも及ぼすべきであるとして民事訴訟法上の再審を認めた。

1782	名古屋高裁	平成	16.5.12	長良川リンチ殺人報道訴訟・差戻後控訴審	判時	1870・29
1783	大阪地裁	平成	16.5.13		判時	1876・70
1784	福岡高裁	平成	16.5.24		判時	1875・62
1785	最判	平成	16.5.25		判タ	1159・143
1786	最判	平成	16.6.22		別冊ジュリ	186・77
1787	最判	平成	16.6.28		判タ	1176・121
1788	富山地裁	平成	16.6.30		ジュリ臨増	1291・2
1789	東京地裁	平成	16.7.12		判時	1884・81
1790	最判	平成	16.7.15		判タ	1167・137
1791	最判	平成	16.7.15		判タ	1163・116
1792	最判	平成	16.7.15		WLJ	2004WLJPCA07156006
1793	東京地裁	平成	16.7.23		判時	1871・142
1794	最判	平成	16.9.17		判タ	1169・169
1795	東京地裁	平成	16.9.29		別冊ジュリ	187・425
1796	最判	平成	16.10.14		判タ	1173・181
1797	最判	平成	16.10.15		判タ	1167・89

1782 週刊誌が、公判中の強盗殺人等被告事件に関する記事を仮名を用いて掲載したことについて、同記事を公表することに相当の意義があり、合理性があるとし、仮名が使用された本人に対する名誉毀損及びプライバシー侵害の不法行為は成立しないとされた。

1783 内閣総理大臣の靖國神社参拝が原告ら個人の法的利益を侵害したものではないとされた。

1784 中国人らに対する第二次大戦中のいわゆる強制連行及び強制労働について、いわゆる国家無答責の法理を適用することは、正義・公平の観点から著しく相当性を欠くから許されない（最高裁平成19年4月27日上告棄却）。

1785 刑訴法47条所定の「訴訟に関する書類」に該当する文書について文書提出命令の申立てがされた場合であっても、当該文書が民訴法220条3号所定のいわゆる法律関係文書に該当し、かつ、当該文書の保管者によるその提出の拒否が、民事訴訟における当該文書を取り調べる必要性の有無、程度、当該文書が開示されることによる被告人、被疑者等の名誉、プライバシーの侵害等の弊害発生のおそれの有無等の諸般の事情に照らし、当該保管者の有する裁量権の範囲を逸脱し、又は濫用するものであるときは、裁判所は、その提出を命ずることができる。

1786 謝罪広告を命じることは19条に違反しない。

1787 県知事及び県議会議長が即位の礼に参列した行為並びに県議会議長が大嘗祭に参列した行為は20条3項に違反しない。

1788 住基ネット用の住民票コードを付与する行為はプライバシーを侵害する違法な行政処分であるとしてその取消を求めたが却下された。

1789 職場における受動喫煙によって健康被害が生じたことにつき、安全配慮義務違反による損害賠償請求が一部認容された。

1790 高等学校の校長が、職務命令として、教諭が寄稿した政治的見解の表明を含む回想文を生徒会誌から削除するように指示した行為は21条、23条、26条に違反しない。

1791 名誉毀損の成否が問題となっている法的な見解の表明は、判決等により裁判所が判断を示すことができる事項に係るものであっても、事実を摘示するものとはいえず、意見ないし論評の表明に当たる。

1792 謝罪広告を掲載することを命ずる判決は、その広告の内容が単に事態の真相を告白し陳謝の意を表明するにとどまる程度のものである場合には、19条に違反しない。

1793 国歌斉唱等をしなかったことを理由に懲戒処分を受けた都教職員を対象とする服務事故再発防止研修命令の効果の停止を求める申立てが却下された。

1794 再審請求を棄却した抗告審の決定に対する再抗告は、民訴法所定の即時抗告期間内に申し立てなければならない。

1795 ロッキード事件の刑事裁判確定記録の謄写申し出が不許可とされたことによる国家賠償法上の損害賠償請求をした事案について、謄写不許可が保管検察官の裁量的判断の結果によるもので、本件判断には裁量の逸脱・濫用はなく、不許可処分には違法はないとした。

1796 民法900条4号ただし書前段は14条1項に違反しない。

1797 熊本県が水俣病による健康被害の拡大防止のために同県の漁業調整規則に基づく規制権限を行使しなかったことは国家賠償法上違法となる。

1798	東京地裁	平成 16.10.29		訟月	51・11・2921
1799	最判	平成 16.11.2		判時	1883・43
1800	最判	平成 16.11.5		判時	1881・67
1801	最判	平成 16.11.25	生活ほっとモーニング事件	判タ	1167・89
1802	最判	平成 16.11.29	韓国人戦争犠牲者補償請求事件	判タ	1167・89
1803	東京地裁	平成 16.11.29		判時	1883・128
1804	最判	平成 16.12.7		判時	1881・51
1805	東京高裁	平成 16.12.15		訟月	51・11・2813
1806	大阪高裁	平成 17.1.25		訟月	52・10・3069
1807	最大判	平成 17.1.26	東京都管理職試験事件	判タ	1174・129
1808	名古屋地裁	平成 17.1.27		判タ	1191・242
1809	東京高裁	平成 17.2.9		判時	1917・29
1810	広島地裁	平成 17.2.9		ジュリ臨増	1313・6
1811	東京高裁	平成 17.3.10		判タ	1179・137
1812	東京高裁	平成 17.3.24		判時	1899・101

1801　NHKの中高年夫婦の離婚をテーマにした番組の中で放送された元夫の発言が事実ではなく、妻が名誉等を侵害されたとして謝罪放送等を求めたという事案である。一審はNHKの勝訴、二審は妻の勝訴であった。

1798 いわゆる団体規制法の定める観察処分は、その対象が極めて限られた団体であり、公共の安全の確保のために強い必要性がある一方で、当該団体及びその構成員の被る制約は、本法の目的を達成するという観点からの必要かつ合理的な範囲内の制約といえ、20条1項等に反しない。

1799 居住者の営む事業に従事して対価の支払を受けた親族が居住者と別に事業を営む場合であっても世帯課税単位によるべきである。

1800 「無所有」を実践している団体に加入するに当たり全財産を出捐した者が、同団体から脱退したことにより、出捐した財産のうち返還を肯認するのが合理的かつ相当と認められる範囲で不当利得返還請求権を有するとされた。

1801 放送事業者がした真実でない事項の放送により権利の侵害を受けた本人等は、放送事業者に対し、放送法の規定に基づく訂正又は取消しの放送を求める私法上の権利を有しない。

1802 第二次世界大戦の敗戦に伴う国家間の財産処理といった事項は、本来憲法の予定しないところであり、そのための処理に関して損害が生じたとしても、その損害に対する補償は、戦争損害と同様に憲法の予想しないものというべきである。

1803 会社を解雇された元従業員らによる、会社本社での街頭宣伝活動や会社代表者の自宅への面会強要等の差止めと損害賠償を求めたところ、会社の名誉・信用及び平穏に営業活動を営む権利を保護する必要性等から差止請求と損害賠償請求が一部認容された（東京高裁平成17年6月29日控訴棄却、最高裁平成18年3月28日上告棄却）。

1804 公職選挙法が衆議院議員選挙につき採用している比例代表制は、平成15年11月9日に施行された衆議院議員総選挙当時、憲法に違反しないとされた。

1805 中国人元慰安婦の国賠請求が認められなかった。

1806 拘置所職員が、ビデオテープの内容を事前に検査しない限り、ビデオテープを再生しながらの弁護人と被告人との接見は認められないとしてこれを拒否したことが34条前段等の趣旨に違反する違憲、違法なものとされた（最高裁平成19年4月13日上告不受理）。

1807 地方公共団体が、公権力の行使に当たる行為を行うことなどを職務とする地方公務員の職とこれに昇任するのに必要な職務経験を積むために経るべき職とを包含する一体的な管理職の任用制度を構築した上で、日本国民である職員に限って管理職に昇任することができることとする措置を執ることは14条1項に違反しない（13対2）。

1808 愛知県が、県職員に対して給料の月額等に100分の10を乗じた額の調整手当を一律に支給することは違法ではない。

1809 最高裁判所が保管するロッキード事件に関する記録集の開示請求に対する不開示処分について、最高裁判所の保有する司法行政文書の開示等に関する事務の取扱要綱に違反しないとして、不開示処分の違法を理由とする国家賠償請求が認められなかった。

1810 教職員組合地区支部が、支部集会のために高校の体育館の使用許可申請をしたが当該高校の校長に不許可処分とされたため、同処分は違法である等と主張したが認められなかった。

1811 有罪確定判決が大赦によりその効力を失ったときでも、無罪を主張して再審を請求することは許される。

1812 戸籍の続柄欄において嫡出子と非嫡出子とを区別して記載したとしても、プライバシー権を侵害する違法なものとはいえない。

1813	大阪地裁	平成 17.3.28		判タ	1189・98
1814	名古屋高裁	平成 17.3.30		ジュリ臨増	1313・3
1815	東京高裁	平成 17.3.31		訟月	51・11・2813
1816	東京高裁	平成 17.4.13		WLJ	2005WLJPCA041 39003
1817	名古屋高裁	平成 17.4.13		判タ	1223・170
1818	最判	平成 17.4.14		判タ	1187・147
1819	最判	平成 17.4.19		判タ	1180・163
1820	福岡地裁	平成 17.4.22		ジュリ臨増	1313・5
1821	最判	平成 17.4.26		判タ	1182・152
1822	福岡地裁	平成 17.4.26		ジュリ臨増	1313・5
1823	仙台高裁	平成 17.4.27		WLJ	2005WLJPCA042 79008
1824	大阪地裁	平成 17.5.25		判時	1898・75
1825	金沢地裁	平成 17.5.30		判時	1934・3
1826	名古屋地裁	平成 17.5.31		判時	1934・3
1827	大阪高裁	平成 17.6.3		WLJ	2005WLJPCA060 30004
1828	徳島地裁	平成 17.6.7		判自	277・110

1813 住友金属工業株式会社の女性社員に対する昇進・昇級及び昇給において性別による違法な差別的取扱いがなされたとし、女性社員の会社に対する差額賃金と慰謝料請求が認められた。

1814 有印私文書偽造等の容疑で捜査を受けている者が、コンビニエンスストア店内のビデオで撮影され、そのテープを警察に提供されたことはプライバシー侵害に当たるとして損害賠償を求めたが認められなかった。

1815 第二次大戦中に旧日本軍兵士により強姦等の被害を受けたとする中国人からの損害賠償請求が認められなかった。

1816 入国管理局長が在留特別許可をしなかったことに裁量権の逸脱又は濫用があるとは認められないとした。

1817 公共施設の使用料を「特別な事由」があるときは免除することができる旨の条例の規定に基づき、町長が使用料を免除したことについて、その一部は「特別な事由」があると認めることはできないとして違法性が認められた。

1818 いわゆるビデオリンク方式、遮へい措置を定めた刑訴法は、82条1項、37条1項、2項前段に違反しない。

1819 弁護人から検察庁の庁舎内に居る被疑者との接見の申出を受けた検察官が同庁舎内に接見の場所が存在しないことを理由として接見の申出を拒否するに際し、立会人の居る部屋でのごく短時間の「接見」であっても差し支えないかどうかなどの点についての弁護人の意向を確かめることをせず上記申出に対して何らの配慮もしなかったことは違法である。

1820 大学在学中に統合失調症を発症した原告が、障害基礎年金支給裁定申請をしたが、被保険者資格がないとして不支給処分を受けたため、当該処分の取消し及び国家賠償を求めたところ、取消しに係る訴えが認められ、国家賠償は認められなかった。

1821 農業災害補償法が定める水稲等の耕作の業務を営む者と農業共済組合との間で農作物共済の共済関係が当然に成立するという仕組み（当然加入制）は22条1項に違反しない。

1822 北九州市立学校の教職員らが、校長らに卒業式等で起立して国歌斉唱するように命じられたが、起立しなかったことを理由に戒告、減給等の処分を受けたため、当該処分の取消しと国家賠償等を求めたところ、減給処分が懲戒権の濫用に当たるという限度で認められた。

1823 衆議院議員総選挙において、民主党公認候補として立候補し当選した者につき、これを支援した労働組合の選挙対策本部の事務局長が公職選挙法違反の罪により有罪判決が確定したところ、支援者の当該選挙違反につき相当の注意を怠らなかったともいい難いとして、新連座制を適用し、当選無効と5年間の立候補禁止を認めた。

1824 在日韓国人を国民保険の被保険者から除外して国民年金を支給しなかったとしても、立法府の裁量の範囲内であり、14条1項に違反しないとされた。

1825 住民基本台帳ネットワークシステムについて個人情報に関する運用の差止請求等が認められた。

1826 住民基本台帳ネットワークシステムについて、個人情報に関する運用の差止請求等及び同システムにより人格権等が侵害されたとする損害賠償請求が棄却された。

1827 電信電話会社が金融業者の脅迫的な債権回収を内容とする電報を名宛人に配達したとしても、名宛人に対する不法行為責任を負わない。

1828 水頭症に罹患している幼児に対する町立幼稚園の就園不許可処分に対して、母親が就園を仮に許可するよう求め、これが認められた。

1829	東京高裁	平成 17.6.16		TKC	28135240
1830	東京高裁	平成 17.6.23		判時	1904・83
1831	最判	平成 17.7.5		税資	255 （順号10070）
1832	最判	平成 17.7.14	船橋市西図書館判決	判タ	1191・220
1833	最判	平成 17.7.15		判タ	1188・132
1834	大阪地裁	平成 17.8.30		ジュリ臨増	1313・5
1835	最判	平成 17.9.8		判タ	1192・249
1836	大阪地裁	平成 17.9.8		ジュリ臨増	1313・5
1837	最判	平成 17.9.8		判タ	1200・132
1838	最判	平成 17.9.13		判時	1909・3
1839	最大判	平成 17.9.14	在外日本国民選挙権訴訟	判タ	1191・143
1840	東京高裁	平成 17.9.15		WLJ	2005WLJPCA091 59002
1841	最判	平成 17.9.27		判時	1911・96
1842	東京高裁	平成 17.9.29		訟月	52・9・2801

1839 本件では違憲判決の他に5000円の国家賠償請求が認められているが、これは疑問である。その算定根拠が曖昧であることに加え、これを認めるならば議員定数不均衡訴訟においても同様の扱いをすべきではないかという疑義が生じるからである。反対意見を述べた泉徳治裁判官の「金銭賠償による救済は、国民に違和感を与え、その支持を得ることができないであろう。」との指摘は至極もっともである。

1829 漫画本が刑事上の「わいせつ図画」に当たるとされた。

1830 太平洋戦争中に中国から日本へ強制連行されて強制労働に従事させられ、終戦直前に逃走して約13年間北海道の山野での逃走生活を余儀なくされた中国人の遺族から、国に対する損害賠償請求が認められなかった（最高裁平成19年4月27日上告棄却）。

1831 所得税法上の世帯課税単位制度等は14条1項に違反しない。

1832 公立図書館の職員である公務員が、閲覧に供されている図書の廃棄について、著作者又は著作物に対する独断的な評価や個人的な好みによって不公正な取扱いをすることは、当該図書の著作者の人格的利益を侵害するものとして国家賠償法上違法となる。

1833 医療法に基づき都道府県知事が病院を開設しようとする者に対して行う病院開設中止の勧告は抗告訴訟の対象となる行政処分に当たる。

1834 大相撲春場所における府知事賞の授与に関し、相撲協会の拒否により女性である府知事が土俵へ上がることができなかったため、府副知事により知事賞の代理授与がなされたことは14条に違反し、その支出も違法だと争ったが認められなかった。

1835 帝王切開術を強く希望していた夫婦に経腟分娩を勧めた医師の説明は、同夫婦に対して経腟分娩の場合の危険性を理解した上で経腟分娩を受け入れるか否かについて判断する機会を与えるべき義務を尽くしたものとはいえない。

1836 枚方市の教育委員会教育長が入学式において国歌斉唱時に起立しなかった教職員について調査の実施を支持した不法行為により、市が調査事務を担当した教職員の給与相当の損害を被ったなどと主張したが認められなかった。

1837 医療法に基づく病院開設中止勧告に従わないことを理由として健康保険法に基づいてされた保険医療機関指定拒否処分は22条1項に違反しない。

1838 独占禁止法上の改正によって定められた新たな課徴金の額はカルテルによって実際に得られた不当な利得と一致する必要はないとした。

1839 平成8年10月20日に施行された衆議院議員の総選挙当時、公職選挙法が、国外に居住していて国内の市町村の区域内に住所を有していない日本国民が国政選挙において投票をするのを全く認めていなかったことは、15条1項、3項、43条1項、44条ただし書に違反する（11対3）。

1840 大学在学中に事故によって障害を負いながら、国民年金に任意加入していなかったために障害基礎年金を支給しない旨の処分を受けたいわゆる学生無年金者が、20歳以上の学生を国民年金法の強制適用から除外する規定を立法したこと等について国家賠償を求めたが否定された。

1841 衆議院議員選挙を無効とする判決を求める訴えは、衆議院の解散によって訴えの利益を失うとされた。

1842 内閣総理大臣の靖國神社参拝が20条3項に違反する等の主張は、内閣総理大臣の職務行為として行われたことを前提とするものであるが、当該参拝が職務行為として行われたと認められず、その前提を欠くとして認められなかった。

1843	大阪高裁	平成 17.9.30		訟月	52・9・2801
1844	福岡地裁	平成 17.10.14		判時	1916・91
1845	最判	平成 17.10.25		判タ	1200・136
1846	甲府地裁	平成 17.10.25		判タ	1194・117
1847	大阪高裁	平成 17.10.27		ジュリ臨増	1313・293
1848	最判	平成 17.11.8		判タ	1197・19
1849	最判	平成 17.11.8		判時	1916・24
1850	最判	平成 17.11.10		判時	1925・84
1851	東京高裁	平成 17.11.24		判時	1915・29
1852	最判	平成 17.11.29		裁判集刑	288・543
1853	最判	平成 17.12.1		判タ	1202・232
1854	最大判	平成 17.12.7	小田急訴訟	判タ	1202・110
1855	最判	平成 18.1.13		判タ	1205・99
1856	最判	平成 18.1.17		判時	1927・161
1857	東京地裁	平成 18.1.25		判タ	1218・95
1858	岐阜地裁	平成 18.1.25		判時	1928・113

1843 内閣総理大臣の靖國神社参拝が20条3項が禁止する宗教的活動に当たることを認めつつも、結論としては権利・利益の侵害がないとして国家賠償請求は否定された。

1844 住民基本台帳ネットワークシステムについて、住民等の個人情報に関する運用の差止請求等及び同システムにより人格権等が侵害されたとする損害賠償請求が棄却された。

1845 医療法に基づき都道府県知事が病院を開設しようとする者に対して行う病床数削減の勧告は抗告訴訟の対象となる行政処分に当たる。

1846 イラク特措法に基づく自衛隊のイラクへの派遣について、その差止めを求める訴え及び同派遣が違憲であることの確認を求める訴えが、いずれも不適法却下された。

1847 廃疾認定日において日本国籍を有しない者を障害福祉年金の支給対象から除外していた国民年金法が14条1項等に違反するとの主張が認められなかった。

1848 宗教法人の責任役員及び代表役員を選定する檀信徒総会決議の不存在確認につき確認の利益があるとされた。

1849 通達は、国民に対して拘束力を有する法規とは異なるものであるが、通達の定めが租税法規に照らして合理性を有する限り、当該租税法規の適用に当たっては、通達の定めに従った解釈、運用を行うのが相当である。

1850 刑事事件の法廷における被告人の容ぼう等を描いたイラスト画を写真週刊誌に掲載して公表した行為のうち、手錠をされ、腰縄を付けられた状態を描いたイラスト画の掲載は不法行為法上違法であるが、その余のイラスト画の掲載は違法ではないとされた。

1851 公立図書館で閲覧に供された図書の著作者がその図書を不公正に廃棄されたことを理由としてした国家賠償請求（慰謝料1人あたり3000円）が認容された（最高裁平成18年4月7日上告不受理決定）。

1852 検察官の上訴は同一の犯罪について重ねて刑事上の責任を問うものではなく、39条に違反しない。

1853 教科書検定制度は26条等に違反せず、また、高等学校公民科現代社会の教科書についての検定意見が違法とはいえないとし、分担執筆者の国に対する慰謝料請求が棄却された。

1854 都市計画事業の事業地の周辺に居住する住民のうち事業が実施されることにより騒音、振動等による健康又は生活環境に係る著しい被害を直接的に受けるおそれのある者は同事業の認可の取消しを求める訴訟の原告適格を有する。

1855 貸金業法施行規則は、貸金業者が契約番号を明示すれば、委任条項である貸金業規制法で定められた受取り証書の記載事項を一部記載しなくても良いとしており、これは委任の範囲を逸脱しており違法である。

1856 公園内の公衆便所の外壁にラッカースプレーでペンキを吹き付け「戦争反対」等と大書した行為が、刑法上の建造物の「損壊」に当たるとされた。

1857 気管切開手術を受けて喉に障害の残る児童について、東京都東大和市に対し、同児童が普通保育園に入園することを仮に承諾することが義務付けられた。

1858 最高裁判所第2小法廷の裁判官が、上告を受理しない決定をしたのは、憲法及び民訴法に違反するものであるとして、決定を受けた者の訴訟代理人が国に対して求めた損害賠償請求が認められなかった。

1859	名古屋地裁	平成 18.1.27		判時	1933・102
1860	最判	平成 18.2.7	呉市教職員組合事件	判タ	1213・106
1861	大阪地裁	平成 18.2.9		判時	1952・127
1862	最大判	平成 18.3.1	旭川市国民健康保険条例事件	判タ	1205・76
1863	松山地裁	平成 18.3.15		ジュリ臨増	1332・4
1864	最判	平成 18.3.17		判タ	1209・76
1865	千葉地裁	平成 18.3.20		地自	285・8
1866	最判	平成 18.3.23		判タ	1208・72
1867	最判	平成 18.3.28		判タ	1208・78
1868	東京地裁	平成 18.3.31		判タ	1209・60
1869	名古屋高裁	平成 18.4.19		ジュリ臨増	1313・4
1870	東京高裁	平成 18.6.14		判時	1939・23
1871	最判	平成 18.6.23	小泉首相靖國神社参拝事件	判時	1940・122
1872	最判	平成 18.7.13	投票困難者事件	判タ	1222・135
1873	最判	平成 18.7.14		判時	1947・45
1874	最判	平成 18.7.21		判タ	1228・119

1866　最高裁昭和58年6月22日等を踏襲した。

1859 拘置所長が拘置所に在監中の被告人に差し入れられた文書の一部を抹消したことが違法であるとして国に対する国家賠償請求が認容された。

1860 公立小中学校等の教職員の職員団体が教育研究集会の会場として市立中学校の学校施設を使用することを不許可とした市教育委員会の処分は裁量権を逸脱したものである。

1861 住民基本台帳ネットワークシステムによる住民の個人情報の提供は、住民の自己情報管理権を侵害するものではないとし、住民の国家賠償請求が棄却された。

1862 国民健康保険条例の規定が恒常的に生活が困窮している状態にある者を保険料の減免の対象としていないことは25条、14条に違反しない。

1863 内閣総理大臣が公用車を使用して靖国神社に赴き、内閣総理大臣という肩書きを付して記帳し、一礼方式による参拝をして、靖国神社に献花料3万円を私費で支払ったことの違法性を主張したが認められなかった。

1864 入会部落の慣習に基づく入会集団の会則のうち入会権者の資格を原則として男子孫に限定し同入会部落の部落民以外の男性と婚姻した女子孫は離婚して旧姓に復しない限り入会権者の資格を認めないとする部分は民法90条により無効である。

1865 住基ネットの運用によってプライバシー権が侵害されるとはいえない。

1866 刑務所長が受刑者の新聞社あての信書の発信を不許可としたことは国家賠償法の適用上違法となる。

1867 介護保険条例が、市町村民税が非課税とされる者について、一律に保険料を賦課しないものとする旨の規定又は保険料を全額免除する旨の規定を設けていないことは、14条、25条に違反しない。

1868 防犯ビデオの映像を写真週刊誌に掲載した場合に、防犯ビデオの設置目的を超えて違法に肖像権を侵害するものであるとして、有名芸能人の損害賠償請求が認容された。

1869 名古屋市の住民らが、住民基本台帳法に基づくいわゆる「住基ネット」は13条等に違反するなどと主張したが認められなかった。

1870 米国アリゾナ州連邦地方裁判所の嘱託により実施された、税務調査等につき取材し新聞記事を執筆した新聞記者に対する証人尋問において、刑罰法令に違反したことが疑われる取材源に関する記者の証言拒絶権が認められた(最高裁平成18年10月17日も同様の判断)。

1871 内閣総理大臣の地位にある者が靖國神社に参拝した行為（平成13年）によって個人の心情ないし宗教上の感情が害されたとしても、損害賠償の対象となり得るような法的利益の侵害があったとはいえない。

1872 平成12年6月に施行された衆議院議員総選挙までに国会が精神的原因によって投票所に行くことが困難な者の選挙権行使の機会を確保するための立法措置を執らなかったことは国家賠償法の適用上違法の評価を受けるものではない。

1873 住民に準ずる地位にある者が公の施設を利用することについて、当該公の施設の性質やこれらの者と当該普通地方公共団体との結び付きの程度に照らし合理的な理由なく差別的取扱いをすることは許されない。

1874 外国国家（パキスタン・イスラム共和国）は、主権的行為以外の私法的ないし業務管理的な行為については、我が国による民事裁判権の行使が当該外国国家の主権を侵害するおそれがあるなど特段の事情がない限り、我が国の民事裁判権に服することを免除されない。

1875		東京地裁	平成	18.7.26		ジュリ臨増	1332・4
1876		東京地裁	平成	18.9.12		WLJ	2006WLJPCA091 20008
1877		最判	平成	18.9.14		判時	1951・39
1878		東京地裁	平成	18.9.21		判タ	1228・88
1879		最判	平成	18.10.3	証言拒絶（NHK記者）事件	判タ	1228・114
1880		最大判	平成	18.10.4		判タ	1229・73
1881		大阪高裁	平成	18.10.5		ジュリ臨増	1332・4
1882	一六代目最高裁長官	東京高裁	平成	18.10.19		WLJ	2006WLJPCA101 99003
1883		東京地裁	平成	18.10.25		判時	1956・62
1884		東京高裁	平成	18.10.26		WLJ	2006WLJPCA102 69012
1885	島田仁郎	最判	平成	18.11.2		判タ	1227・103
1886		最判	平成	18.11.27		判時	1958・12
1887	在任期間	最判	平成	18.11.27		判時	1958・61
1888	平成18年10月16日	大阪高裁	平成	18.11.30		判時	1962・11
1889		名古屋高裁金沢支部	平成	18.12.11		判時	1962・11
1890		最判	平成	18.12.19		ジュリ臨増	1354・4

1875 公立小学校の教員が国旗強制反対のメッセージを送るためにリボンを着用して卒業式に出席したため職務専念義務違反を理由に訓告処分を受けたことの違法性を争ったが認められなかった。

1876 国旗を掲揚した卒業式において日の丸君が代の押し付けに反対するリボンを付けたり校長室に押し掛け自らの主張を一方的に述べるなどの抗議をしたことなどを理由として校長が行った懲戒処分（戒告）の取消を求めたが認められなかった。

1877 弁護士に対する懲戒事由に該当するかどうか等については、弁護士会の合理的な裁量にゆだねられているものと解され、全く事実の基礎を欠くか、又は社会通念上著しく妥当性を欠き、裁量権の範囲を超え又は裁量権を濫用してされたと認められる場合に限り、違法となるというべきである。

1878 都立学校の校長が教職員に国歌斉唱等の職務命令を発することには重大かつ明白な瑕疵があり、都教委が職務命令違反により懲戒処分等をすることは裁量権の範囲を超え若しくはその濫用になる等とした。

1879 民事事件において証人となった報道関係者は、当該報道が公共の利益に関するものであって、その取材の手段、方法が一般の刑罰法令に触れるとか、取材源となった者が取材源の秘密の開示を承諾しているなどの事情がなく、しかも、当該民事事件が社会的意義や影響のある重大な民事事件であるため、当該取材源の秘密の社会的価値を考慮してもなお公正な裁判を実現すべき必要性が高く、そのために当該証言を得ることが必要不可欠であるといった事情が認められない場合には、民訴法197条1項3号に基づき、原則として、当該取材源に係る証言を拒絶することができる。

1880 参議院議員の定数配分規定（最大較差1対5.13）は、平成16年7月11日に施行された参議院議員選挙当時、憲法に違反しない。

1881 韓国人であることを指摘して賃貸借契約を拒否するのは14条1項の趣旨に反するとして建物所有者の不法行為責任を認めた。

1882 米国アリゾナ州地区連邦地方裁判所の嘱託により実施された税務調査等につき取材ニュース記事を配信した共同通信記者に対する証人尋問において、取材源に関する記者の証言拒絶権が認められた。

1883 喉に障害の残る児童について市の保育園への入園承諾を市に義務づけた。

1884 国民年金法上の「初診日において20歳未満であった者」の「初診日」とは、傷病の発生日ではなく、傷病について初めて医師又は歯科医師の診療を受けた日を意味する。

1885 都市高速鉄道に係る都市計画の変更につき、鉄道の構造として地下式でなく高架式（一部掘割式）を採用した点において裁量権の範囲の逸脱等とはいえず違法ではないとされた。

1886 大学の学納金不返還特約は、その目的、意義に照らして、学生の大学選択に関する自由な意思決定を過度に制約し、その他学生の著しい不利益において大学が過大な利益を得ることになるような著しく合理性を欠くと認められるものでない限り、公序良俗に反するものとはいえない。

1887 消費者契約を対象として損害賠償の予定等を定める条項の効力を制限する消費者契約法の規定は29条1項に違反しない。

1888 住民基本台帳ネットワークシステムの運用は、住民に保障されているプライバシー権を侵害するものであって、13条に違反するとして住基ネットからの離脱を認めた。

1889 住民基本台帳ネットワークシステムについて、個人情報に関する運用の差止請求が棄却された。

1890 民法787条但書が死後認知を制限していることは13条等に反しない。

1891	～同20年11月21日	大津地裁	平成	19.1.15		判自	292・60
1892		名古屋高裁	平成	19.1.18		WLJ	2007WLJPCA01189010
1893		大阪地裁	平成	19.1.30		判時	1978・32
1894		最判	平成	19.2.2		判タ	1255・171
1895		新潟地裁長岡支部	平成	19.2.7		判時	1984・71
1896		さいたま地裁	平成	19.2.16		WLJ	2007WLJPCA02169005
1897		大阪地裁	平成	19.2.16		判時	1986・91
1898		京都地裁	平成	19.2.23		判時	1993・104
1899		仙台高裁	平成	19.2.26		判タ	1248・130
1900		最判	平成	19.2.27	君が代」ピアノ伴奏拒否事件	判タ	1236・109
1901		東京高裁	平成	19.3.14		訟月	54・6・1292
1902		最判	平成	19.3.27	光華寮訴訟	判時	1967・91
1903		東京高裁	平成	19.3.29		判時	1979・70
1904		札幌高裁	平成	19.3.30		WLJ	2007WLJPCA03309004
1905		名古屋高裁金沢支部	平成	19.4.16		WLJ	2007WLJPCA04169002
1906		大阪地裁	平成	19.4.26		判タ	1269・132
1907		大分地裁	平成	19.5.21		WLJ	2007WLJPCA05219001

1891 戦没者の妻に対して交付された国債について、特別買上償還により得た償還金を収入と認定し生活保護を廃止したことは14条1項に違反しない。

1892 「短期滞在」の在留資格で本邦に上陸したミャンマー国籍を有する外国人について、条約等上の「難民」に該当するとし、法務大臣がした出管法に基づく異議の申出は理由がないとの最決を取り消し、違法強制令書の発布をも取り消した。

1893 司法書士会が所属の会員に対してした注意勧告が司法審査の対象となるとされた。

1894 従業員と使用者との間において従業員が特定の労働組合に所属し続けることを義務付ける内容の合意がされた場合において、同合意のうち、従業員に上記労働組合から脱退する権利をおよそ行使しないことを義務付けて脱退の効力そのものを生じさせないとする部分は、公序良俗に反し無効である。

1895 参議院議員選挙の立候補者及びその後援会らが、報道機関であるテレビ局が選挙事務所の入口付近等を隠し撮りした行為は選挙活動の自由を侵害したとして損害の賠償を求め、その一部が認められた。

1896 住基ネットは憲法に違反しない。

1897 大阪市記者クラブに属さないフリージャーナリストが、大阪市議会の委員会の傍聴の不許可処分に対して21条1項違反などを理由に慰謝料等を求めたが、認められなかった。

1898 旧国民年金法において国籍条項を設け、いわゆる在日韓国・朝鮮人を同年金の被保険者から除外していたことは14条1項等に反しない。

1899 学生無年金障害者問題に関し、障害基礎年金不支給の処分の取消を認めた。

1900 市立小学校の音楽専科の教諭に対して校長がした入学式の国歌斉唱の際に「君が代」のピアノ伴奏を行うことを内容とする職務上の命令は19条に違反しない(4対1)。

1901 中国人らに対する第二次大戦中の強制連行・強制労働は、公権力の行使として行われたものであるから、国家無答責の法理により、民法上の不法行為規定の適用はなく、国が賠償責任を負うべき法令上の根拠を欠く。

1902 中華民国(台湾)は、日中共同声明による政府承認切り替え後も、日本の裁判所において当事者能力を有し、当事者適格を有する。

1903 国立大学法人の実施した同大学医学部医学科の入学試験に不合格とされた受験者が合否判定権の濫用を理由として入学の許可を求めたが、理由がないとして棄却された。

1904 学生を国民年金の強制適用の対象から除外した国民年金法の規定が憲法に違反するなどの主張が認められなかった。

1905 小松飛行場(小松基地)周辺に居住する住民らの自衛隊機及び米軍機の発する騒音等による損害賠償請求のうち、口頭弁論終結日までに生じた過去分につき一部認容し、それ以降に生ずべき将来分につき訴えを却下し、米軍機の離着陸等差止請求につき棄却した。

1906 市教育委員会が、市立各小中学校長に対し、入学式の国歌斉唱時に起立することなどの指示を出したことが19条等に違反しないとされた。

1907 住民票コード付与処分の取消を求めたが、当該行為は公権力の行使に当たらないとして訴えが却下された。

1908	最判	平成	19.5.29	横田基地訴訟	判タ	1248・117
1909	東京地裁	平成	19.5.29		判タ	1261・215
1910	最大判	平成	19.6.13		判タ	1247・111
1911	最決	平成	19.6.14		別冊ジュリ	245・119
1912	東京地裁	平成	19.6.20		判時	2001・136
1913	千葉地裁	平成	19.6.21		WLJ	2007WLJPCA062 19003
1914	東京高裁	平成	19.6.28		判時	1981・101
1915	最判	平成	19.7.13		判タ	1251・133
1916	東京高裁	平成	19.7.18		判時	1994・36
1917	仙台高裁	平成	19.8.7		判タ	1256・107
1918	大津地裁	平成	19.8.23		判時	1989・97
1919	最判	平成	19.9.18	広島市暴走族追放条例事件	判タ	1252・100
1920	最判	平成	19.9.28	学生無年金障害者訴訟	裁時	1445・1
1921	京都地裁	平成	19.10.2		WLJ	2007WLJPCA100 29003
1922	最判	平成	19.10.9		裁時	1445・4

1919　いわゆる合憲限定解釈の当否が問題となった。

1908 飛行場において離着陸する航空機の発する騒音等により周辺住民らが精神的又は身体的被害等を被っていることを理由とする損害賠償請求権のうち事実審の口頭弁論終結の日の翌日以降の分は、判決言渡日までの分についても、将来の給付の訴えを提起することのできる請求権としての適格を有しない。

1909 統一教会の信者であった老齢の女性が、いわゆる霊感商法をはじめとする違法な資金獲得活動の被害を繰り返し受けたとして、統一教会及びその下部教会並びに上記活動に関わった信者らに対し、不法行為に基づく損害賠償を求め、これが認められた。

1910 いわゆる一人別枠方式を含む衆議院小選挙区選出議員の選挙区割りの基準を定める規定は14条1項に違反するものとはいえず、選挙区割りを定める規定は、その改定当時においても、平成17年9月11日施行の衆議院議員選挙当時においても14条1項に違反していたものということはできない。

1911 ハードコアポルノ漫画にも刑法175条が適用される。

1912 東京都再雇用職員の採用選考に合格した後、卒業式の国歌斉唱時にいずれも起立、斉唱をしなかったために合格を取り消された者がその職務命令が憲法に違反する等と争ったが認められなかった。

1913 千葉県が制定した給料月額等の減額措置を定める条例が28条に違反しないとされた。

1914 賃金について女性であることを理由に差別的取扱いを受けたことを理由とする不法行為に基づく損害賠償請求が認容された。

1915 学校法人が被用者である大学教授に対し教授会への出席その他の教育諸活動をやめるよう求めた要請の無効確認を求める訴えは適法である。

1916 国の不作為と旧日本軍が中国国内に遺棄した毒ガス兵器による被害発生との条件関係を肯定することはできないとして、同被害発生を防止するための国の作為義務が否定された。

1917 右翼団体等の抗議行動が予測されることに基づいてなされた市民会館の使用許可取消処分の執行停止が認められた。

1918 厚生年金受給権に対する差押えを一律に禁止する厚生年金保険法の規定が29条に反しているのにこれを改正していないことは立法不作為による違法であるとの主張が認められなかった。

1919 広島市暴走族追放条例にいう「集会」は、暴走行為を目的として結成された集団である本来的な意味における暴走族の外、服装、旗、言動などにおいてこのような暴走族に類似し社会通念上これと同視することができる集団によって行われるものに限定されると解され、このように解釈すれば、同条例は、21条1項、31条に違反しない(3対2)。

1920 国民年金法において、初診日に同改正前の同法所定の学生等であり国民年金に任意加入していなかった障害者に対し無拠出制の年金を支給する旨の規定を設けるなどの立法措置を講じなかったことは、25条、14条1項に違反しない。

1921 賃貸マンションの所有者が、入居予定者が日本国籍を有していなかったことを理由として賃貸借契約の締結を拒否したことについて不法行為責任を認めた。

1922 国民年金法が、所定の学生等につき国民年金に強制加入させず、保険料納付義務の免除規定の適用を伴わない任意加入のみを認めるものとした措置等は、25条、14条1項に違反しない。

1923	岡山地裁	平成	19.10.15		判時	1994・26
1924	最判	平成	19.10.19		家月	60・3・36
1925	最判	平成	19.10.22		家月	60・3・37
1926	東京地裁	平成	19.11.9		WLJ	2007WLJPCA110 98002
1927	東京高裁	平成	19.11.29		地自	299・41
1928	大阪地裁	平成	19.12.18		判時	2000・79
1929	東京高裁	平成	19.12.26	世田谷区清掃・リサイクル条例違反事件	判時	1995・25
1930	最判	平成	20.1.28		裁判集刑	293・11
1931	大阪高裁	平成	20.2.18		WLJ	2008WLJPCA021 86002
1932	最判	平成	20.2.19	メイプルソープ写真集事件	判時	2002・107
1933	最判	平成	20.3.5		判タ	1266・149
1934	最判	平成	20.3.6	住基ネット事件	判時	2004・17
1935	最判	平成	20.3.27		判時	2012・148
1936	最判	平成	20.4.11	立川テント村事件	判時	2033・142

1923 地方公共団体の設置する公の施設について、指定管理者に対し、行政事件訴訟法に基づき、施設の使用の許可を仮に義務付けた。

1924 性同一性障害者の性別の取扱いの変更の審判が認められるための要件として「現に子がいないこと」を求める性同一性障害特例法は、13条、14条1項に違反しない。

1925 性同一性障害者につき性別の取扱いの変更の審判が認められるための要件として「現に子がいないこと」を求める性同一性障害特例法は、現に子のある者についてこれを認めた場合、家族秩序に混乱を生じさせる等、不合理ではないから13条等に反しない。

1926 仮に大学が指導義務を一切放棄したというのであれば、実質的にみて、それは大学が市民による大学の利用を拒否することにほかならないから、この面において、本件訴えは一般市民法秩序に直接関係するものとして、司法審査の対象となるというべきである。

1927 住民基本台帳ネットワークシステム導入に当たり、杉並区が東京都に対し、その安全性が確認されるまで、通知希望者に限って本人確認情報を東京都に通知する方式で当該システムへの参加を申し入れたが拒否されたため、東京都の受信義務の確認及び損害賠償を求めたところいずれも認められなかった。

1928 あらゆる形態の人種差別の撤廃に関する国際条約等の規定は、締約国に対し、私人間の人種差別を禁止させるための立法措置を執ることについて、個別の国民に対する具体的作為義務を定めたものではない。

1929 自らの起訴されている具体的な事実関係とは全く異なった状況の集積所における古紙の収集問題を主張して争うことができる適格性を有するのかについては多大な疑問が存する。

1930 選挙における戸別訪問を禁止することは21条に違反しない。

1931 自衛隊のイラク共和国への派遣によって、平和を求める良心を侵害され、その内実たる生命権を危険にさらされたとして、人格権的効力に基づき自衛隊の撤退及び将来の派遣の禁止並びに国家賠償を求めたが認められなかった。

1932 我が国において既に頒布され、販売されているわいせつ表現物を関税定率法による輸入規制の対象とすることは21条1項に違反しない。本件写真集は同法の規制対象ではないが、それに該当すると税関が判断したことに違法性はない(4対1)。

1933 被害者特定事項を公開の法廷で明らかにしない旨の決定をすることは32条、37条1項に反しない。

1934 行政機関が住民基本台帳ネットワークシステムにより住民の本人確認情報を収集、管理又は利用する行為は、13条の保障する個人に関する情報をみだりに第三者に開示又は公表されない自由を侵害するものではない。

1935 参議院議員が、ある施策の実現を目指す者から、本会議における代表質問においてその施策実現のため有利な取り計らいを求める質問をされたい旨の請託を受け、さらに、他の参議院議員を含む国会議員に対し国会審議の場において同旨の質疑等を行うよう勧誘説得されたい旨の請託を受けて金員を収受したことが、受託収賄罪に当たるとされた。

1936 管理権者が管理する公務員宿舎である集合住宅の各室玄関ドアの新聞受けに政治的な意見を記載したビラを投かんする目的で金網フェンス等で囲まれるなどしたその敷地部分等に管理権者の意思に反して立ち入ったことをもって刑法130条前段の罪に問うことは21条1項に違反しない。

1937	最判	平成 20.4.15		判時	2006・159
1938	名古屋高裁	平成 20.4.17		判時	2056・74
1939	最決	平成 20.5.8		判タ	1273・125
1940	福岡高裁	平成 20.5.12		判タ	1280・92
1941	名古屋高裁	平成 20.5.13		判自	314・14
1942	最大判	平成 20.6.4		民集	62・6・1367
1943	最判	平成 20.6.12	NHK番組改編訴訟	判時	2021・3
1944	最判	平成 20.7.17		判時	2050・156
1945	最判	平成 20.8.27		判タ	1301・124
1946	最大判	平成 20.9.10	遠州鉄道土地区画整理事業計画事件	民集	62・8・2029
1947	最判	平成 20.9.12		判時	2022・11
1948	大阪地裁	平成 20.9.26		判時	2027・42
1949	最判	平成 20.10.10		判時	2027・3

1942　5名の裁判官の反対意見のうち、甲斐中辰夫及び堀籠幸男が指摘する「本件は立法不作為・立法不存在の問題である。」との指摘は極めて的確であろう。

1937 捜査機関においてその者が強盗殺人等事件の犯人である疑いを持つ合理的な理由が存在し、かつ、同事件の捜査に関して行われたビデオ撮影が、防犯ビデオに写っていた人物の容ぼう、体型等とその者の容ぼう、体型等との同一性の有無という犯人の特定のための重要な判断に必要な証拠資料を入手するため、これに必要な限度において、公道上及び不特定多数の客が集まるパチンコ店内にいるその者の容ぼう等を撮影した行為は捜査活動として適法である。

1938 本件航空自衛隊の多国籍軍の武装兵員のバクダッドへの空輸活動に関して、強い平和への信念等をもつ控訴人の切実な思いは間接民主制下における政治的敗者の個人的憤慨等に過ぎないと評価すべきでないが、本件派遣で控訴人の具体的権利としての平和的生存権が侵害されたとまではいえない。

1939 婚姻費用の分担に関する処分の審判に対する抗告審が抗告の相手方に対し抗告状及び抗告理由書の副本を送達せず、反論の機会を与えることなく不利益な判断をしたことは32条に違反しない。

1940 行政機関の保有する情報の公開に関する法律に基づく行政文書の不開示決定の処分取消請求事件において、裁判所が当該不開示文書を直接見分しなければ当該不開示決定の当否を適正に判断することができず、他にこれに代わり得る有効適切な手段も見当たらないなどの事情が存するときは、裁判所だけが同文書を直接見分する方法で検証を行うことができ、その場合には、裁判所は、検証の目的である同文書の所持者に対し、その提示を命ずることができる。

1941 団地住民が、同団地内に造られた市所有の道路を緑地に戻すよう求めて要望書等を市長宛てで提出したところ、市により、無断で同要望書等を第三者である自治会長に漏洩され、精神的苦痛を被ったとして損害賠償請求が認められた。

1942 国籍法が、日本国民である父と日本国民でない母との間に出生した後に父から認知された子について、父母の婚姻により嫡出子たる身分を取得した(準正のあった)場合に限り届出による日本国籍の取得を認めていることによって、認知されたにとどまる子と準正のあった子との間に日本国籍の取得に関する区別を生じさせていることは、遅くとも上告人が国籍取得届を提出した平成15年当時において14条1項に違反していた(10対5)。

1943 放送された番組の内容が取材時の説明とは異なるものであったとしても、放送番組を放送した放送事業者及び同番組の制作、取材に関与した業者に取材を受けた者の期待、信頼を侵害したことを理由とする不法行為は成立しない。

1944 世田谷区清掃・リサイクル条例における資源ごみの持ち去り規制に係る「所定の場所」との文言は刑罰法規の構成要件として不明確であるとはいえない。

1945 詐欺の事案につき、控訴審判決が宗教上の教義の真偽を判断しており信教の自由を侵害していると攻撃されたが、詐欺罪の成否を判断しその成立を認定する限度で被告人らの言動の虚偽性を判断し認定しているにすぎないとしてその違憲主張が排斥された。

1946 市町村の施行に係る土地区画整理事業の事業計画の決定は、抗告訴訟の対象となる行政処分に当たる。

1947 宗教法人が死亡したペットの飼い主から依頼を受けて葬儀、供養等を行う事業が法人税法所定の収益事業に当たるとされた。

1948 中学校校長が、中学校に在籍する外国籍生徒の親権者から提出された退学届を受理する際に、退学と転学の違い等について、当該生徒自身に何も説明しなかったことが違法とされた。

1949 統合失調症を発症し医師の診療を必要とする状態に至った時点において20歳未満であったことが医学的に確認できた者であっても、初診日において20歳に達していた場合には、国民年金法所定の初診日要件を満たすものと解することはできない。

1950		福岡高裁	平成 20.10.21			判時	2035・20
1951		大阪高裁	平成 20.10.31	沖縄集団自決出版差止等訴訟		判時	2057・24
1952		大阪高裁	平成 20.11.12			判時	2085・96
1953	一七代目最高裁長官	最判	平成 20.11.25			判時	2027・14
1954		東京高裁	平成 20.11.26			TKC	25463162
1955		大阪高裁	平成 20.11.27			判時	2044・86
1956	竹﨑博允	東京地裁	平成 20.12.5			判タ	1303・158
1957	在任期間	福岡高裁	平成 20.12.15			TKC	25451348
1958	平成20年11月25日〜同26年3月31日	弾劾裁判所	平成 20.12.24			弾劾裁判所HP	https://www.dangai.go.jp/lib/lib1.html
1959		最決	平成 21.1.15			判タ	1290・126
1960		横浜地裁川崎支部	平成 21.1.27			判時	2058・77
1961		東京高裁	平成 21.1.29			判タ	1295・193
1962		大阪地裁	平成 21.2.18			判時	2041・89

1950 建物の譲渡損失についての損益通算が廃止された租税法規が遡及適用されたことにつき、本件遡及適用は、交付前に完了した取引や過去の事実から生じる納税義務の内容を納税者の不利益に変更するものであるが、本件租税法規を遡及適用することには合理性が認められるから違憲ではない。

1951 太平洋戦争後期、沖縄諸島で行われたとされるいわゆる「集団自決」について記述した書籍につき、自決を命じたとされる元軍人及びその遺族らが、同書籍を出版し又は執筆した者らに対し、損害賠償及び謝罪広告の掲載を求めた事案において、元軍人ら自身が直接住民に対して自決を命令した事実については、真実性の証明があるとはいえないが、少なくともこれを真実と信ずるについて相当な理由があったと認められるなどとして請求を棄却した。

1952 和歌山県行政書士会(強制加入団体)が、日本行政書士政治連盟和歌山県支部の経費を負担していることの違法性が問題にされた事案において、その支出が違法・無効であるとしてもこれに相当する金員を別途会員から徴収するものではないから、会員の会費支払義務が無効となることはないとされた。

1953 金融機関が行った顧客の財務状況等についての分析、評価等に関する情報が記載された文書につき、文書提出命令が申し立てられた場合において、金融機関はその提出を拒絶することができないとされた。

1954 市の長野朝鮮学園に対する補助金の交付が違法である等との主張が認められなかった（最高裁平成21年4月2日上告棄却）。

1955 外国籍又は二重国籍を有する者らが、市によって在日外国人向けの多文化共生・国際理解教育事業を廃止・縮小されたため、マイノリティとしての教育を受ける権利を侵害され、精神的苦痛を被ったとして、慰謝料の支払を求めたところ、マイノリティの教育権に具体的権利性は認められないとして請求が認められなかった。

1956 兼職禁止違反、職務専念義務違反、諸規定違反等を理由としてされた大学教授に対する論旨解雇の有効性が否定された。

1957 市立学校の教職員らが、卒業式又は入学式において君が代斉唱の際に起立して歌うよう命じられたのに従わなかったことを理由に、戒告、減給処分、厳重注意等を受けたことについて、その取消を求めたが認められなかった。

1958 訴追の事由は、裁判所職員の女性に対し、その行動を監視していると思わせたり、名誉や性的羞恥心を害したりするような内容のメールを繰り返し送信し、ストーカー行為をしたというものであり罷免された。

1959 情報公開訴訟において不開示文書につき被告に受忍義務を負わせて検証を行うことは、原告が立会権を放棄するなどしたとしても許されず、そのために被告に当該文書の提示を命ずることも許されない。

1960 市の職員であった者らが、市の行った「政党機関紙の購読勧誘に関するアンケート調査」によって思想良心の自由、人格権等が違法に侵害されたとして争ったが認められなかった。

1961 いわゆるNシステム等による車両ナンバーの読み取り等につき、肖像権、自由に移動する権利及び自己情報コントロール権の侵害が否定され、国の不法行為責任が認められなかった（上告棄却）。

1962 戒具として防声具及び鎮静衣を定めた被疑者留置規則は、留置施設内の規律及び秩序の維持のため必要かつ合理的な範囲内において被使用者の発声及び身体の自由を制限するものであり、18条、36条に違反しない。

1963	岡山地裁	平成 21.2.24		判時	2046・124
1964	最判	平成 21.3.9	福島県青少年健全育成条例事件	判タ	1313・100
1965	東京地裁	平成 21.3.24		判時	2046・90
1966	最判	平成 21.4.23		判タ	1299・121
1967	東京高裁	平成 21.5.27		判時	2062・33
1968	大阪高裁	平成 21.6.11		判時	2056・65
1969	奈良地裁	平成 21.6.26		判自	328・21
1970	最判	平成 21.6.30		判時	2052・48
1971	最判	平成 21.7.14		判タ	1313・97
1972	東京地裁	平成 21.9.10		判時	2056・99
1973	最判	平成 21.9.15		判時	2058・62
1974	最判	平成 21.9.28		判タ	1336・72
1975	東京地裁	平成 21.9.29		判タ	1339・156
1976	最大判	平成 21.9.30		判タ	1306・101
1977	最判	平成 21.9.30		判タ	1314・123
1978	東京高裁	平成 21.9.30		WLJ	2009WLJPCA09309020

1964 最高裁大法廷昭和60年10月23日等を踏襲している。

1963 平和的生存権は不法行為法上の被侵害法益として適格性があるものの、自衛隊のイラク派遣によっても損害賠償を認めるに足りる法益侵害を受けているとはいえないとして、損害賠償請求を棄却した。
国による自衛隊のイラク派遣に関し、平和的生存権を侵害されたとして、同権利に基づいて本件派遣の違憲確認及び本件派遣の差止め等を求めたが認められなかった。

1964 有害図書類の自動販売機（販売の業務に従事する者と客とが直接対面する方法によらずに販売を行うことができる設備を有する機器）への収納を禁止し、その違反を処罰する福島県青少年健全育成条例の規定は、21条1項、22条1項、31条に違反しない。

1965 在日朝鮮人のための集会等を開催するため、東京都が管理する日比谷公園大音楽堂の使用を申請し、承認されていた者が、右翼団体等の抗議のために開催直前に使用承認を取り消されたため損害賠償を求めた事案においてその一部が認められた。

1966 建物の区分所有等に関する法律に基づく団地建物区分所有者の集会での建替え決議により少数者の区分所有者の区分所有権の行使に制限が生じても29条に違反するとはいえない。

1967 妻が難民と認定される以上、夫に在留特別許可がされるべきであったとして、同人に対する退去強制令書発布処分等を違法とし、取り消した。

1968 未決拘禁者が購読しうる新聞紙種の制限を違法とした。

1969 肢体不自由者に当たる申立人が、就学認定者に該当するとして、町立のA中学校を就学すべき中学校に仮に指定するように求め、これが認められた。

1970 実質的には憲法違反ではなく法令違反を理由とする特別抗告を原裁判所が却下するのは違法である。

1971 いわゆる即決裁判手続は32条に違反しない。

1972 学校法人が、労働組合らに対し、営業権を被保全権利として、大学の各校舎近隣において業務の平穏を害する一切の行為を禁止する仮処分命令の申立て、これが認められた。

1973 宗教法人がその所有する土地の明渡しを求める訴えは、請求の当否を決する前提問題となっている占有者である住職に対する擯斥（僧籍はく奪）処分の効力を判断するために、宗教上の教義ないし信仰の内容に立ち入って審理、判断することを避けることができないから裁判所法の「法律上の争訟」に当たらず不適法である。

1974 荷送人の依頼に基づき宅配便業者の運送過程下にある荷物について、捜査機関が、捜査目的を達成するため、荷送人や荷受人の承諾を得ずに、これに外部からエックス線を照射して内容物の射影を観察する行為は、検証としての性質を有する強制処分に当たり、検証許可状によることなくこれを行うことは違法である。

1975 いわゆる「ロス疑惑」で取り沙汰された者の妻が、週刊誌の中で、写真及び記事を掲載されたことに対し損害賠償を請求し、その一部が認められた。

1976 参議院（選挙区選出）議員の議員定数配分規定（最大較差1対4.86）は、平成19年7月29日施行の参議院議員通常選挙当時、14条1項に違反していたものということはできない。

1977 民法900条4号ただし書前段は14条1項に違反しない。

1978 雇用問題解決のために、労組が会社付近でシュプレヒコール等の街宣活動を行うだけでなく、会社社長の自宅付近でも街宣活動を行ったという事案において、自宅付近での街宣活動について違法性を認めた。

1979	静岡地裁 下田支部	平成 21.10.29		判タ	1317・149
1980	東京地裁	平成 21.11.9		判タ	1321・149
1981	最大判	平成 21.11.18		判タ	1316・101
1982	最判	平成 21.11.30	葛飾政党ビラ配布事件	判タ	1331・79
1983	最判	平成 21.12.7		判時	2066・159
1984	最判	平成 21.12.10		判時	2071・45
1985	最判	平成 21.12.11	神奈川県青少年保護育成条例違反	裁判集刑	299・1043
1986	最判	平成 21.12.14		裁判集刑	299・1075
1987	京都地裁	平成 21.12.14		WLJ	2009WLJPCA121 49002
1988	東京地裁	平成 21.12.18		判タ	1322・259
1989	最大判	平成 22.1.20	空知太神社事件	判タ	1318・57
1990	最大判	平成 22.1.20	富平神社事件	判タ	1318・80
1991	東京地裁	平成 22.1.22		判時	2088・70
1992	大阪高裁	平成 22.1.28		判タ	1334・245

1982 一審は無罪判決、二審は有罪判決であった。

1979 地方公共団体が行う指定ごみ袋の一括購入・一括販売方式は、職業活動の自由を侵害する違法なものとは認められないとした。

1980 八百長相撲等を内容とする週刊誌の記事が名誉毀損に当たり、裏付け取材が不十分などとして不法行為の成立を認めた。

1981 非常勤の公務員である農業委員会委員が地方議会議員の解職請求の代表者であったところ、地方自治法の委任に基づいて定められている地方自治法施行令は、公職選挙法の公職の候補者の資格制限の規定を準用して、農業委員会委員は議会の解職請求の代表者になることはできないとしており、これが地方自治法の委任の範囲を超え無効とした。

1982 分譲マンションの各住戸に政党の活動報告等を記載したビラ等を投かんする目的で、同マンションの共用部分に管理組合の意思に反して立ち入った行為をもって刑法130条前段の罪に問うことは21条1項に違反しない。

1983 気管支ぜん息の重積発作により入院しこん睡状態にあった患者から、気道確保のため挿入されていた気管内チューブを抜管した医師の行為が、法律上許容される治療中止に当たらないとされた。

1984 学校による生徒募集の際に説明、宣伝された教育内容や指導方法の一部が変更され、これが実施されなくなったことが、親の期待、信頼を損なう違法なものとして不法行為を構成するとされた。

1985 有害図書類の「自動販売機」への収納を禁止し、その違反に対し刑罰を科すことは、青少年の健全な育成を阻害する有害な環境を浄化するための必要やむを得ないものであって、21条1項、22条1項に違反するものではない。

1986 再審請求において証拠の新規性・明白性が認定された。

1987 老齢加算の削減・廃止を内容とする生活保護変更決定を受けたところ、当該変更決定は違憲・違法であるとして、その取消し等を求めたが認められなかった。

1988 原告が被告らに対し、名称使用権に基づき、被告らの運営する寺院等の看板等からの「日蓮正宗」の文字削除等を求めたが、裁判所はこれを却下した。

1989 砂川市が連合町内会に対し市有地を無償で建物（地域の集会場等であるが、その内部に祠が設置され、外壁に神社の表示が設けられている。）、鳥居及び地神宮の敷地としての利用に供している行為は、もともとは小学校敷地の拡張に協力した地元住民に報いるという世俗的、公共的な目的から始まったものであるとしても、一般人の目から見て、市が特定の宗教に対して特別の便益を提供し、これを援助していると評価されてもやむを得ないものであって、89条、20条1項後段に違反する（12対2）。

1990 市が町内会に対し無償で神社施設の敷地としての利用に供していた市有地を同町内会に譲与したことは20条3項、89条に違反しない。

1991 本邦において出生し、その後高校に進学するなど、日本の生活環境や学校生活に適応しているのみならず、本国においては適切な治療が受けることが期待できない脳腫瘍に罹患していることなどの事情のある者について在留特別許可を認めなかった判断は裁量権の範囲を逸脱してされたものといわざるを得ない。

1992 宗教法人が寺院建物等を占有する者に対し明渡等を求めた訴訟において、その代表者の代表権限が争われた場合に、代表権限の存否が宗教上の教義に関わる事項であるため裁判所の審判対象にならないためその証明がないことに帰するとして訴えを却下した原判決につき、代表権限の証明があるとしてこれを取り消し差し戻した。

1993	大阪高裁	平成 22.1.29		判時	2085・86
1994	東京高裁	平成 22.2.3		判時	2086・17
1995	横浜地裁	平成 22.2.4		WLJ	2010WLJPCA020 46002
1996	最判	平成 22.2.23		判タ	1322・65
1997	最判	平成 22.3.15	ラーメンフランチャイズ事件	判タ	1321・93
1998	名古屋高裁	平成 22.3.19		判時	2081・20
1999	京都地裁	平成 22.3.24		ジュリ臨増	1466・5
2000	最判	平成 22.4.5		判時	2090・152
2001	最判	平成 22.4.8		判タ	1323・118
2002	最判	平成 22.4.13		判タ	1326・121
2003	東京高裁	平成 22.4.22		判タ	1341・37
2004	大阪高裁	平成 22.5.18		WLJ	2010WLJPCA051 89003
2005	京都地裁	平成 22.5.27		判タ	1331・107
2006	東京高裁	平成 22.6.29		判時	2104・40
2007	最判	平成 22.7.6		判時	2091・44

1993 放送法に基づいて総務大臣がNHKに対し、国際放送の実施を命じるに際し、放送に当たっては「北朝鮮による日本人拉致問題に特に留意すること」としたことが21条の知る権利を害する等として争われたが、認められなかった。

1994 衆議院の比例代表選挙において、各ブロックに配分された比例代表の議員数が人口に比例して配分されていないことなどを理由として選挙無効の訴えを提起したが認められなかった。

1995 免訴事件において、再審公判で裁判所が実体判断をすることが可能であったならば、被告人は無罪の判断を受けたであろうことは明らかであるとして刑事補償が認められた。

1996 市営と畜場の廃止によって生じた利用者の不利益に対して支援金が支払われたことの違法性が争われたが、29条3項による損失補償を要する特別の犠牲には当たらないとした。

1997 インターネットの個人利用者による表現行為の場合においても、他の表現手段を利用した場合と同様に、行為者が摘示した事実を真実であると誤信したことについて、確実な資料、根拠に照らして相当の理由があると認められるときに限り、名誉毀損罪は成立しないものと解するのが相当である。

1998 死刑判決を受けて上告中の刑事被告人が、出版社に対し、同人の発行する週刊誌に掲載された記事において、文通相手に宛てた手紙を公表されるなどして著作権・著作者人格権・宗教的人格権・名誉感情・プライバシーを侵害された旨の主張が認められなかった。

1999 在日特権を許さない市民の会(在特会)の会員らが京都朝鮮第一初級学校の周辺で差別的言動を繰り返し(示威活動)、その映像をインターネット上に公開していたので、学校がその示威活動等を禁止する仮処分を申請し、それが認められた。

2000 再審請求を棄却した原決定に審理不尽の違法があるとされた。

2001 最終的に不特定の者に受信されることを目的として特定電気通信設備の記録媒体に情報を記録するためにする発信者とコンテンツプロバイダとの間の通信を媒介する経由プロバイダは、特定電気通信役務提供者の損害賠償責任の制限及び発信者情報の開示に関する法律にいう「特定電気通信役務提供者」に該当する。

2002 インターネット上の電子掲示板にされた書き込みの発信者情報の開示請求を受けた特定電気通信役務提供者が、請求者の権利が侵害されたことが明らかでないとして開示請求に応じなかったことにつき、重大な過失があったとはいえない。

2003 裁判員制度は32条、37条等に違反しない。

2004 尼崎市長がした社会法人に対する補助金の交付決定が違法ではないとされた。

2005 障害等級表において、ほとんど顔面全域にわたる瘢痕で人に嫌悪の感を抱かせる程度に達しない外ぼうの醜状障害について、男女に差を設け(女性は第7級、男性は第12級)、差別的取扱いをしていることは14条に違反している。

2006 放送法がNHKを受診できるテレビを設置した者に対して受信契約および受信料の支払いを求めることが19条等に違反し無効であると主張したが認められなかった。

2007 地方税の減免にあたり、法律および条例上の「天災その他特別の事情」という不確定法概念を通達によって補完して解釈することを排した。

2008	最判	平成 22.7.22	白山比咩神社訴訟	判タ	1330・81
2009	広島高裁岡山支部	平成 22.9.3		家月	64・5・100
2010	最判	平成 22.9.27		判時	2126・143
2011	東京地裁	平成 22.9.27		判タ	1343・153
2012	東京高裁	平成 22.11.25		判時	2107・116
2013	東京地裁	平成 22.12.1		判タ	1350・240
2014	秋田地裁	平成 22.12.14		法セミ	687・156
2015	大阪高裁	平成 22.12.21		判時	2104・48
2016	東京高裁	平成 22.12.27		「憲法Ⅱ［第2版］」新井誠ほか	263
2017	東京高裁	平成 23.1.12		判時	2114・58
2018	大阪高裁	平成 23.1.20		判時	2113・107
2019	仙台地裁	平成 23.1.20		WLJ	2011WLJPCA01209002
2020	最大判	平成 23.3.23		判タ	1344・70

2008　一審は白山市勝訴、二審は住民が勝訴であった。

2008 神社の鎮座2100年を記念する大祭に係る諸事業の奉賛を目的とする団体の発足式に地元の市長が出席して祝辞を述べた行為は、地元にとって、上記神社が重要な観光資源としての側面を有し、上記大祭が観光上重要な行事であったこと、上記団体はこのような性質を有する行事としての大祭に係る諸事業の奉賛を目的とするもので、その事業自体が観光振興的な意義を相応に有していたこと、上記発足式は、市内の一般の施設で行われ、その式次第は一般的な団体設立の式典等におけるものと変わらず、宗教的儀式を伴うものではなかったこと、上記市長は上記発足式に来賓として招かれて出席したもので、その祝辞の内容が一般の儀礼的な祝辞の範囲を超えて宗教的な意味合いを有するものであったともうかがわれないことなどの下においては20条3項に違反しない。

2009 母が先夫と婚姻解消後300日以内に出産した子が、後夫を父とした出生届を市が不受理処分としたことは14条1項違反として争ったが認められなかった。

2010 刑罰法規の合憲性について、私人(高速道路株式会社等)への委任の当否等が問題とされたが、その委任自体が存在しないと判断された。

2011 コンビニを経営する会社がその店舗内で「ロス疑惑」で著名人となった者を監視カメラにより撮影し、その動画ファイルを報道機関に提供したことが不法行為となるか等が争われたが、その主張は認められなかった。

2012 日本教職員組合の教育研究全国集会に使用される予定だった宴会場等を有するホテル会社が、裁判所の仮処分命令に反して当該宴会場等の使用を拒否し、その説明文をホームページ上に掲載するなどしたことにつき、損害賠償請求が認容された。

2013 スキー部が全日本学生スキー選手権大会競技規程としての資格を有することなどの確認を求めたが、司法審査が及ばないとして却下された。

2014 外貌醜状障害について、男子を14級、女子を12級とする後遺障害別等級表の基準に従った認定は不合理な差別的取扱いであり、平等原則に反するとの主張に対し、等級表の等級毎の労働能力喪失率はあくまで参考にすぎず、被害者の職業、年齢、性別、後遺症の部位、程度等を総合的に判断して具体的な事案に応じて評価される等と判示した。

2015 靖國神社による戦没者の合祀行為等により人格権が侵害されたとして損害賠償・霊璽簿等からの氏名の抹消を求めたが認められなかった。最高裁平成23年11月30日上告棄却。

2016 公職選挙法上の供託金制度について違憲と判断していない。

2017 大学教授が科研費を取得したことについて、インターネットのサイト内に「厚生省が自分たちに都合のいい研究者への利益誘導を最優先にした」などという記事を掲載したことについて不法行為の成立が認められた。

2018 民事訴訟法の規定に基づいて報道関係者に取材テープの提出を命じることはできない。

2019 町立小学校の教諭が、通信表の作成に際し、同校校長らによる下書きの事前提出及び記載内容の修正の指示に従わず、通信表のコピーを無断で郊外に持ち出したため、これを理由に懲戒処分として戒告を受けたことから、本件処分の取消しを求めるとともに、損害賠償を求めたが認められなかった。

2020 平成21年8月30日施行の総選挙当時において、衆議院小選挙区選出議員の選挙区割りの基準のうち、いわゆる1人別枠方式(各都道府県にあらかじめ1議席を配当する)に係る部分は、憲法の投票価値の平等の要求に反する状態に至っていたが、憲法上要求される合理的期間内における是正がされなかったとはいえず、14条1項等に違反するものということはできない(13対2)。

2021	最判	平成 23.4.22		判時	2114・47
2022	東京地裁	平成 23.4.26		判タ	1377・60
2023	最判	平成 23.4.28	東京女子医大事故報道訴訟	判時	2115・50
2024	横浜地裁	平成 23.5.25		判自	359・67
2025	最判	平成 23.5.30	君が代起立斉唱拒否事件	判タ	1354・51①事件
2026	最判	平成 23.5.31		判時	2131・144
2027	最判	平成 23.6.6		判時	2123・3
2028	最判	平成 23.6.14	公立中学校教諭に対する国歌斉唱義務不存在確認事件	判時	2123・3
2029	東京地裁	平成 23.6.15		判時	2123・47
2030	最判	平成 23.6.21		判タ	1354・51④事件
2031	最判	平成 23.7.4		TKC	25472450
2032	最判	平成 23.7.4		TKC	25472451

2030 「学校教育において生徒に一律の行動をとることを求める必要があることは、教室の内外を問わず、日常広く認められるところである。それだけでなく、程度の問題はあれ、集団行動への順応性を高めることを積極的に評価する面さえあることは、教育関係者だけでなく、社会一般に広く認識され、容認されてもいる。学校教育におけるこのような側面を直視することなくしては、学校教育そのものが成り立たないか、そうでなくても重要な部分に深刻な欠落が生じる懸念があることは否定し難い。」との裁判官那須弘平の補足意見は至極正論であると筆者は思う。

2021 司法書士会に新たに入会する者のみに課される負担であっても、その履行が入会の要件となっていないものは、その負担が新たに入会しようとする者の入会を事実上制限するような効果を持つほど重大なものであるなどの特段の事情のない限り、司法書士法上の「入会金その他の入会についての特別の負担」（法務大臣の認可が必要）に当たらない。

2022 平成21年8月の国民審査の時点において、在外審査制度の創設に係る立法不作為により在外国民が審査権を行使できない事態を生じさせていたことの憲法適合性については、重大な疑義があったといえるが、憲法上要請される合理的期間内に是正がされなかったとまでは断定できないから、同不作為をもって違憲とはいえず、また、国家賠償法上も違法とはいえないとして、賠償請求を棄却した。

2023 新聞社が、通信社からの配信に基づき、自己の発行する新聞に記事を掲載した場合において、少なくとも、当該通信社と当該新聞社とが、記事の取材、作成、配信及び掲載という一連の過程において、報道主体としての一体性を有すると評価することができるときは、当該通信社が当該配信記事に摘示された事実を真実と信ずるについて相当の理由があるのであれば、当該新聞社が当該配信記事に摘示された事実の真実性に疑いを抱くべき事実があるにもかかわらずこれを漫然と掲載したなど特段の事情のない限り、当該新聞社が自己の発行する新聞に掲載した記事に摘示された事実を真実と信ずるについても相当の理由がある。

2024 県知事が、朝鮮学校を設置している学校法人に対し、同一年度に3回にわたり補助金交付決定をしたことは89条に違反せず違法ではない。

2025 公立高等学校の校長が教諭に対し卒業式における国歌斉唱の際に国旗に向かって起立し国歌を斉唱することを命じた職務命令は19条に違反しない。

2026 最高裁判所長官が、裁判員制度の実施に係る司法行政事務に関与したからといって、同制度の憲法適合性を争点とする事件について、「不公平な裁判をする虞」（忌避事由）があるということはできない。

2027 公立高等学校の校長が教職員に対し卒業式等の式典における国歌斉唱の際に国旗に向かって起立し国歌を斉唱することを命じた職務命令は19条に違反しない。

2028 公立中学校の校長が教諭に対し卒業式又は入学式において国旗掲揚の下で国歌斉唱の際に起立して斉唱することを命じた職務命令は19条に違反しない。

2029 新聞社及びウェブサイトの運営会社が、共同で亡夫の社会的評価を低下させるような記事及び亡夫の逮捕連行時の姿を撮影した写真をウェブサイト上に掲載したこと等につき不法行為の違法性が一部認められた。

2030 公立高等学校等の校長が教職員に対し卒業式又は入学式において国旗掲揚の下で国家斉唱の際に起立することを命じても19条に違反しない。

2031 東京都公立学校職員が卒業式において国歌斉唱の際に起立し国歌を斉唱する職務命令に反し懲戒処分を受けたことが19条に違反すると主張したが認められなかった。

2032 東京都公立学校職員が卒業式において国歌斉唱の際に起立し国歌を斉唱する職務命令に反し懲戒処分を受けたことが19条に違反すると主張したが認められなかった。

2033	東京地裁	平成 23.7.6		判タ	1380・243
2034	最判	平成 23.7.7		判時	2130・144
2035	最判	平成 23.7.14		TKC	25472449
2036	最判	平成 23.7.14		TKC	25472503
2037	最判	平成 23.7.15		判時	2135・48
2038	最判	平成 23.7.19		TKC	25472448
2039	大阪高裁	平成 23.8.24		判時	2140・19
2040	東京地裁	平成 23.8.25		WLJ	2011WLJPCA08258001
2041	福岡高裁那覇支部	平成 23.9.6		WLJ	2011WLJPCA09066001
2042	東京高裁	平成 23.9.16		WLJ	2011WLJPCA09166001
2043	最判	平成 23.9.22		判タ	1359・75①事件
2044	最判	平成 23.9.30		判タ	1359・75②事件
2045	福岡高裁	平成 23.10.17		判時	2138・63
2046	最判	平成 23.10.25		判タ	1384・95
2047	大阪高裁	平成 23.10.28		ジュリ臨増	1466・5

2033 政党の規約違反に基づいて都議会議員に対して行った除名処分の有効性が争われたが、裁判所の審査権は及ばないとされた。

2034 卒業式の開式直前に保護者らに対して大声で呼び掛けを行い、これを制止した教頭らに対して怒号するなどし、卒業式の円滑な遂行を妨げた行為をもって刑法234条の罪に問うことは21条1項に違反しない。

2035 卒業式等の際起立し国歌を斉唱する職務命令違反に基づいて北九州教育委員会らが行った懲戒処分について、その職務命令が19条に違反すると主張したが認められなかった。

2036 都立高校校長から受けた、卒業式の際に起立し国歌を斉唱する旨の職務命令が19条に違反すると主張したが認められなかった。

2037 テレビ番組の出演者(弁護士)において特定の刑事事件の弁護団の弁護活動が懲戒事由に当たるとして上記弁護団を構成する弁護士らについて懲戒請求をするよう視聴者に呼び掛けた行為が、不法行為法上違法とはいえないとされた。

2038 公立小学校職員が受けた、卒業式の際に起立し国歌を斉唱する旨の職務命令が19条に違反すると主張したが認められなかった。

2039 嫡出でない子の法定相続分を嫡出子のそれの2分の1とする民法900条4号ただし書前段の規定は14条1項に違反する。

2040 国立国会図書館の所蔵する日米安保条約に基づくいわゆる地位協定に係る刑事裁判権等についての検察資料の閲覧を求めたところ、館長から閲覧をさせない措置を受けたため、国家賠償請求をしたが認められなかった。

2041 戦没者の遺族らが、靖國神社の戦没者を合祀し、合祀を継続している行為は敬愛追慕の情を基調とした人格権を侵害する行為である等と主張したが認められなかった(最高裁平成24年6月13日上告棄却)。

2042 養護学校において知的障害を持つ児童に対して行われていた性教育の授業内容が不適切であると都議会で非難を受け、東京都教育委員会が当時の校長及び教職員に対し厳重注意処分を行ったことについて、東京都と都議らに不法行為責任が認められた。

2043 所得税に係る長期譲渡所得の金額の計算上生じた損失の金額につき他の各種所得の金額から控除する損益通算を認めないこととした平成16年4月1日施行に係る租税特別措置法を、同年1月1日以後に個人が行う土地等又は建物等の譲渡について適用するものとしている同法附則の規定は84条の趣旨に反しない。

2044 同上。

2045 国民年金法の制定に際して国籍要件を設けていること(国籍要件)は、合理的理由のない不当な差別的取扱いではない。

2046 健康保険法上のいわゆる混合診療については、法の定める特別の要件を満たす場合に限り療養の給付に代えて保険外併用療養費の支給による保険給付を行い、その要件を満たさない場合には保険給付を一切行わないものとしても14条に違反しない。

2047 在日特権を許さない市民の会(在特会)の会員らが京都朝鮮第一初級学校の周辺で差別的言動を繰り返し(示威活動)、裁判所がそれを禁ずる仮処分を発令したにも拘わらずこれを続けた行為について威力業務妨害罪等の成立が認められた。

2048	神戸地裁	平成 23.11.4		判時	2136・95
2049	最大判	平成 23.11.16	裁判員制度の合憲性	判時	2136・3
2050	最判	平成 23.11.18		裁判集刑	305・1
2051	東京高裁	平成 23.11.24		訟月	59・10・2719
2052	東京地裁	平成 23.12.19		判タ	1380・93
2053	名古屋高裁	平成 23.12.21		判時	2150・41
2054	最判	平成 24.1.13		判時	2143・144
2055	最判	平成 24.1.16		判時	2147・127
2056	最判	平成 24.1.16		判時	2147・127
2057	最判	平成 24.2.2	ピンク・レディー無断写真掲載事件	判時	2143・72
2058	最判	平成 24.2.9		判時	2152・24
2059	最判	平成 24.2.16	空知太神社訴訟・差戻後上告審	判時	2146・49
2060	最判	平成 24.2.28	老齢加算減額訴訟	判時	2145・3

2060 「…最低限度の生活は、抽象的かつ相対的な概念であって、その具体的な内容は、その時々における経済的・社会的条件、一般的な国民生活の状況等との相関関係において判断決定されるべきものであり、これを保護基準において具体化するに当たっては、高度の専門技術的な考察とそれに基づいた政策的判断を必要とする…」として最高裁昭和57年7月7日（堀木訴訟）を引用している。

2048 政治評論家が、テレビ番組において、北朝鮮による拉致被害者の娘につき、外務省も生きていないことは分かっている旨の発言をしたことに不法行為の成立を認めた。

2049 憲法は、刑事裁判における国民の司法参加を許容しており、憲法の定める適正な刑事裁判を実現するための諸原則が確保されている限り、その内容を立法政策に委ねており、裁判員制度は、31条、32条、37条1項、76条1項、80条1項等に違反しない。

2050 絞首刑は憲法に違反しない。

2051 婚姻の届出を不受理とした処分の適否について、行政事件訴訟を提起して争うことはできない。

2052 イラン国籍であることのみを理由として東京工業大学原子炉工学研究所の研究生としての入学不許可決定が無効であると争われ認められた。

2053 被相続人が1度も婚姻したことがない状態でその非嫡出子として出生した子について、被相続人がその後婚姻した者との間に出生した嫡出子との関係で旧民法900条4号ただし書を準用する同法1044条を適用することは、その限度で14条1項に違反する。

2054 裁判員制度による審理裁判を受けるか否かについて被告人に選択権が認められていないからといって、同制度は32条、37条に違反しない。

2055 公立の高等学校又は養護学校の教職員が卒業式等の式典において国歌斉唱の際に国旗に向かって起立して斉唱すること又は国歌のピアノ伴奏を行うことを命ずる旨の校長の職務命令に従わなかったことを理由とする戒告処分が、裁量権の範囲を超え又はこれを濫用するものとして違法であるとはいえない。

2056 公務員に対する懲戒処分について、懲戒権者は、懲戒事由に該当すると認められる行為の原因、動機、性質、態様、結果、影響等のほか、当該公務員の上記行為の前後における態度、懲戒処分等の処分歴、選択する処分が他の公務員及び社会に与える影響等、諸般の事情を考慮して、懲戒処分をすべきかどうか、また、懲戒処分をする場合にいかなる処分を選択すべきかを決定する裁量権を有しており、その判断は、それが社会観念上著しく妥当を欠いて裁量権の範囲を逸脱し、又はこれを濫用したと認められる場合に、違法となる。

2057 歌手を被写体とする写真を同人に無断で週刊誌に掲載する行為がいわゆるパブリシティ権を侵害するものではなく不法行為は成立しないとされた。

2058 都立学校の校長が教職員に対し発する職務命令（国旗掲揚、国歌斉唱等）は19条等に違反するものではないとされた。

2059 市が連合町内会に対し市有地を無償で神社施設の敷地としての利用に供している行為の違憲性を解消するための手段として、氏子集団による上記神社施設の一部の移設や撤去等と併せて市が上記市有地の一部を上記氏子集団の氏子総代長に適正な賃料で賃貸することは89条、20条1項後段に違反しない。

2060 生活扶助の老齢加算の廃止を内容とする生活保護法による保護の基準の改定は、その改定に係る厚生労働大臣の判断に裁量権の範囲の逸脱又はその濫用があるとはいえない。

2061	最判	平成 24.3.23		判時	2147・61
2062	最判	平成 24.4.2		裁時	1553・2
2063	最判	平成 24.4.23		判時	2168・49
2064	東京高裁	平成 24.4.25		判時	2156・54
2065	名古屋高裁	平成 24.4.27		判時	2178・23
2066	名古屋高裁	平成 24.5.11		判時	2163・10
2067	福岡高裁	平成 24.7.13		判時	2234・44
2068	東京高裁	平成 24.7.18		判時	2187・3
2069	東京高裁	平成 24.9.27		労判	1062・22
2070	最大判	平成 24.10.17		判夕	1383・89

2061 インターネット上のウェブサイトに掲載された記事が、それ自体として一般の閲覧者がおよそ信用性を有しないと認識し、評価するようなものではなく、会社の業務の一環として取引先を訪問した従業員が取引先の所持していた物をその了解なく持ち去った旨の事実を摘示するものと理解されるのが通常であるなどの事情の下では、その記事を掲載した行為は、会社及び従業員の名誉を毀損するものとして不法行為を構成する。

2062 最低限度の生活は、抽象的かつ相対的な概念であって、その時々における経済的・社会的条件、一般的な国民生活の状況等との相関関係において判断決定されるべきものであり、これを保護基準において具体化するに当たっては、国の財政事情を含めた多方面にわたる複雑多様な、しかも高度の専門技術的な考察とそれに基づいた政策的判断を必要とするものであるから、保護基準中の老齢加算に係る部分を改定するに際し、最低限度の生活を維持する上で老齢であることに起因する特別な需要が存在するといえるか否かを判断するに当たっては、厚生労働大臣に上記のような専門技術的かつ政策的な見地からの裁量権が認められるものというべきである。

2063 債権の放棄の議決が住民訴訟が目指す地方の財務行政の適正化に重大な影響を与える事柄であることに照らせば、それが住民訴訟による当該財務会計行為等の審査を回避して住民訴訟制度の機能を否定する意図の下になされるなど住民訴訟制度を設けた法の趣旨を没却するような場合は、裁量権の範囲の逸脱又はその濫用に当たると認められ、その議決は違法となる。

2064 いわゆる東京大空襲の被害者や遺族らが、国が被害者や遺族を救済せずに放置したのは違法である等として、国に対し謝罪と損害賠償を請求したが認められなかった。

2065 小学校の統廃合に関して町長に提出された署名簿について、町が署名者らの住居を個別に訪問して相当立ち入った質問調査を行ったとして、請願権を侵害するとして損害賠償請求を認めた（上告棄却）。

2066 地方議会における発言方法の制約に関し、地方議会が、地方議会議員の当該議会等における発言を一般的に阻害し、議会での発言の機会そのものを奪うに等しい状態を惹起するなど、地方議会議員に認められた地方議会等における発言権、自由を侵害していると認められる場合には、一般市民法秩序に関わるものとして、裁判所法にいう「法律上の争訟」に当たる。

2067 「ストリートビュー」により住居のベランダに干してあった洗濯物を撮影され、インターネット上で公表されたことにつき、プライバシー侵害等の不法行為の成立を主張したが認められなかった。

2068 県教育委員会が、県立学校の卒業式及び入学式における国歌斉唱時に起立しなかった教職員の氏名等を各学校長に経過説明書によって報告させ、これを収集、利用していることが、思想及び信条に関する個人情報の取扱いを制限する神奈川県個人情報保護条例に違反するとして争われたが認められなかった(最高裁平成25年4月17日)上告不受理。

2069 労働組合内部の意思決定の問題について、組合民主主義の立場（通常の団体以上に組合員の平等な取扱等が要求される）からいわゆる部分社会の法理の適用を否定し司法審査が及ぶことを認めた。

2070 参議院（選挙区選出）議員の議員定数配分規定（最大較差1対5.00）の下で、平成22年7月11日施行の参議院議員通常選挙当時、選挙区間における投票価値の不均衡は違憲の問題が生ずる程度の著しい不平等状態に至っていたが、上記選挙までの間に上記規定を改正しなかったことが国会の裁量権の限界を超えるものとはいえず、上記規定が14条1項等に違反するに至っていたということはできない(12対3)。

2071	大阪高裁	平成 24.10.24		WLJ	2012WLJPCA102 46001
2072	東京高裁	平成 24.11.5		判自	377・23
2073	東京高裁	平成 24.11.7		WLJ	2012WLJPCA110 76001
2074	最判	平成 24.12.7	堀越事件	裁時	1569・2
2075	最判	平成 24.12.7	世田谷事件	裁時	1569・9
2076	東京地裁	平成 24.12.13		判タ	1391・176
2077	最判	平成 25.1.11	医薬品ネット販売権訴訟	判時	2177・35
2078	東京高裁	平成 25.1.16		判時	2184・14
2079	大阪高裁	平成 25.1.16		訟月	59・12・3046
2080	東京高裁	平成 25.2.19		判時	2192・30
2081	東京地裁	平成 25.3.14		判時	2178・3
2082	最判	平成 25.3.18		判時	2186・113
2083	最判	平成 25.3.21	神奈川県臨時特例企業税事件	判時	2193・3

2071 従前、各勤務先から共産党員又はその同調者であることを理由とする免職処分又は解雇(レッド・パージ)を受けた者らが、政府が必要な措置(救済の立法措置など)を採らなかったことが違法であると争ったが認められなかった。

2072 集団示威運動(原発稼働等の反対を政府等に訴える)としてのデモ出発のための都市公園内の間及びその周辺一時的使用の許可の仮の義務付けを求める申立てが却下された。

2073 都立養護学校の記念式典で、国歌斉唱時に国旗に向かって起立して斉唱するよう命ずる職務命令に従わなかった同校の教員が、都教育委員会から停職処分を受けたことが違法であるとした(最高裁平成25年7月12日上告不受理)。

2074 管理職的地位になく、その職務の内容や権限に裁量の余地のない一般職国家公務員が、職務と全く無関係に、公務員により組織される団体の活動としての性格を有さず、公務員による行為と認識し得る態様によることなく行った政党の機関紙及び政治的目的を有する文書の配布は、公務員の職務の遂行の政治的中立性を損なうおそれが実質的に認められるものとはいえず、国家公務員法等により禁止された行為に当たらない。

2075 管理職的地位になく、その職務の内容や権限に裁量の余地のない一般職国家公務員が、職務と全く無関係に、公務員により組織される団体の活動としての性格を有さず、公務員による行為と認識し得る態様によることなく行った政党の機関紙及び政治的目的を有する文書の配布は、公務員の職務の遂行の政治的中立性を損なうおそれが実質的に認められるものとはいえず、国家公務員法等により禁止された行為に当たらない。

2076 私立大学を経営する学校法人の営業権に基づく入学試験会場及びその近隣における情報宣伝活動禁止請求が認められた。

2077 一般用医薬品のうち第一類医薬品及び第二類医薬品について、対面販売を求め郵便等販売を禁止する薬事法施行規則が薬事法の授権の限度を超え違法とした。

2078 公安審査委員会から団体規制法に基づく観察処分の期間更新決定を受けた団体が、本件更新決定の取消しを求め一審がこれを認めたが、これを取り消した。

2079 大戦中の大阪大空襲等による被災者又はその相続人らが、空襲被害者を救済する立法措置を執らずに放置していることは国の立法不作為に当たり、国賠法上違法であるなどと主張したが認められなかった。

2080 公職法が選挙人名簿の登録要件として住民票作成から3か月以上住民基本台帳に記録されていることという要件を課していることは15条1項等に違反しない。

2081 成年被後見人は選挙権を有しないと定めた公職選挙法11条1項1号は、選挙権に対する「やむを得ない」制限であるということはできず、15条1項及び3項、43条1項並びに44条ただし書に違反するというべきである。

2082 刑訴法が公判前整理手続において被告人に対し主張明示義務および証拠調べ請求義務を課していることは38条1項に違反しない。

2083 資本金等が一定額以上の法人の事業活動に対し臨時特例企業税を課すことを定める神奈川県臨時特例企業税条例の規定は、法人事業税の所得割の課税標準である所得の金額の計算上過去の事業年度の欠損金額に相当する金額の繰越控除の必要的な適用を定める地方税法の規定に違反し無効である。

2084	広島高裁	平成 25.3.25		判時	2185・25②事件
2085	東京高裁	平成 25.3.28		WLJ	2013WLJPCA03289022
2086	福岡高裁	平成 25.3.29		判タ	1415・134
2087	弾劾裁判所	平成 25.4.10		弾劾裁判所HP	https://www.dangai.go.jp/lib/lib1.html
2088	大阪地裁	平成 25.4.19		判時	2226・3
2089	大阪高裁	平成 25.5.9		ジュリ臨増	1466・11
2090	広島高裁	平成 25.5.30		判時	2202・28
2091	名古屋高裁	平成 25.7.4		判時	2210・36
2092	最大判	平成 25.9.4	非嫡出子相続分差別事件	判時	2197・10
2093	最判	平成 25.9.6		TKC	25501766
2094	東京高裁	平成 25.9.13		ジュリ臨増	1466・5
2095	最判	平成 25.9.26		判時	2207・34
2096	大阪高裁	平成 25.9.27		判時	2234・29

2092　平成7年7月5日の最高裁大法廷、及びそれ以降の最高裁判決の判断を変更して法令違憲判決を下した。

2084 投票価値の平等の要求に反していることを理由とする選挙無効訴訟（以下「定数訴訟」という。）は、公職選挙法204条所定の選挙無効訴訟の形式を借りて提起することを認めることとされているにすぎないものであって、これと全く性質を同じくするものではなく、その判決についてもこれと別個に解すべき面があるのであり、定数訴訟の判決の内容は、憲法によって司法権に委ねられた範囲内において、定数訴訟を認めた目的と必要に即して、裁判所がこれを定めることができると考えられるから、本件選挙について、無効と断ぜざるを得ない場合には、裁判所は、本件選挙を無効とするが、その効果は一定期間経過後に始めて発生するという内容の将来効判決をすべきであると解される。

2085 一部上場企業が、重要な事項につき虚偽の記載がある有価証券届出書に基づく募集により新株予約権証券を取得させたとして金融庁長官から8億円を超える課徴金の給付命令を受けたことについて、29条等に違反するとして争ったが認められなかった。

2086 県警が県内コンビニエンスストア各社に対して暴力団関係書籍を撤去するよう要請したことが、撤去されたコミック本の原作者との関係で国家賠償法上の違法とはいえないとされた。

2087 訴追の事由は、走行中の電車内において、乗客の女性に対し、携帯電話機を用いて、そのスカート内の下着を動画撮影する方法により盗撮したというものであり罷免された。

2088 自動車を所有し、生活保護を受給していた者が、福祉事務所長から、自動車を処分しなかったなどとして生活保護廃止処分を受け、その後、再度の生活保護申請の却下処分も受けたため、本件却下処分は違法であると主張したのに対し、自動車の処分指示の違法性を認めた。

2089 市議会議員の議会における質問が市長の名誉を毀損したとして、市長が謝罪広告の掲載等を求めたが、公務員個人の責任が否定された（平成25年10月17日上告不受理）。

2090 18歳当時に殺人事件を犯し死刑判決が確定した本件死刑囚が、自己に関する書籍の執筆者及び同書籍の出版社に対し、本件書籍の出版等の差止めと損害賠償等を求め、他方、本件執筆者らが、本件死刑囚及び同人の弁護人らの発言等により名誉を毀損されたとして損害賠償を求めた事案において、双方の請求が棄却された。

2091 議会で侮辱的発言をしたとして陳謝処分を受けたものの、これに従わなかったとして除名処分を受けた町議会議員が除名処分の取り消しを求め認められた（最高裁平成26年9月5日上告棄却）。

2092 嫡出でない子の法定相続分を嫡出子のそれの2分の1とする民法900条4号ただし書前段の規定は遅くとも平成13年7月当時において14条1項に違反していた。

2093 卒業式等に、国旗に向かって起立して国歌斉唱又は国歌斉唱時にピアノ伴奏するよう求めた校長の職務命令に反したとして、教育委員会から各懲戒処分を受けた教職員らが、本件各処分の違法性を主張して、同処分の取消し及び損害賠償を求めたが認められなかった。

2094 東京都の「なかのZERO大ホール」にて行われた革マル派の集会に際して、私服警察官等が会場周辺で参加者を視察する等した行為が違法だとして争ったが認められなかった。

2095 戸籍法が出生の届出に係る届書に嫡出子又は嫡出でない子の別を記載すべきものとしていることは事務処理の便宜に資することからおよそ合理性を欠くものとはいえないとして14条に反するとはしなかった。

2096 受刑者につき不在者投票による選挙権行使が技術的に困難とはいえず、また、受刑者であること自体による選挙権の制限は許されないことなどからすると、公職選挙法が受刑者の選挙権を一律に制限していることはやむを得ない事由があるとはいえず、違憲である。

2097		東京高裁	平成	25.10.23		訟月	60・6・1219
2098		東京高裁	平成	25.10.31		判時	2217・3
2099		大阪地裁	平成	25.10.31		WLJ	2013WLJPCA103 16002
2100		最大判	平成	25.11.20		判時	2205・3
2101		最判	平成	25.12.10		判時	2211・3
2102		最判	平成	25.12.10		判時	2210・27
2103		東京地裁	平成	26.1.15		判時	2215・30
2104		最判	平成	26.1.16		判時	2225・144
2105		東京高裁	平成	26.1.30		判自	387・11
2106		札幌地裁	平成	26.3.26		判時	2250・85
2107	一八代目最高裁	最判	平成	26.5.27		判時	2231・9
2108		大阪地裁	平成	26.7.4		判夕	1416・380

2097 靖国神社による戦没者の合祀について、遺族らの意思に反する宗教的方法で慰霊されない利益等は、他者の宗教的行為により感情を害されることを拒否する利益にすぎないとして、法的利益が侵害されたと認めることはできないとされた。

2098 オウム真理教から改称したアレフが、条例で義務付けた活動報告をしなかったとして東京都足立区が過料5万円を科したのは違法として取り消した。

2099 生活保護の開始申請に対して、市福祉事務所長が就労可能との理由で却下処分をしたことが違法であるとの主張が認められた。

2100 平成24年12月16日施行の衆議院議員総選挙当時において、公職選挙法（平成24年法律第95号による改正前のもの）13条1項、別表第1の定める衆議院小選挙区選出議員の選挙区割りは、前回の平成21年8月30日施行の衆議院議員総選挙当時と同様に憲法の投票価値の平等の要求に反する状態にあったが、憲法上要求される合理的期間内における是正がされなかったとはいえず、上記規定が憲法14条1項等に違反するものということはできない。

2101 死刑確定者又はその再審請求のために選任された弁護人が再審請求に向けた打合せをするために刑事施設の職員の立会いのない面会の申出をした場合にこれを許さない刑事施設の長の措置は国家賠償法1条1項の適用上違法となる。

2102 性同一性障害特例法の規定に基づき男性への性別の取扱いの変更の審判を受けた者の妻が婚姻中に懐胎した子は、民法772条の規定により夫の子と推定されるのであり、夫が妻との性的関係の結果もうけた子であり得ないことを理由に実質的に同条の推定を受けないということはできない。

2103 イスラム教徒である原告らが、警視庁、警察庁及び国家公安委員会は、モスクの監視など原告らの信教の自由等の憲法上の人権を侵害し、行政機関の保有する個人情報の保護に関する法律や東京都個人情報の保護に関する条例に違反する態様で個人情報を収集・利用するとともに、情報管理上の注意義務違反等により、個人情報をインターネット上に流出させた上、適切な損害拡大防止措置を執らなかったとして、被告国及び被告都に対し、国家賠償法等に基づく損害賠償を求めた事案において、国際テロ防止のためにされたやむを得ない措置であり、違憲・違法とは認められないとした（控訴棄却）。

2104 インターネット異性紹介事業の届出制は21条1項に違反しない。

2105 市の地下水保全条例上、所有地に井戸の設置はできない旨の違法な説明をされたなどとして損害賠償を求めたが認められず、条例による井戸設置規制は29条2項に違反しないとされた。

2106 北海道教育委員会が、職員の給与等の減額支給措置の実施等に反対する本件争議行為に参加し、職場を30分以上離脱した者に対して一律に戒告処分にしたことの違法性が争われたが認められなかった。

2107 府中市議会議員政治倫理条例の規定のうち、議員の2親等以内の親族が経営する企業は市の工事等の請負契約等を辞退しなければならず、当該議員は当該企業の辞退届を徴して提出するよう努めなければならない旨を定める部分は21条1項に違反しない。

2108 震災がれきの焼却説明会の開催を阻止するために扉を叩くなどした行為が威力業務妨害罪に当たるとされ、駅前での街頭宣伝活動における副駅長に対する行為が威力業務妨害罪に当たらないとされた。

番号	長官	裁判所	年月日	出典	巻号頁
2109	長官 寺田逸郎	大阪高裁	平成 26.7.8	判時	2232・34
2110	在任期間 平成26年4月1日〜同30年1月8日	最判	平成 26.7.9	判時	2241・20
2111		最判	平成 26.7.14	判時	2242・51
2112		最判	平成 26.7.17	TKC	25446513
2113		最判	平成 26.7.18	訟月	61・2・356
2114		最判	平成 26.8.19	判時	2237・28
2115		大阪高裁	平成 26.11.14	訟月	61・8・1601
2116		最大判	平成 26.11.26	判時	2242・23
2117		大阪高裁	平成 27.1.7	判時	2264・36
2118		最判	平成 27.1.15	判タ	1411・54
2119		大阪地裁	平成 27.1.27	判時	2288・134
2120		東京高裁	平成 27.2.6	WLJ	2015WLJPCA020 66005
2121		最判	平成 27.3.10	判タ	1413・83

2110 裁判官千葉勝美は補足意見の中で「一般に、裁判所としては、当事者の主張を、当該主張は理由がないとして排斥する場合、当該主張を前提にして更に展開されている他の主張については、その前提が認められないのであるから、中身に立ち入るまでもなく理由がないとする判示をすれば足りるはずである。」と述べている。

2109 在日朝鮮人学校の周辺で、3回にわたり示威活動（ヘイトスピーチ）を行ったこと及びその際の映像をインターネットで公開したことが不法行為に当たるとして、損害賠償及び示威活動の差止めを求めたという事案において、本件示威活動は、在日朝鮮人やその子弟を教育対象とする者に対する社会的な偏見や差別意識を助長、増幅させる悪質な行為といえ、本件活動により社会的な評価を低下させられ人格的利益に多大の打撃を受けた上、本件映像公開などにより今後も被害が拡散、再生産される可能性があり、本件学校の移転先である新校舎周辺でも本件活動と同様の不法行為が行われるおそれがあるとして差止を認めた（最高裁平成26年12月9日上告棄却）。

2110 選挙無効訴訟において選挙人らが他者の選挙権の制限に係る当該規定の違憲を主張してこれを争うことは法律上予定されていない。

2111 行政機関が文書を保有していないことを理由に不開示を決定した場合、行政機関が文書を保有していたことの立証責任は開示請求者側が負う。

2112 民法777条の夫の嫡出否認の訴えの規定(1年の出訴期間)が違憲との主張を認めなかった。

2113 永住者の在留資格を有する外国人が生活保護法に基づく生活保護の申請をしたところ、市の福祉事務所長から同申請を違法に却下する処分を受けたとしてその取消し等を求めた事案において、外国人は、行政庁の通達等に基づく行政措置により事実上の保護の対象となり得るにとどまり、生活保護法に基づく保護の対象となるものではなく、同法に基づく受給権を有しないものというべきである。

2114 逃亡犯罪人引渡法が逃亡犯罪人の引渡命令につき行政手続法第3章の規定の適用を除外し上記命令の発令手続において改めて弁明の機会を与えることを要しないものとしていることは31条の法意に反するとはいえない。

2115 出版を目的とした死刑確定者の原稿が同封された知人宛ての信書の発信申請を不許可とした刑事施設の長の判断に裁量権の範囲の逸脱又は濫用がないとされた。

2116 平成25年7月21日施行の参議院議員通常選挙当時における議員定数配分規定の下で、選挙区間における投票価値の不均衡は違憲の問題が生ずる程度の著しい不平等状態にあったが、上記選挙までの間に更に上記規定の改正がされなかったことをもって国会の裁量権の限界を超えるものとはいえず14条1項等に違反するに至っていたということはできない。

2117 タクシーのいわゆる初乗り運賃について、国がその上限と下限を定めた公定幅運賃は違法だとして、タクシー会社が、国に対して運賃変更命令などの行政処分を行わないように求めたところ、それが認められた。

2118 本件選挙（東京都議会議員選挙）当時、本件条例による各選挙区に対する定数の配分が東京都議会の合理的裁量の限界を超えるものとはいえず、本件条例の定数配分規定が所論の憲法の各規定等に違反していたものとはいえない。

2119 被告人が自動車を使用して一連の窃盗・侵入盗を行ったとされる事件において捜査機関が被告人らの使用車両に令状なくGPS発信器を取り付けて行った動静捜査について重大な違法はないとした。

2120 余罪を犯情及び一般情状として考慮できる範囲を超え、実質的にはこれをも併せて処罰するかのような考慮をして被告人に対する刑を量定した疑いがあるとした。

2121 外国で生まれて外国籍を取得した日本人の子は、出生3か月以内に日本の役所に届け出（国籍保留届け）をしないと日本国籍を失う旨定めた国籍法12条は14条に違反しない。

2121 最高裁昭和39年5月27日等を引用している。

2122	最判	平成 27.3.10		判時	2259・127
2123	最判	平成 27.3.27		判タ	1414・131
2124	東京高裁	平成 27.4.14		ジュリ臨増	1492・4
2125	最判	平成 27.5.18		判タ	1418・105
2126	東京高裁	平成 27.5.28		判時	2278・21
2127	大阪高裁	平成 27.6.2		判時	2282・28
2128	大阪高裁	平成 27.6.18		判時	2321・10
2129	大阪高裁	平成 27.6.26		判時	2278・32
2130	東京地裁	平成 27.6.30		WLJ	2015WLJPCA06308005
2131	東京高裁	平成 27.7.1		WLJ	2015WLJPCA07016002
2132	東京高裁	平成 27.7.8		判時	2285・54
2133	東京高裁	平成 27.7.9		判時	2280・16
2134	最判	平成 27.8.25		判時	2282・144

2122 裁判員裁判における審理及び裁判の特例である区分審理制度は37条1項に違反しない。

2123 暴力団員への住宅明渡請求を認める条例は14条1項、22条1項に違反しない。

2124 警視庁公安部がイスラム教徒の個人情報を収集などしたこと、その後インターネットにそれが流出したことの違法性が争われ、流出の違法性が認められた。

2125 刑訴法278条の2第1項による公判期日等への出頭在廷命令に正当な理由なく従わなかった弁護人に対する過料の制裁を定めた同条の2第3項は、訴訟指揮の実効性担保のための手段として合理性、必要性があるといえ、弁護士法上の懲戒制度が既に存在していることを踏まえても、31条、37条3項に違反するものではない。

2126 東京都教育委員会が都立養護学校教員らに対してした卒業式の際に各学校長の職務命令に反し国歌斉唱時に起立しなかったことを理由とする停職処分について、各職務命令が直ちに19条に違反しているとはいえ、式典において起立して国歌を斉唱するよう求めることは何ら公務員としての憲法擁護義務に反しないけれども、国歌斉唱の際に起立しなかったという消極的な行為であり、特に式典の混乱もなかったことからすると、過去の処分歴を考慮したとしても、裁量権の合理的な範囲を逸脱し違法である（最高裁平成28年5月31日上告棄却）。

2127 大阪市職員組合が、市庁舎内の一部について平成24年度から同26年度までの3回にわたり使用許可処分を受けたため、その違法性を争ったところ、平成24年度の不許可処分のみの違法性が認められた。

2128 大阪市交通局のバス運転手が、同局のアンケート調査(入れ墨調査)への回答拒否を理由とする戒告処分の取消し等を求めて提訴したところ、同訴訟の取下げを要求され、これを拒否すると内勤に転任させられたことについて、本件転任命令は、裁量権の逸脱・濫用があるとして、転任処分を取り消すとともに、国家賠償も認められた。

2129 大阪市職員組合が、市庁舎内の一部について平成24年度から同26年度までの3回にわたり使用許可処分を受けたため、その違法性を争ったところ、平成24年度の不許可処分のみの違法性が認められた(最高裁平成29年2月1日上告棄却)。

2130 憲法上、外国人は、本邦に入国する自由を保障されていないことはもとより、本邦に在留する権利ないし引き続き在留することを要求し得る権利を保障されているものではない。

2131 性同一性障害のため男性から女性に性別変更した者らが、ゴルフ場経営者らから、性別変更を理由にクラブへの入会を拒否されたため、それが公序良俗に反し違法であるとして損害賠償を求めたところその一部が認められた。

2132 参議院議員で法務大臣でもあった弁護士が、週刊誌に、破産会社と共謀し配当金を騙し取ろうと虚偽の弁護士報酬債権を届け出てこれを違法に請求した等の記事を掲載されたなどとして、週刊誌に対して損害賠償及び謝罪広告の掲載を求め認められた(最高裁平成28年5月31日上告棄却)。

2133 弁護人が未決勾留中の被告人との接見中に同人をデジタルカメラで写真撮影した行為が刑事収容施設法の「刑事施設の規律及び秩序を害する行為」に該当するとして、上記撮影行為を禁止し、接見を終了させた拘置所職員の行為に違法性が認められなかった。

2134 公判調書作成の本来の目的等を踏まえ、公判調書の整理期間をどのように定めるかは31条の刑事裁判における適正手続の保障と直接には関係がない。

2135	大阪高裁	平成 27.10.13		判時	2296・30
2136	大阪高裁	平成 27.10.15		判時	2292・30
2137	東京高裁	平成 27.10.26		WLJ	2015WLJPCA102 66001
2138	最大判	平成 27.11.25		判時	2281・20
2139	最判	平成 27.12.1		裁時	1641・6
2140	最判	平成 27.12.3		判タ	1440・126
2141	最判	平成 27.12.7		裁判集刑	318・163
2142	最判	平成 27.12.14		判タ	1423・117
2143	最大判	平成 27.12.16		判時	2284・20
2144	最大判	平成 27.12.16		判時	2284・38
2145	大阪高裁	平成 27.12.16		判時	2299・54
2146	東京地裁	平成 27.12.25		ジュリ臨増	1505・6
2147	最判	平成 28.1.21		判タ	1422・68
2148	仙台高裁	平成 28.2.2		判時	2293・18

2135 公立小中学校等の教職員団体が、主催する教育研究集会の会場として本件各小学校の施設の目的外使用許可に係る各申請をしたことにつき、各不許可処分を受けたことから、市に対し、本件各処分の無効確認を求めるとともに、国家賠償を求めという事案において　労働組合等の組合活動に関する便宜の供与は行わないと定める本件条例の法令及び憲法違反を否定した上で、本件各処分は、裁量権の逸脱又は濫用に該当し違法と判断したが、同条例により労働組合等の組合活動に関する便宜の供与が一律に禁止されると解釈して本件各処分をしたことには無理からぬ面があったから、国家賠償法上の違法及び過失は認められない。

2136 大阪市交通局の職員に対し入れ墨の有無等に関する調査に回答することを義務付ける大阪市交通局長の職務命令は適法であるとした（最高裁平成28年11月9日上告不受理）。

2137 経済産業省の敷地の一部に原発政策に反対するために「脱原発テント」を設置し、国がその撤去などを求めたところ、その請求が認められた（最高裁平成28年7月28日上告不受理）。

2138 平成26年12月14日施行の衆議院議員総選挙当時における選挙区割りは、前回の平成24年12月16日施行の衆議院議員総選挙当時と同様に憲法の投票価値の平等の要求に反する状態にあったが、憲法上要求される合理的期間内における是正がされなかったとはいえず14条1項等に違反するものということはできない。

2139 選挙における文書図画の利用を規制することは21条に違反しない。

2140 公訴時効を廃止するなどした「刑法及び刑事訴訟法の一部を改正する法律」の経過措置として、同改正法律施行の際公訴時効が完成していない罪について改正後の刑訴法250条1項を適用する旨を定めた同改正法律附則は、39条、31条に違反せず、それらの趣旨にも反しない。

2141 旅行法上の登録制度は、旅行業務に関する取引の公正の維持、旅行の安全の確保及び旅行者の利便の増進を図ることを目的とするもので22条1項に違反しない。

2142 退職一時金に付加して返還すべき利子の利率の定めを政令に委任する国家公務員共済組合法附則及び同条の経過措置を定める厚生年金保険法等の一部を改正する法律附則は、41条及び73条6号に違反しない。

2143 女性の再婚禁止期間を定める民法733条は14条1項、24条2項に違反しない。ただし、女性が離婚後6ヶ月間再婚できないとする部分は、100日を超える部分については、父の推定の重複を避けるために必要な期間を超えるから違憲である（14対1）。

2144 夫婦同氏制度を定める民法750条は13条、14条1項、24条に違反しない。

2145 大阪市長等が職務命令で平成24年に実施した組合活動に関する職員アンケートの是非が争われ、プライバシー権、政治活動の自由及び団結権の侵害が認められた。

2146 写真展示場の運営会社は、東京及び大阪の写真展示場で写真家の写真展を開催することを内容とする契約を締結した後に、その開催中止を一方的に決定するなどしたことに対して、損害賠償と謝罪広告の掲載を求めたところ、損害賠償請求のみが認められた。

2147 テレビ番組を視聴した一般の視聴者において、その番組の内容について、日本が、約100年前に、台湾統治の成果を世界に示す目的で、西欧列強が野蛮で劣った植民地の人間を文明化させていると宣伝するために行っていた「人間動物園」と呼ばれる見せ物をまねて、原告の父親を含む台湾の一民族を、英国で開催された博覧会に連れて行き、その暮らしぶりを展示するという差別的な取扱いをしたという事実を摘示するものと理解するのが通常であるなどの事情の下においては、その番組は、原告の名誉を毀損するものではない。

2148 イラク特措法による自衛隊のイラク派遣反対活動にライブ活動で参加したにすぎない者の活動等を監視し参加者の氏名・職業（勤務先）等の情報を収集等した陸上自衛隊情報保全隊の行為は参加者のプライバシーを侵害するものとして国家賠償法上違法である（上告棄却）。

2149	最判	平成 28.2.23		WLJ	2016WLJPCA022 39002
2150	和歌山地裁	平成 28.3.25		判時	2322・95
2151	最判	平成 28.4.12		判時	2309・64
2152	高松高裁	平成 28.4.25		ジュリ臨増	1518・296
2153	横浜地裁 川崎支部	平成 28.6.2		判時	2296・14
2154	最判	平成 28.6.7		WLJ	2016WLJPCA060 76008
2155	名古屋高裁	平成 28.6.29		判時	2307・129
2156	東京地裁	平成 28.6.30		判タ	1439・153
2157	東京高裁	平成 28.7.19		地自	414・48
2158	最判	平成 28.8.1		刑集	70・6・581
2159	最判	平成 28.10.18		判タ	1434・43
2160	最判	平成 28.10.18		判タ	1431・92

2160　裁判官木内道祥は補足意見の中で「不法行為に基づく損害賠償制度は、被害者に生じた現実の損害を金銭的に評価し、加害者にこれを賠償させることにより、被害者が被った不利益を補填して、不法行為がなかったときの状態に回復させることを目的とするものであり、義務に実効性を持たせることを目的とするものではない。義務に実効性を持たせるために金銭給付を命ずるというのは、強制執行の方法としての間接強制の範疇に属するものであり、損害賠償制度とは異質なものである。」と述べた。

2149 死刑制度はその執行方法を含め憲法の規定に違反しない。

2150 オーストラリア在住のジャーナリストで反捕鯨の思想信条に基づくイルカ保護団体を主催する原告に対する和歌山県太地町のした同町立くじら博物館への入館拒否は、原告の国籍、思想・信条を理由とするものではないが、原告の右博物館入館が具体的事情の下において管理の支障を生じる相当の蓋然性があるとまでは認められないから、違法なものであり、19条、21条の趣旨・目的から導かれる原告の情報摂取行為を妨げるものというべきである。

2151 拘置所長が死刑確定者から発信を申請された信書を返戻した行為が国家賠償法上違法であるとはいえないとされた。

2152 いわゆる在特会の会員らによる徳島県教職員組合などへの差別的憎悪表現に対して、人格権などの侵害を理由とした損害賠償請求が認められた(最高裁平成28年11月1日上告棄却)。

2153 在日コリアンの集住地域である川崎市内の桜本地区に事務所を置いて共生社会の実現を目的とし、民族差別の解消に取り組む社会福祉法人の申立てにより、債務者が同地区を標的として主宰した前2回の在日コリアンの排斥を訴えるデモと同様の違法性の顕著なヘイトデモをする蓋然性が高いとして、人格権に基づく妨害予防請求権に基づき、事務所の周囲の半径500mの円内における上記のヘイトデモを事前に差し止める仮処分命令を発令した。

2154 風営法上の無許可営業で起訴されたが、性風俗秩序の乱れにつながるおそれが実質的に認められる営業が行われていたとは認められないとして無罪とした。

2155 住居侵入・窃盗等被告事件において、捜査機関が、被告に無断で被告が使用する車両の底部にGPS端末を取り付けて行ったGPS捜査によって得られた証拠の証拠能力を認めた。

2156 特別区の議会において、本会議における無所属議員の一般質問の時間を年間20分とすること等を内容とする時間制を定める議会運営委員会の申合せがされた場合において、無所属議員が上記時間制に基づき質問を制限する処分の差止め及び質問を制限されない地位にあることの確認を求める訴えは、裁判所法3条1項にいう「法律上の争訟」に当たらない。

2157 区立小学校の音楽教諭(キリスト教信者)が卒業式における君が代のピアノ伴奏の職務命令に従わなかったので停職1月間の懲戒処分を行ったことが違法であると主張したが認められなかった。

2158 米軍属による強姦致死、殺人、死体遺棄事件として管轄区域で大々的に報道されたため、当該区域の裁判員裁判では公平な裁判が受けられないとの理由に基づく裁判の管轄移転の請求を認めなかった。

2159 千葉県議会議員の定数及び選挙区等に関する条例の議員定数配分規定は、平成27年4月12日施行の千葉県議会議員一般選挙当時、14条1項に違反していたものとはいえない。

2160 弁護士法に基づく弁護士会照会に対する報告を拒絶する行為が、同照会をした弁護士会の法律上保護される利益を侵害するものとして当該弁護士会に対する不法行為を構成することはない。

2161	大阪高裁	平成	28.10.24		判時	2341・68
2162	東京高裁	平成	28.12.5		労判	1169・74
2163	最判	平成	28.12.8	第4次厚木基地訴訟	判タ	1437・56
2164	最判	平成	28.12.9		判タ	1452・67
2165	大阪地裁	平成	28.12.12		判時	2332・29
2166	最判	平成	28.12.15		判タ	1435・86
2167	東京高裁	平成	28.12.16		判時	2359・12
2168	東京地裁	平成	29.1.6		ジュリ臨増	1518・4
2169	東京地裁	平成	29.1.17		判タ	1441・91
2170	名古屋高裁 金沢支部	平成	29.1.25		判時	2336・49
2171	最判	平成	29.1.31		判時	2328・10
2172	最判	平成	29.2.1		WLJ	2017WLJPCA020 16006
2173	大阪高裁	平成	29.2.28		訟月	64・5・749

2161 大阪府立特別支援学校高等部卒業式に際し、教員が准校長から命じられた卒業式終了までの間の式場外受付業務（当初の式場内での在校生の付添業務命令を取り消して新たに命じられた職務）を無断放棄し、式開始前に式場内に勝手に立ち入って同校小学部教員席に勝手に居座り、准校長から職務命令を受けた教頭らから、式開始前には右業務に戻ること、国歌斉唱開始後になって起立するよう指示されたにもかかわらず、生徒介助の必要性をいってこれらに従わず、そのまま国歌斉唱時に起立斉唱しなかったことを理由として大阪府教育委員会がした減給1か月の懲戒処分には裁量権の範囲の逸脱・濫用はない（最高裁平成29年3月30日上告棄却）。

2162 人事院勧告によらずに給与を減額する給与改定・臨時特例法は28条等に違反しない（最高裁平成29年10月20日上告棄却）。

2163 自衛隊機の離着陸に関する運行は防衛大臣の権限行使と捉えたうえで、自衛隊機の運航差止請求は、行政事件訴訟法所定の差止訴訟として適法としつつ、自衛隊機運航の自主規制や周辺対策事業などを考慮し請求は棄却した。

2164 税関職員が、郵便物の輸出入の簡易手続として、輸入禁制品の有無等を確認するため、郵便物を開披し、その内容物を目視するなどした上、内容物を特定するため、必要最小限度の見本を採取して、これを鑑定に付すなどした郵便物検査を、裁判官の発する令状を得ずに、郵便物の発送人又は名宛人の承諾を得ることなく行うことが、関税法により許容されていると解することは、35条の法意に反しない。

2165 再任用教職員の合否ないし採否の判断については、任命権者である市教委に広範な裁量権が認められている。

2166 風俗案内所の営業禁止区域内営業に刑罰を科す条例、女性が描かれている風俗店の広告を案内所の外から見えないように規制する条例は22条1項に違反しない。

2167 花柳流の四世宗家家元によって名取から除名処分を受けた者が、その処分が無効であるとして名取の地位の確認を求めたところ、それが司法審査の対象になることが認められた（最高裁平成29年5月9日上告棄却）。

2168 宗教団体（生長の家）が扶桑社に対して、人格権に基づき書籍の販売中止などを求めて仮処分を申し立て、それが認められた。

2169 社会保険労務士試験不合格処分の取消訴訟が法律上の争訟に当たるとされた。

2170 金沢市庁舎前広場において予定された自衛隊の市中パレード反対の「軍事パレードの中止を求める集会」の許可申請に対してされた不許可処分は、同所は市庁舎建物への外部からの出入用通路と一体となった物理的・構造的に同庁舎建物の一部と認められる公用財産であって、同市の事務・事業などの管理上支障があるものとして庁舎等の使用不許可と定める示威行為に該当するから、裁量権の逸脱・濫用もなく違法とは認められない（最高裁平成29年8月3日上告棄却）。

2171 当該事実を公表されない法的利益と当該URL等を検索結果として提供する理由に関する諸事情を比較衡量して判断し、前者が優越することが明らかな場合には、検索事業者に対し、当該URL等を検索結果から削除することを求めることができる。

2172 大阪市の職員が加入する労働組合らが、市庁舎の一部を組合事務所として利用するための目的外使用許可申請をしたところ、いずれも不許可とした処分の取消しなどを求めた事案において、平成24〜26年度にわたる3度の不許可処分中、組合への便宜供与廃止を定めた条例が成立した後の2年度分は適法な処分であるとした原審の判断を維持した。

2173 安倍晋三首相に対する靖國神社への参拝の差止請求等が認められなかった。

2174	横浜地裁	平成 29.3.8		地自	431・31
2175	最大判	平成 29.3.15	GPS捜査事件	判時	2333・4
2176	最判	平成 29.3.21		判時	2341・65
2177	福岡高裁	平成 29.3.30		訟月	64・1・1
2178	東京地裁	平成 29.3.31		ジュリ臨増	1518・4
2179	札幌高裁	平成 29.5.11		地自	423・18
2180	大阪高裁	平成 29.6.19		法セ	757・43
2181	大阪高裁	平成 29.7.14		判時	2363・36
2182	大阪高裁	平成 29.8.31		WLJ	2017WLJPCA083 16007
2183	大阪高裁	平成 29.9.6		法学論叢（京都大学）	184・3・98
2184	東京地裁	平成 29.9.25		判時	2363・3
2185	最大判	平成 29.9.27		判タ	1443・31

2175　最高裁昭和51年3月16日を引用している。

2174 海老名駅自由通路上でプラカードを持って静止する行為を行った者に対し市長が発した条例に基づく本件行動の中止等命令は違法であるとされた。

2175 車両に使用者らの承諾なく秘かにGPS端末を取り付けて位置情報を検索し把握する刑事手続上の捜査であるGPS捜査は、個人のプライバシーの侵害を可能とする機器をその所持品に秘かに装着することによって、合理的に推認される個人の意思に反してその私的領域に侵入する捜査手法であり、令状がなければ行うことができない強制の処分である。

2176 遺族補償年金制度の受給の要件を定める地方公務員災害補償法は、妻以外の遺族について一定の年齢に達していることを受給の要件としているが、男女間における生産年齢人口に占める労働力人口の割合の違い、平均的な賃金額の格差及び一般的な雇用形態の違い等からうかがえる妻の置かれている社会的状況に鑑み、妻について一定の年齢に達していることを受給の要件としないことは合理的な理由を欠くものということはできない。

2177 鹿児島県警察所属の警察官5名によるAに対する違法な制圧行為が原因でAを死亡させたとして、Aの父母であり相続人である相手方ら（基本事件原告ら）が、鹿児島県（基本事件被告）に対し損害賠償請求訴訟を提起し、相手方らが本件制圧行為の一部始終を撮影したビデオ映像に係る記録媒体（以下「準文書」という。）の提出を求める文書提出命令の申立てをし、原審が鹿児島地方検察庁検察官（以下「保管検察官」という。）に対し、その提出を命ずる決定をしたのに対し、保管検察官の保管に係る準文書の所持者である抗告人がこれを不服として即時抗告を申し立て、これが認められた（最高裁平成29年7月25日特別抗告棄却）。

2178 宗教団体（生長の家）が扶桑社に対して、人格権に基づき書籍の販売中止などを求めて仮処分を申し立てたが認められなかった。

2179 七飯町会議か議員に対してした、懲罰委員会に付託する旨の決議の無効確認、出席停止及び戒告の決議の無効確認請求について、法律上の争訟性を欠くから不適法な訴えであるとした。

2180 インターネット上の生中継動画配信サービス、街頭宣伝及びツイッターにおける発言や投稿について、在日朝鮮人のフリーライターの社会的評価を低下させるものや侮辱行為に当たるものがあるとして損害賠償を認めた（最高裁平成29年11月29日上告不受理）。

2181 集会の用に供される都市公園の利用許可の審査基準として市の協賛・後援の許可を要件とし、それがないことを理由にした不許可処分を違法とした。

2182 府立高等学校の教員が卒業式において、同校校長から学校正門での警備業務を命じられていたにもかかわらず、この職務を無断で放棄した上、式場内に立ち入り、持参した丸椅子に座り、国歌斉唱時に起立斉唱しなかったことを理由に本件府教育委員会から減給1か月の懲戒処分を受けたことの違法性を争ったが認められなかった。

2183 国民の海外渡航の自由と同様、報道の自由及び取材の自由も無制限に保障されるものではなく、シリアやトルコにおけるシリアとの国境付近へ渡航することによって、生命・身体に危険が生じるおそれがあったと認められるのであるから、生命・身体の安全を確保するために報道の自由及び取材の自由が制限されることが直ちに22条2項、21条1項に違反するということはできない（上告棄却）。

2184 「無差別大量殺人行為を行った団体の規制の関する法律」は、同様の殺人行為を行った団体に対しても等しく適用されるものであり、その限りでは一般性・抽象性を有する。

2185 平成28年7月10日施行の参議院議員通常選挙当時の選挙区間における投票価値の不均衡は、違憲の問題が生ずる程度の著しい不平等状態にあったものとはいえず、14条1項等に違反するに至っていたということはできない。

2186		大分地裁	平成 29.9.29		判時	2363・47
2187		福岡高裁	平成 29.10.13		訟月	64・7・991
2188		最判	平成 29.10.31		判タ	1445・70
2189		東京高裁	平成 29.11.15		判時	2364・3
2190		最大判	平成 29.12.6		判タ	1447・49
2191		最判	平成 29.12.18		判時	2390・107
2192	一九代目最高裁長官	神戸地裁	平成 30.2.1		ジュリ臨増	1531・3
2193		最判	平成 30.3.15		「憲法」君塚正臣(成文堂、2023年)	342
2194	大谷直人	大阪高裁	平成 30.3.20		判時	2390・3
2195		熊本地裁	平成 30.4.16		ジュリ臨増	1531・12
2196		最判	平成 30.4.26		判時	2377・10
2197	在任期間 平成30年1月9日〜	東京高裁	平成 30.5.18		判時	2395・47
2198		最判	平成 30.6.1	長澤運輸事件	判タ	1453・47
2199		最判	平成 30.6.1	ハマキョウレックス事件	判タ	1453・58

2196　最高裁昭和35年10月19日を引用している。

2186 司法修習生の修習を給費制とするか否かは立法に委ねられたところであり、かつ、右修習は27条1項にいう勤労には当たらないから、右給費制の廃止を違憲とすることはできない。

2187 弁護士が、国選弁護人として被告人と拘置所内の建物において面会を行った際、デジタルカメラ付き携帯電話を用いて被告人の容ぼうの写真撮影を行ったところ、拘置所の職員から当該撮影に係る画像の消去を強要されるなどして接見交通権を侵害されたとして国家賠償を求めたが認められなかった（最高裁平成30年9月18日上告棄却）。

2188 選挙無効訴訟において、選挙人は参議院議員の被選挙権を30歳以上の国民と規定する公職選挙法の違憲を選挙無効原因として主張できない。

2189 いわゆる砂川事件の再審請求訴訟。刑事訴訟法337条は、包括的な免訴事由を認めるものであるとは解されず、また、本件大法廷判決を言い渡した最高裁判所大法廷の審理及び判決は37条1項の「公平な裁判所」に違反したものであるとの事実が認められたとしても、本件確定判決を言い渡した差戻し後の東京地方裁判所が免訴を言い渡すべきであったともいえないから、刑事訴訟法435条6号に基づく本件再審請求は認められない。

2190 放送法は、同法に定められた日本放送協会の目的にかなう適正・公平な受信料徴収のために必要な内容の、日本放送協会の放送の受信についての契約の締結を強制する旨を定めたものとして、13条、21条、29条に違反しない。

2191 心神喪失等の状態で重大な他害行為を行った者の医療及び観察等に関する法律による処遇制度は、14条、22条1項に違反せず、31条の法意にも反しない。

2192 明石市議会においてある会派に属する同市議会議員らが、同市議会を設置する地方公共団体に対し、同市議会議長が、その会派の代表者を、明石市議会代表者会に招集しなかったことが違法であると争ったが却下された。

2193 ジャーナリストのイラク・シリアへの渡航に対する旅券返納命令の取消請求が認められなかった。

2194 地方公共団体が定めた要綱に基づいて交付される補助金について、学校法人である原告が当該補助金の交付対象要件を充たさないことを理由に補助金を不交付としたことが違法とはいえないとされた。

2195 司法修習生に対する給費制廃止は22条1項、14条1項に違反しない。

2196 愛知県議会議長の同県議会議員に対する発言の取消命令の適否は、司法審査の対象とはならない。

2197 「梅雨空に『九条守れ』の女性デモ」という俳句について、さいたま市に対し、公民館だより（本件たより）に掲載することを求めるとともに、掲載しなかったことによる慰謝料の支払いを求めたところ、さいたま市の職員らによる掲載拒否に正当な理由はないとして表現の自由の侵害を認める一方、5万円の支払いを命じた原判決を変更し、賠償額を5千円に減額した（最高裁平成30年12月20日上告棄却）。

2198 無期契約労働者に対して能率給及び職務給を支給する一方で有期契約労働者に対して能率給及び職務給を支給せずに歩合給を支給するという労働条件の相違は、労働契約法20条にいう不合理と認められるものに当たらない。

2199 乗務員のうち無期契約労働者に対して皆勤手当を支給する一方で有期契約労働者に対してこれを支給しないという労働条件の相違は、労働契約法20条にいう不合理と認められるものに当たる。

2200		最判	平成 30.7.3		判時	2440・96
2201	令和4年6月22日	東京高裁	平成 30.7.18		WLJ	2018WLJPCA07186007
2202		最判	平成 30.7.19		判タ	1456・51
2203		広島高裁松江支部	平成 30.7.24		判時	2411・21
2204		東京高裁	平成 30.8.23		判時	2391・14
2205		東京地裁	平成 30.8.28		WLJ	2018WLJPCA08288020
2206		大阪高裁	平成 30.8.30		訟月	65・4・623
2207		最判	平成 30.9.25		法教	462・151
2208		大阪高裁	平成 30.9.27		訟月	66・3・269
2209		広島高裁	平成 30.10.10		「憲法Ⅰ［第2版］」新井誠ほか	174
2210		最大判	平成 30.10.17		判タ	1456・39
2211		東京高裁	平成 30.10.25		WLJ	2018WLJPCA10259006
2212		最判	平成 30.10.25		判時	2399・13
2213		東京高裁	平成 30.10.30		WLJ	2018WLJPCA10309003
2214		東京高裁	平成 30.11.1		WLJ	2018WLJPCA11016001

2200 証人の氏名等を被告人に知らせてはならない旨の措置を定める刑訴法の規定は37条2項に反しない。

2201 足立区反社会的団体規制条例は14条、31条、94条に違反しない。

2202 公立高等学校の教職員が卒業式又は入学式において国歌斉唱の際に国旗に向かって起立して斉唱することを命ずる旨の校長の職務命令に違反したことを理由として、教育委員会が再任用職員等の採用候補者選考において上記教職員を不合格とし、又はその合格を取り消したことは、裁量権の範囲を超え又はこれを濫用したものとして違法であるとはいえない。

2203 隔離政策遂行などのハンセン病対策事業は、国の機関委任事務とされ、県知事及び職員は、同事業に関する事務について厚生大臣の指揮監督下にあり、日本国憲法下における鳥取県による隔離政策の遂行及び無らい県運動の推進も、国の機関として厚生大臣の包括的な指揮監督の下で実施されたものであって、鳥取県独自の政策であるとはいえない。

2204 検索サイトで「A」と検索すると、会社及びその代表者が詐欺商材を販売しているとの検索結果が表示されるとして名誉毀損を理由にその削除を求めたが認められなかった。

2205 外国人は、本邦に在留する権利ないし引き続き在留することを要求し得る権利を保障されていない。

2206 無戸籍児の問題は、戸籍、婚姻、嫡出推定及び嫡出否認等の家族制度をめぐる制度全体の中で解決を図るべき問題であって、無戸籍児の存在を理由に、父（夫）にのみ嫡出否認権を認める本件各規定を14条1項、24条2項に違反するということはできない。上告棄却（令和2年2月5日）。

2207 国民年金法のうち遺族基礎年金を受けることができる者を被保険者又は被保険者であった者の妻又は子とする部分は25条、14条に違反するものではない。

2208 朝鮮学校を高校授業料無償化の対象外とした文科大臣の処分等は違法ではない。

2209 司法修習生の給費制を廃止することは違憲ではない。

2210 裁判官の職にあることが広く知られている状況の下で、判決が確定した担当外の民事訴訟事件に関し、インターネットを利用して短文の投稿をすることができる情報ネットワーク上で投稿をした行為は裁判所法にいう「品位を辱める行状」に当たる。

2211 内閣総理大臣として靖國神社に参拝したことによって個人の損害賠償請求権、差止請求権の前提となる権利ないしは法的利益が侵害されたとはいえず、憲法判断が必要であるとはいえない。最高裁令和元年11月21日、上告不受理。

2212 保護室に収容されている未決拘禁者との面会の申出が弁護人等からあった場合に、その旨を未決拘禁者に告げないまま、保護室収容を理由に面会を許さない刑事施設の長の措置は、特段の事情がない限り、国家賠償法上違法となる。

2213 朝鮮学校につき、公立高等学校に係る授業料の不徴収及び高等学校等就学支援金の支給に関する及びその委任を受けた同法施行規則に基づく不指定処分は違法ではない。

2214 医療法人社団が、国会議員の法案質疑における発言（「CMが陳腐だ」）により名誉を毀損されたとして、国家賠償法に基づき、損害金1000万円の支払いなどを求めたが、認められなかった（上告棄却）。

2215	大阪高裁	平成 30.11.7		TKC	25449842
2216	大阪高裁	平成 30.11.30		TKC	25562288
2217	福岡高裁 那覇支部	平成 30.12.5		判時	2420・53
2218	最大判	平成 30.12.19		判タ	1458・23
2219	最判	平成 31.1.23		判タ	1463・74
2220	最判	平成 31.2.5		判タ	1466・49
2221	東京地裁	平成 31.2.5		ジュリ臨増	1544・3
2222	最判	平成 31.2.14		判タ	1460・24
2223	最判	平成 31.2.26		WLJ	2019WLJPCA022 66014
2224	最判	平成 31.2.28		判タ	1460・19
2225	秋田地裁	平成 31.3.1		WLJ	2019WLJPCA030 16005
2226	最判	平成 31.3.12		判タ	1460・16
2227	京都地裁	平成 31.3.26		判タ	1464・170

2215　日本中央競馬会（JRA）のWIN5（5レースすべての1着を当てる馬券）を的中させ、1レースで約2億3000万円を獲得するなどし、あわせて4億3000万円の払戻金を手にしたが、その税金申告をしなかったという事案である。

2215 本件の発覚の端緒となった国税局の別件犯則調査によって得られた被告人の銀行口座（前後3年分の預金元帳等）の調査に違法性があるとしても、全体的にみれば令状主義の精神を没却するほどの重大性はないとして証拠能力は否定されなかった。

2216 警察署長が被告人ら名義の預貯金口座について、金融機関に対し5回にわたって口座凍結依頼を行い、またその後その凍結解除依頼を行わなかったことについて、国家賠償法上の違法性は認められないとされた。

2217 漁業権が設定されている沖縄県名護市辺野古沿岸水域で普天間飛行場の代替施設等建設として国が進める岩礁破砕等行為につき、沖縄県から国に対し、その行為の差止め、同行為の不作為義務確認を求める訴えは法律上の争訟を欠く。

2218 平成29年10月22日施行の衆議院議員総選挙当時における衆議院小選挙区選出議員の選挙区割りは、憲法の投票価値の平等の要求に反する状態にあったということはできず、14条1項等に違反するものということはできない。

2219 性同一性障害者につき性別の取扱いの変更の審判が認められるための要件として「生殖腺がないこと又は生殖腺の機能を永続的に欠く状態にあること」を求める性同一性障害者の性別の取扱いの特例に関する法律の規定の下では、性同一性障害者が当該審判を受けることを望む場合には一般的には生殖腺除去手術を受けていなければならないこととなるが、本件規定は、現時点では、13条、14条1項に違反するものとはいえない。

2220 島部選挙区は、本件条例制定当時から特例選挙区として存置されているが、これは、島しょ部は、離島として、その自然環境や社会、経済の状況が東京都の他の地域と大きく異なり、特有の行政需要を有することから、東京都の行政施策の遂行上、島しょ部から選出される代表を確保する必要性が高いものと認められる一方、その地理的状況から、他の市町村の区域との合区が、地続きの場合に比して相当に困難であることなどが考慮されてきたものということができるから、東京都議会が、島部選挙区を特例選挙区として存置していたことは、同議会に与えられた裁量権の合理的な行使として是認することができる。

2221 即位の礼・大嘗祭等への国費支出の差止請求が認められなかった。

2222 市議会の議会運営委員会による議員に対する厳重注意処分の決定は、議員としての行為に対する市議会の措置であり、市議会の定めた政治倫理要綱に基づくものであって特段の法的効力を有するものではないという事情の下においては、その適否については議会の自律的な判断を尊重すべきであり、当該決定が違法な公権力の行使に当たるとはいえない。

2223 受刑者の選挙権制限を合憲とした高裁判決（広島高裁平成29年12月20日）を支持した。

2224 選挙人は18歳および19歳の国民に衆議院議員の選挙権を認める公職選挙法の違憲を選挙無効原因として主張できない。

2225 刑務所に収容されていた原告宛の弁護士からの信書について内容の検査が行われたことの違法性が認められた。控訴審仙台高裁秋田支部令和2年5月27日取消。

2226 最高裁判所裁判官国民審査法の審査無効訴訟において、審査人は、審査無効の原因として、年齢満18歳及び満19歳の日本国民につき衆議院議員の選挙権を有するとしている公職選挙法の規定の違憲を主張することはできない。

2227 弁護士会員の一部を対象に会費を一部免除する内容の会則改正をする旨の弁護士会総会決議の無効確認請求に係る訴えにつき、対象外の会員である原告の確認の利益が否定された。

2220 裁判官林景一の「私は、国政選挙については、人口比例原則を厳格に考えるべきであるとの立場であるが、地方議会選挙については、同原則を重視しつつも、一定程度緩和する余地を認めることができると考えるものである。」という補足意見の当否も検討すると良いだろう。

2228	広島高裁	平成 31.4.18		ジュリ臨増	1544・6
2229	高松高裁	平成 31.4.19		ジュリ臨増	1544・6
2230	札幌地裁	平成 31.4.26		訟月	65・8・1183
2231	仙台高裁	令和 元.5.17		ジュリ臨増	1544・3
2232	仙台地裁	令和 元.5.28		判タ	1461・153
2233	名古屋高裁	令和 元.5.30		WLJ	2019WLJPCA053 06012
2234	大阪高裁	令和 元.6.14		ジュリ臨増	1544・4
2235	熊本地裁	令和 元.6.28	ハンセン病患者家族訴訟	判時	2439・3
2236	最判	令和 元.7.22		判タ	1472・45
2237	最判	令和 元.8.9		判時	2433・3
2238	大阪高裁	令和 元.9.6		労判	1214・29
2239	福岡高裁	令和 元.9.19		WLJ	2019WLJPCA091 96012
2240	横浜地裁	令和 元.9.26		訟月	66・6・615
2241	福岡高裁 那覇支部	令和 元.10.7		判時	2445・63

2228 学問研究の自由が保障されていることは当然であるが、私人である学校法人であるから、雇用契約の内容の解釈において学問の自由が考慮されることは格別、憲法上の権利を根拠として、直ちに、法人に対し、研究室や図書館利用の妨害排除を求める権利があるとはいえない。

2229 教育水準の維持・向上が重要視される専門職大学院においては、教員の間で受領の内容及び方法について議論、批判し合うことが予定されていることに鑑みると、授業内容等に関する教授同士の言論は、その態様等が著しく相当性を欠くものでない限り、原則として、正当な業務行為として違法とならない。

2230 平成12年度における年金額の据置き以降の特例措置に基づく国民年金及び厚生年金の年金額の支給水準を一部引き下げる内容の厚生労働大臣による平成25年度の年金額の改定は25条、29条等に反しない。

2231 日本年金機構が設立され、社保庁が廃止されることに伴いなされた分限免職処分の違法性を争ったが認められなかった。

2232 優生保護法に基づき不妊手術をされた者が、国家賠償法の規定により適用される民法724条後段の適用によりリプロダクティブ権侵害に基づく損害賠償を求めることができなくなった場合に、その権利行使の機会を確保するために所要の立法措置を執ることが必要不可欠であることが明白であったとはいえない。

2233 司法修習生の給費制を廃止することは憲法に違反しない。

2234 拘置所に勾留中に起訴された者が、刑事事件の各公判期日に出頭した際、護送を担当した刑務官らにより手錠及び腰縄を施され、入退廷の時に、これを解かれない状態であったことが違法であるとして国家賠償を求めたが認められなかった。

2235 国が長年にわたりハンセン病（本疾患）につき隔離政策等を遂行強化したことにより、患者本人の家族（子及び同居の親族）は社会内において大多数の国民の強烈な偏見差別の対象とされる社会構造が構築され、13条が保障する社会内において平穏に生活する権利（人格権）、24条1項が保障する夫婦婚姻生活の自由を侵害され、家庭生活の形成を阻害されてきたものであり、国は、患者本人の家族に対し、国家賠償法による損害賠償義務がある。

2236 自衛官による存立危機事態での防衛出勤命令に服従する義務がないことを求める確認の訴えは不適法である。

2237 死刑確定者が親族以外の者との間で発受する信書につき刑事収容施設法（旧監獄法）所定の用務の処理のために必要とはいえない記述部分がある場合に、同部分の発受を許さないこととしてこれを削除し又は抹消することができるとした。

2238 ひげを生やしていたことを主たる理由とする人事考課を国賠法上違法と評価した。

2239 司法修習生の給費制を廃止することは憲法に違反しない。

2240 マイナンバー制度は、13条の保障する個人に関する情報をみだりに第三者に開示又は公表されない自由を侵害するものではない。

2241 日米安保条約に基づき一般人の立ち入りが制限される区域に侵入したとして米軍に身柄を確保され、その後海上保安官に引き渡されるまで約8時間身柄を拘束されたことが違法であるとして国家賠償を求めたところそれが認められた。

2242	札幌高裁	令和 元.10.24		ジュリ臨増	1544・2
2243	東京高裁	令和 元.10.30		WLJ	2019WLJPCA103 06001
2244	東京高裁	令和 元.11.20	観察処分期間更新処分 取消請求事件	訟月	66・8・901
2245	山形地裁	令和 元.12.3		法教	479・141
2246	東京高裁	令和 元.12.11		WLJ	2019WLJPCA121 16005
2247	名古屋地裁	令和 元.12.27		判時	2565・2466（合 併号）・75②事 件
2248	大阪地裁	令和 2.1.17		法教	476・127
2249	最判	令和 2.1.23		刑集	74・1・1
2250	最判	令和 2.2.5		TKC	25565317
2251	東京地裁	令和 2.2.25		判タ	1485・212
2252	東京高裁	令和 2.2.26		判タ	1484・110
2253	熊本地裁	令和 2.2.26		法教	477・139

2242 令和元年7月21日に行われた参議院議員選挙について、違憲状態が期間内に是正されなかったことが国会の裁量権の限界を超えているとはいえず、本件定数配分規定が憲法に違反するとは認められないとした。

2243 インターネット上の特定の海賊版サイトについて、知的財産戦略本部・犯罪対策閣僚会議が実施を発表した閲覧防止措置（ブロッキング）の差止請求が認められなかった。

2244 無差別大量殺人行為を行った団体の規制に関する法律における「団体」の意義について、被処分団体内部において分派・分裂があった場合においても、分派・分裂した各集団が相互に完全に敵対し、排斥し合うまでには至っておらず、むしろ、共通する首謀者の影響を受け、共通の綱領や考え方を有し、共通の活動を行っているなど双方の親和性が保たれ、構成員の交流が認められることなどから、一方が他方の受け皿たり得る存在であり、相互補完的な行動をとり得る可能性があると認められるときには、現実に統一的な意思決定をなし得るか否かにかかわらず、各集団の危険性を一体として観察下におく必要性及び合理性がなお認められるから、いずれも本団体に包摂されるとすることが許容されるというべきである。令和2年7月29日「告不受理。

2245 「Y町の健全な水循環を保全するための条例」には損失補償に関する規定が設けられていないものの、このことをもって、本条例があらゆる場合について一切の損失補償を否定する趣旨とまでは解されないし、本条例により規制の対象となった場合、29条3項を根拠として、補償請求をする余地がないわけでもない。したがって、損失補償に関する規定がないからといって、本条例が直ちに29条1項及び3項に反しているとはいえず、無効とはいえない。

2246 衆議院小選挙区選挙に立候補しようとする者は、300万円または同額相当の国債証書を供託しなければならず、得票数が有効投総数の10分の1に満たない場合、供託金は没収されるが、このような公職選挙法の規定は15条1項、44条但書に違反しない。

2247 マイナンバー制度により個人に関する情報をみだりに収集、保管、開示又は公表されない自由又は法的利益が侵害されているとはいえない。

2248 本件条例（大阪市ヘイトスピーチ条例）は、差別的言動解消推進法の適用対象である「本邦外出身者に対する不当な差別的言動」と相当程度重複する条例ヘイトスピーチについて、その抑止を図ることを目的とする点において、差別的言動解消推進法と目的を共通にするものであって両者の間に矛盾抵触があるということはできず、本件条例が差別的言動解消推進法に違反して無効であるということはできない。

2249 31条及び37条の精神並びに直接主義及び口頭主義の趣旨を踏まえた刑事訴訟法400条ただし書の解釈として、第1審判決が被告人の犯罪事実の存在を確定せず無罪を言い渡した場合に、控訴審が第1審判決を破棄し、犯罪事実を認定するときには、事実の取調べを要するとの最高裁判所の判断を変更する必要はない。

2250 民法777条の嫡出否認の訴えの規定が提訴権を夫に限っているのは違憲との主張を認めなかった。

2251 個人番号制度によって、個人に関する情報がみだりに収集、利用され、又は第三者に開示・公表される具体的な危険が生じているとは認められないから、番号利用法に基づく個人番号制度が原告らのプライバシー権を侵害しているものとはいえない。

2252 婚姻の際に、戸籍法にいわゆる旧氏続称制度が設けられていないことは、14条、13条、24条に違反しない。

2253 少なくとも菊池恵楓園（大規模なハンセン病療養所）で行われた審理については、裁判所庁舎と同程度に国民の傍聴に適した場所で開廷したものではなく、相当の告示も行われなかったものとして、37条1項、82条1項に違反する疑いがある。

2254	東京地裁	令和 2.3.6		法セ	794・122
2255	最判	令和 2.3.10		裁時	1743・5
2256	最判	令和 2.3.11		法教	478・135
2257	東京地裁	令和 2.3.12		判時	2459・3
2258	東京高裁	令和 2.3.25		WLJ	2020WLJPCA032 59011
2259	仙台高裁 秋田支部	令和 2.5.27		WLJ	2020WLJPCA052 76004
2260	金沢地裁	令和 2.6.9		WLJ	2020WLJPCA060 96002
2261	新潟地裁	令和 2.6.11		D1-LAW	28281914
2262	福岡地裁	令和 2.6.15		判タ	1491・203
2263	大阪高裁	令和 2.6.23		判タ	1495・127
2264	名古屋地裁	令和 2.6.25		判時	2474・3
2265	最判	令和 2.6.30		判タ	1479・5
2266	東京高裁	令和 2.7.2		D1-LAW	28290580
2267	最判	令和 2.7.16		裁時	1748・7

2267 最高裁昭和32年3月13日（チャタレイ事件）等を引用している。

2254 東京医科大学を運営する学校法人が学生募集要項やアドミッション・ポリシー等で本件対象消費者に係る属性の考慮につき事前に説明していなかったのに密かに本件得点調整（女性差別）を行ったことは、本件対象消費者との関係では不法行為上違法との評価を免れない。

2255 刑法を改正して強制わいせつ罪等を非親告罪とした本法の経過措置として、本法により非親告罪とされた罪であって本法の施行前に犯したものについて、本法の施行の際既に法律上告訴がされることがなくなっているものを除き、本法の施行後は、告訴がなくても公訴を提起することができるとした本法附則2条2項は、39条に違反せず、その趣旨に反するとも認められない。

2256 性同一性障害者につき性別の取扱いの変更の審判が認められるための要件として「現に婚姻をしていないこと」を求める性同一性障害者の性別の取扱いの特例に関する法律は、現に婚姻をしている者について性別の取扱いの変更を認めた場合、異性間においてのみ婚姻が認められている現在の婚姻秩序に混乱を生じさせかねない等の配慮に基づくものとして、合理性を欠くものとはいえず、13条、14条1項、24条に違反するものとはいえない。

2257 被告は原告の意思を確認することのないまま融解胚移植を行い子を出産したという事案において、原告の被告との間で子をもうけるかどうかという自己決定権の侵害に基づく不法行為の成立を認めた。

2258 氏名、性別、生年月日、郵便番号、住所、電話番号、ファクシミリ番号、メールアドレス、出産予定日及び保護者の氏名という情報が漏えいしたことについて不法行為の成立を認める一方で、それらは思想・信条、病歴、信用情報等とは異なり、個人の内面等に関わるような秘匿されるべき必要性が高い情報とはいえないこと等を指摘し、慰謝料額を1人あたり3000円（弁護士費用は別途300円）とした。

2259 弁護士が刑務所内の受刑者に宛てた信書について刑務所長が内容にわたる検査を行ったことは違法ではなく、32条にも違反しない。

2260 マイナンバー制度の運用自体によって、13条によって認められる個人に関する情報をみだりに第三者に開示又は公表されない自由が侵害されているとはいえない。

2261 マイナンバー制度が個人に関する情報をみだりに開示又は公表されない自由を制約するものとはいえず、直ちに違憲であるとはいえない。

2262 個人番号の収集、保管、利用及び提供等の制度は13条により保障される個人に関する情報をみだりに第三者に開示又は公表されない自由を侵害するものではない。

2263 人の社会的評価を低下させる内容の表現を含むツイートを単純リツイートした者がその投稿について不法行為責任を負うとされた。

2264 デフレ調整等をして生活扶助基準を改定した厚生労働省の判断は違法ではないとした。

2265 総務大臣が発した、ふるさと納税における返戻品の返礼割合を3割以下とすること等の通知に従わないことを理由にふるさと納税指定制度から泉佐野市を不指定としたのは違法であるとした。

2266 地区計画変更は、直接国民の権利義務を形成し又はその範囲を確定することが法律上認められているとはいえず、抗告訴訟の対象となる処分にはあたらない。

2267 行為者によって頒布された電磁的記録又は電磁的記録に係る記録媒体について、芸術性・思想性等による性的刺激の緩和の有無・程度をも検討しつつ、刑法175条のわいせつな電磁的記録又はわいせつな電磁的記録に係る記録媒体に該当するか否かを判断するに当たっては、電磁的記録が視覚情報であるときには、それをコンピュータにより画面に映し出した画像やプリントアウトしたものなど同記録を視覚化したもののみを見て、これらの検討及び判断をするのが相当である。

2268	最判	令和 2.7.21		判時	2472・47
2269	東京高裁	令和 2.8.13		判時	2485・27
2270	最大判	令和 2.8.26		判時	2472・15
2271	大阪高裁	令和 2.9.14		WLJ	2020WLJPCA091 49001
2272	最判	令和 2.9.16		判時	2497・105
2273	最判	令和 2.10.9		判時	2495・30
2274	広島高裁	令和 2.10.16	朝鮮学校無償化不指定 処分取消等請求事件	WLJ	2020WLJPCA101 66001
2275	東京高裁	令和 2.10.20		訟月	67・8・1205
2276	那覇地裁	令和 2.10.23		WLJ	2020WLJPCA102 36002
2277	福岡高裁	令和 2.10.30	九州朝高生就学支援金 差別国家賠償請求事件	WLJ	2020WLJPCA103 06001
2278	奈良地裁	令和 2.11.12	放送法遵守義務確認等 請求事件	判時	2512・70
2279	最大判	令和 2.11.18		判タ	1480・62
2280	最大判	令和 2.11.25	出席停止処分取消等請 求事件	判時	2476・5

2280　最高裁昭和35年10月19日はこれにより変更された。

2268 SNSにおける他人の著作物である写真の画像を含む投稿をした者が、プロバイダ責任制限法4条1項の「侵害情報の発信者」に該当し、「侵害情報の流通によって」氏名表示権を侵害したものとされた。

2269 別居親の面会交流権は憲法上保障された権利であるとはいえない。

2270 裁判官がインターネットを利用して投稿による情報発信等を行うことができる情報ネットワーク上で投稿をした行為が裁判所法にいう「品位を辱める行状」に当たるとされた。

2271 朝鮮学校の校長に対する事実(「学校の元校長が日本人を拉致し、国際指名手配されている」)を適示して学校法人の名誉を毀損したとして名誉棄損罪の成立が認められた。

2272 タトゥー施術行為は、医学とは異質の美術等に関する知識及び技能を要する行為であって、医師免許取得過程等でこれらの知識及び技能を習得することは予定されておらず、歴史的にも、長年にわたり医師免許を有しない彫り師が行ってきた実情があり、したがって、社会通念に照らして、医療及び保健指導に属する行為であるとは認め難く、医行為には当たらないというべきである。

2273 少年保護事件を題材として家庭裁判所調査官が執筆した論文を雑誌及び書籍において公表した行為はプライバシーの侵害として不法行為法上違法とはいえない。

2274 朝鮮学校につき、公立高等学校に係る授業料の不徴収及び高等学校等就学支援金の支給に関する及びその委任を受けた同法施行規則に基づく指定をしない旨の文部科学大臣の処分は違法なものとはいえない。

2275 婚姻後の夫婦の氏として夫は夫の氏、妻は妻の氏を称する旨を記載した届書が不受理とされたことについて国家賠償を求めたが認められなかった。

2276 放送事業者による番組の編集は、表現の自由の保障の下、公共の福祉の適合性に配慮した放送事業者の自律的判断に委ねられるものと解される。

2277 公安調査庁の調査結果等は、朝鮮総聯が、朝鮮高校と密接な関係を有し、その学校運営に対して相当の影響力を行使しているとの合理的な疑いを生じさせるものである等として、文部科学大臣が支給対象外国人学校としての指定をしない旨の処分を行ったことについて国家賠償法上の違法性は認められないとした。

2278 放送法又は国内番組基準に定める放送内容に関する義務は、放送に対して一般的抽象的に負担する義務ないし基準であって、個々の受信契約者に被告に対して同条又は国内番組基準を遵守して放送することを求める法律上の権利ないし利益を付与したものとはいえない。

2279 令和元年7月21日施行の参議院議員通常選挙当時における参議院(選挙区選出)議員の議員定数配分規定の下での選挙区間における投票価値の不均衡は、違憲の問題が生ずる程度の著しい不平等状態にあったものとはいえず(2.99倍)、上記規定が14条1項等に違反するに至っていたということはできない。

2280 普通地方公共団体の議会の議員に対する出席停止の懲罰の適否は司法審査の対象となる。

2281	山口地裁	令和 2.11.25		WLJ	2020WLJPCA112 56004
2282	大阪高裁	令和 2.11.27		判時	2497・33
2283	広島高裁	令和 2.12.15		WLJ	2020WLJPCA121 56008
2284	札幌地裁	令和 3.1.15		判時	2480・62
2285	東京地裁	令和 3.1.21		訟月	68・2・77
2286	福岡高裁 那覇支部	令和 3.1.21		判時	2536・66
2287	東京地裁	令和 3.2.17		訟月	67・9・1313
2288	大阪地裁	令和 3.2.22		判タ	1490・121
2289	最大判	令和 3.2.24	久米至聖廟訴訟	判タ	1485・10
2290	東京高裁	令和 3.2.24	放送受信契約締結義務 不存在確認請求事件	判時	2512・8
2291	釧路地裁	令和 3.3.16		D1-LAW	28291280
2292	札幌地裁	令和 3.3.17		判時	2487・3
2293	最判	令和 3.3.18		判時	2499・3

2289 最高裁昭和52年7月13日等を引用している。

2281 25条1項及び2項の文言上、「健康で文化的な最低限度の生活」の保障を公的年金制度のみによって実現しなければならないとは解されない上、国民年金制度は、全国民共通の基礎年金を支給し、高齢者の生活の基礎的部分を保障する基礎年金制度として、厚生年金保険制度は、国民年金に上乗せして、報酬に比例して支給される年金制度としてそれぞれ位置づけられており、いずれも年金受給者の生活の全てを賄うことまでは想定されていないことからすれば、公的年金制度がそれ自体として、高齢者の健康で文化的な最低限度の生活を保障するものでなければならないものと解することはできない。

2282 個人は、人格権の一内容を構成するものとして、子をもうけるか否か、もうけるとして、いつ、誰との間でもうけるかを自分で決めることのできる権利、すなわち子をもうけることについての自己決定権を有すると解される。

2283 ある記事の意味内容が他人の社会的評価を低下させるものであるかどうかは、一般の読者の普通の注意と読み方を基準として判断すべきものである。

2284 旧優生保護法に基づいて昭和35年頃に優生手術を強制されたとする原告の国に対する損害賠償請求権は法律上当然に消滅したものであり、平成8年の旧優生保護法の改正後に損害賠償や補償など被害者救済のための立法措置等が行われていなかった点については、国会に委ねられた立法裁量の問題であることなどから、違法というのは困難であると判断し、原告の請求が棄却された。

2285 重国籍を認めない国籍法の規定は14条1項等に違反しない。

2286 沖縄県議会本会議の撮影の許可申請をしたところ、沖縄県議会議長から不許可処分を受けたことについて、会議の秩序を保持し、公正かつ十分な審議を確保するという目的を達成するために必要かつ合理的な範囲のものということができる等として21条に違反しないとした。

2287 裁判上の離婚の場合に裁判所が父母の一方を親権者と定める民法819条2項は13条、14条1項、24条2項などに違反しない。

2288 生活扶助の基準生活費の減額をその内容に含む生活保護法による保護の基準の改定が厚生労働大臣の裁量権の範囲の逸脱又はその濫用がある等として生活保護法の規定に違反するとされた。

2289 市長が市の管理する都市公園内の国公有地上に孔子等を祀った施設を所有する一般社団法人に対して上記施設の敷地の使用料の全額を免除した行為は、上記施設の観光資源等としての意義や歴史的価値を考慮しても、一般人の目から見て、市が上記法人の上記施設における活動に係る特定の宗教に対して特別の便益を提供し、これを援助していると評価されてもやむを得ないものであって、20条3項に違反する。

2290 テレビを設置した者は放送法64条1項により放送受信契約の締結義務を負う。

2291 いわゆる安保法案が平成27年7〜9月に衆参両院で可決されたことなどによって人格権等を侵害されたと主張したという事案において、損害賠償の対象となりうるような権利又は法的保護に値する法的利益の侵害があったということはできないとされた。

2292 同性間の婚姻を認める規定を設けていない民法及び戸籍法の婚姻に関する諸規定は24条1項及び2項には違反しない。

2293 要指導医薬品について、適正な使用のため、薬剤師が対面により販売又は授与をしなければならないとする本件各規定は、その不適正な使用による国民の生命、健康に対する侵害を防止し、もって保健衛生上の危害の発生及び拡大の防止を図ることを目的とするものであり、このような目的が公共の福祉に合致することは明らかである。

2294	最判	令和 3.3.18		判時	2500・53
2295	札幌地裁	令和 3.3.29		WLJ	2021WLJPCA03296002
2296	東京地裁	令和 3.4.22		WLJ	2021WLJPCA04228013
2297	最判	令和 3.5.12		判時	1499・82
2298	福岡地裁	令和 3.5.12		WLJ	2021WLJPCA05126001
2299	広島高裁	令和 3.5.21		WLJ	2021WLJPCA05219001
2300	仙台地裁	令和 3.5.25		ジュリ増	1570・28
2301	札幌高裁	令和 3.5.26		WLJ	2021WLJPCA05266010
2302	仙台高裁	令和 3.5.27		判時	2516・26
2303	東京高裁	令和 3.5.27		労判	1254・5
2304	最判	令和 3.6.9		裁時	1770・25
2305	最判	令和 3.6.15		判時	2509・6
2306	最大判	令和 3.6.23		判時	2501・3
2307	東京地裁	令和 3.6.24		WLJ	2021WLJPCA06248026

2294 電気通信事業従事者等は、民訴法197条1項2号の類推適用により、職務上知り得た事実で黙秘すべきものについて証言を拒むことができると解するのが相当である。

2295 25条1項の「健康で文化的な最低限度の生活」は、抽象的かつ相対的な概念であって、その具体的内容は、その時々における文化の発達の程度、経済的・社会的条件、一般的な国民生活の状況等との相関関係において判断決定されるべきものであるから、同項は、生活保護費が減額となるような生活扶助基準の改定を原則的に禁止しているということはできないなどとして、生活保護引下げ処分の取消請求を認めなかった。

2296 法廷出入口扉外側に「通訳人の研修を実施しております。傍聴人の方は中に入ることが出来ません。」と書かれた紙がはがされずそのままであったため傍聴する権利が侵害された等と裁判所が攻撃されたという事案において、実際には傍聴が可能であった等として国家賠償法の違法性は認められないとした。

2297 原審が被告人質問を実施したが、被告人が黙秘し、他に事実の取調べは行われなかったという事案につき、第1審が無罪とした公訴事実を原審が認定して直ちに自ら有罪の判決をしても、刑訴法400条但書に違反しないとされた。

2298 生活保護基準の引下げが25条等に違反し違法であると主張したが認められなかった。

2299 令和元年施行の参議院議員通常選挙（広島県選出議員選挙）に当選した候補者の組織的選挙運動管理者等が公職選挙法違反の罪を犯し、禁錮以上の刑に処せられたことにより、同法のいわゆる連座制に基づき、判決確定時から5年間、参議院議員選挙（広島県選出議員選挙）において、候補者となり、又は公職の候補者であることができないとされた。

2300 厚生労働大臣による老齢基礎年金および老齢厚生年金の減額処分は25条、29条等に違反しない。

2301 大学教授らが平和的生存権等に基づいて自衛隊の防衛出勤の命令等の差止を求めたが認められなかった。

2302 マイナンバー制度によって、13条によって保障された「個人に関する情報をみだりに第三者に開示又は公表されない自由」を侵害される等とは認められないから、国がマイナンバー制度により個人番号及び特定個人情報を収集、保存、利用及び提供する行為が違法であるとは認められない。

2303 性同一性障害者特例法に基づく性別の取扱いの変更の審判を受けていないトランスジェンダーに対するトイレの利用については、今なお所属する団体や企業の裁量的判断に委ねられている等の理由により、トランスジェンダーのトイレの自由利用に対する制限の違法性が否定された。

2304 心神喪失等の状態で重大な他害行為を行った者の医療及び観察等に関する法律による処遇制度は、14条、18条後段、31条等に違反しない。

2305 刑事施設に収容されている者が収容中に受けた診療に関する保有個人情報は、行政機関の保有する個人情報の保護に関する法律に基づく開示請求の対象となる。

2306 夫婦の氏についてどのような制度を採るのが立法政策として相当かという問題と、夫婦同氏制を定める現行法の規定が24条に違反して無効であるか否かという憲法適合性の審査の問題とは、次元を異にするものである。本件処分の時点において本件各規定が24条に違反して無効であるとはいえない。

2307 戸籍上の配偶者であっても、被保険者等との婚姻関係が実体を失って形骸化し、かつ、その状態が固定化して近い将来解消される見込みがない場合、すなわち、事実上の離婚状態にある場合には、例外的に、遺族厚生年金の受給権者としての「配偶者」には該当しないと解するのが相当である。

2308	最判	令和 3.6.28		裁時	1771・11
2309	大阪地裁	令和 3.7.9		判夕	1490・89
2310	大阪高裁	令和 3.7.15		判夕	1490・85
2311	神戸地裁	令和 3.8.3		WLJ	2021WLJPCA080 36005
2312	東京高裁	令和 3.8.26		判自	493・34
2313	大阪高裁	令和 3.8.30		WLJ	2021WLJPCA083 09004
2314	名古屋高裁 金沢支部	令和 3.9.8		判時	2510・6
2315	京都地裁	令和 3.9.14		WLJ	2021WLJPCA091 46005
2316	東京地裁	令和 3.9.17		WLJ	2021WLJPCA091 76002
2317	東京高裁	令和 3.9.22		判夕	1502・55
2318	福岡高裁	令和 3.9.29		D1-LAW	28293366
2319	名古屋高裁	令和 3.10.27		D1-LAW	28293660
2320	大阪高裁	令和 3.10.28		判自	486・34
2321	東京高裁	令和 3.11.17		TKC	25591837
2322	旭川地裁	令和 3.11.19		TKC	25591539

2308 高血圧症治療薬を用いた臨床試験の補助解析等の結果を取りまとめた学術論文を、専門的学術雑誌に投稿し掲載させたなどの事実関係の下では、同論文の同雑誌への掲載は、特定の医薬品の購入・処方等を促すための手段としてされた告知とはいえず、薬事法66条1項の規制する行為に当たらない。

2309 展示会開催を目的とする府立労働センターのギャラリーの利用承認について条例が取消事由として定める「センターの管理上支障があると認められるとき」に該当するとしてこれを取り消す処分がされたところ、同取消処分の執行停止（効力停止）が認められた。抗告審（大阪高裁同月15日、最高裁同月16日）も同様の判断であった。

2310 「表現の不自由展かんさい」の開催を目的とする大阪府立労働センターのギャラリーの利用承認を同センターの指定管理者が取り消す旨の処分をしたところ、原審において上記の取消処分の執行停止（効力停止）が認められた（特別抗告棄却）。

2311 旧優生保護法に基づく不妊手術を受けさせられた（昭和43年頃）とする原告が、同法を改廃しなかったこと等が違法であるとして国家賠償を求めたが認められなかった。

2312 群馬県高崎市の県立公園内の、戦時中に労務動員されて亡くなった朝鮮人労働者の追悼碑をめぐり、県が設置期間の更新を不許可としたのは違法だとして、碑を管理する市民団体が取り消しを求めたが認められなかった（最高裁令和4年6月15日上告棄却）。

2313 公選法は、心身の故障その他の事由により自書することができない選挙人にその選挙権の行使において行政の担い手である公務員に対して自らの投票内容の開示をさせるものであるが、これは15条4項等に違反しない（最高裁令和4年2月3日上告棄却）。

2314 金沢市庁舎前広場を使用して憲法施行70周年集会を開催することを目的として金沢市長に対してした庁舎等行為許可申請に対し、同市長が規則に基づいて不許可処分をしたことは21条1項に反しない。

2315 生活保護基準の引下げが25条等に違反し違法であると主張したが認められなかった。

2316 大学が受験者（出願者）に事前に明らかにすることなく、受験者（出願者）の属性（女性及び浪人生）を不利益に取り扱う判定基準を用いたことは憲法上の平等原則に照らすなどすれば不法行為を構成する。

2317 入国管理局の職員が難民不認定処分に対する異議申立棄却決定を受けた被退去強制者を同決定告知の翌日に集団送還の方法により本国に強制送還する措置を講じたことが司法審査を受ける機会を実質的に奪ったものであって違法であるとされた。

2318 マイナンバー制度によって正当な行政目的の範囲を逸脱して個人情報が第三者に開示又は公表される具体的な危険が生じているとは認められない（福岡地裁令和2年6月15日の控訴審）。

2319 マイナンバー制度により個人情報をみだりに収集・利用・開示又は公表されない自由又は法的保護に値する利益が侵害されているとはいえない（名古屋地裁令和元年12月27日の控訴審）。

2320 府立高校に在籍していた控訴人が、本件高校の教員らから、頭髪指導として、繰り返し頭髪を黒く染めるよう強要され、授業等への出席を禁じられるなどしたとして損害賠償を求めたが、髪型指導についての違法性は認められないとされた。

2321 即位の礼・大嘗祭等が違憲でありその差止を請求したが、諸儀式等に係る公金の支出により、信教の自由が直接侵害されるものとはいえないとして認められなかった。

2322 市議会で議長から発信取消命令に従わないという理由で戒告を受けた議員が名誉権等の侵害を理由に国家賠償を求めたが、市議会の自律権等を理由に認められなかった。

2323	金沢地裁	令和 3.11.25		WLJ	2021WLJPCA112 56011
2324	最判	令和 3.11.30		判時	2523・5
2325	東京地裁	令和 3.12.1		TKC	25603683
2326	最判	令和 3.12.8		TKC	25591987
2327	大阪高裁	令和 3.12.9		WLJ	2021WLJPCA120 96001
2328	神戸地裁	令和 3.12.16		WLJ	2021WLJPCA121 66016
2329	名古屋地裁	令和 4.1.18		判時	2522・62
2330	最判	令和 4.1.25		判自	488・4
2331	広島高裁 岡山支部	令和 4.1.27		WLJ	2022WLJPCA012 76001
2332	最判	令和 4.2.7		判時	2529・5
2333	最判	令和 4.2.15		判タ	1498・24
2334	広島高裁	令和 4.2.21		WLJ	2022WLJPCA022 16002
2335	東京高裁	令和 4.2.21		WLJ	2022WLJPCA022 16003
2336	岐阜地裁	令和 4.2.21		WLJ	2022WLJPCA022 16004
2337	福島地裁 いわき支部	令和 4.2.22		WLJ	2022WLJPCA022 29005

2323 生活保護基準の引下げが25条等に違反し違法であると主張したが認められなかった。

2324 性同一性障害につき性別の取扱いの変更の審判が認められるための要件として「現に未成年の子がいないこと」を求める性同一性障害者の取扱いの特例に関する法律は13条、14条1項に違反するものではない。

2325 国会の議員定数は人口割と国土面積の両面で定めるべきであるのに有権者数のみで定める公選法は違憲であると攻撃したが却下された。

2326 米軍の軍人等が生活するための施設及び区域として米軍の提供された地区に囲まれた場所に居住している者が、米軍による本件地区の供用により外部との通行や公共サービスの利用等が制限されることに伴う財産的損失の支払等を29条3項に基づいて請求したが認められなかった。

2327 大阪府立公立学校の教員が定年を迎えるに当たり、府教委から勤務校の校長を通じて、卒業式等における国歌斉唱時の起立斉唱を含む上司の命令に従うかどうかの意向確認を受けたことが19条違反であると主張したが、認められなかった（最高裁令和4年6月16日上告棄却）。

2328 生活保護基準の引下げが25条等に違反し違法であると主張したが認められなかった。

2329 検察庁において無罪判決確定後も携帯電話のデータを保管し続けることにより、本人のみだりに携帯電話機のデータを取得されない自由が違法に侵害されているものと言えない。

2330 遊佐町の健全な水循環を保全するための条例は、土石又は砂利を採取する事業を規制している点において、22条1項に違反するとはいえない。

2331 53条後段に基づく臨時会の招集要求があった場合において、内閣は、個々の国会議員に対し、国賠法上の職務上の法的義務として、臨時会の招集を行うことを決定する義務を負わない。

2332 あん摩マッサージ指圧師、はり師、きゅう師等に関する法律（いわゆる「あはき業法」）に基づく不認定処分は22条1項に違反しない。

2333 大阪市ヘイトスピーチへの対処に関する条例の各規定により制限される表現活動の内容及び性質は、過激で悪質性の高い差別的言動を伴うものに限られる上、その制限の態様及び程度においても、事後的に市長による拡散防止措置等の対象となるにとどまる等として21条1項には違反しないとした。

2334 衆議院議員総選挙における選挙区割りは、憲法の投票価値の平等の要求に反する状態（違憲状態）にあったということはできず、14条1項等に違反するものではない。

2335 53条に基づいて臨時会招集決定要求権の侵害があることの確認等を求める訴の実質は、法規の適用の適正ないし一般公益の保護を目的とするものであるか、又は機関相互間の権限の争いを内容とするものであるかのいずれかであって、法律上の争訟として当然に裁判所の審判の対象となるものではない。

2336 岐阜県警等が住民等の個人情報を長年にわたって収集、保有し、大垣警察の警察官がそれらの情報の一部を民間企業に提供したことにより、人格権としてのプライバシー等が侵害されたとして国家賠償を求め、認められた。

2337 13条が新しい人権として保障する根拠となる一般的包括的権利を定めたものであるとしても、憲法が規定する基本的人権とは別に、直ちに、13条を根拠として、個々の国民に平和的生存権が具体的な権利又は法的利益として保障されているものと解することはできない。

2338	大阪高裁	令和 4.2.22		判時	2528・5
2339	東京高裁	令和 4.3.3		WLJ	2022WLJPCA030 36002
2340	名古屋地裁	令和 4.3.3		WLJ	2022WLJPCA030 39003
2341	最判	令和 4.3.8		判時	2537・5
2342	札幌地裁	令和 4.3.8	自衛隊南スーダンPKO派遣差止等請求事件	TKC	25572097
2343	東京高裁	令和 4.3.11		WLJ	2022WLJPCA031 16002
2344	名古屋高裁金沢支部	令和 4.3.16		WLJ	2022WLJPCA031 66005
2345	福岡高裁那覇支部	令和 4.3.17		WLJ	2022WLJPCA031 79001
2346	横浜地裁	令和 4.3.17		TKC	25592217
2347	最判	令和 4.3.22		WLJ	2022WLJPCA032 29002
2348	東京地裁	令和 4.3.25		WLJ	2022WLJPCA032 58001
2349	札幌地裁	令和 4.3.25		判タ	1504・130
2350	大阪高裁	令和 4.5.13		WLJ	2022WLJPCA051 36006
2351	佐賀地裁	令和 4.5.13		WLJ	2022WLJPCA051 39002

2344　本件に限らず、いわゆる平和的生存権に基づく請求訴訟は現代でも多いが、そのほとんどが否定されている。尾吹善人も「…戦火というものは日本国が求めなくとも、向こうからやってくることもありうるので、戦火に会わない権利など法的に保障しようもないこと等々を考えただけで、この珍説が成り立ちえないことは明らかである…。」と述べており、筆者も同感である（同著「憲法徒然草」（三嶺書房、1983年、81頁））。

2338 旧優生保護法は、子を産み育てるか否かについて意思決定をする自由及び意思に反して身体への侵襲を受けない自由を明らかに侵害するとともに、特定の障害等を有する者に対して合理的な根拠のない差別的取扱いをするもので13条、14条1項に違反する。

2339 映画製作会社が行った文化芸術振興費補助金に係る助成金の交付申請に関し、その製作映画の出演俳優が麻薬及び向精神薬取締法違反による有罪判決を受けたことを理由に助成金を交付しないとした処分が、独立行政法人日本芸術文化振興会理事長の裁量権の範囲を逸脱し、又はこれを濫用したものとは認められないとして適法とされた。

2340 警察官が、被疑者の指紋を採取する際、虚偽の事実を申し向けたり、指紋の押捺を強制したりしたことはなかった等として国家賠償請求を認めなかった。

2341 不当景品類及び不当表示防止法7条2項は、事業者との商品等の取引について自主的かつ合理的な選択を阻害されないという一般消費者の利益をより迅速に保護することを目的とするものである等として、21条1項、22条1項に違反しないとした。

2342 陸上自衛官の母親が平和的生存権に基づき自衛隊南スーダンPKO派遣の差止め等を求めたが認められなかった。

2343 優生保護法の優生条項は、優生思想に基づき、特定の疾病又は障害を有する者に対し、そのことを理由として優生手術を行う対象者として選定し、実施する旨を規定するものであり、不合理な差別的取扱いを定めるものであって、14条1項に違反する。

2344 平和的生存権に基づく損害賠償請求は認められない。

2345 内閣は、53条後段に基づく臨時会召集要求をした個々の国会議員との関係で、その権利利益の保護を目的とした職務上の法的義務を負うものではないから、国賠法の適用上違法となると解することはできない。（注）原審は那覇高裁令和2年6月10日（判時2473・93）。

2346 平和安全法制整備法により定められた自衛隊法に基づく自衛隊の出動命令等が憲法に違反することの確認を求めたが認められなかった。

2347 夫婦同氏を定める民法750条等は14条1項等に反するとの主張を認めなかった。

2348 13条を根拠としても、個々の国民に対して、平和的生存権という具体的権利又は法律上保護された利益が保障されるものと解することはできない。

2349 街頭演説に対して路上から声を上げた者らにつき、警察官らが肩や腕をつかんで移動させるなどした行為が、警察官職務執行法等の要件を満たさず、その者らの表現の自由を侵害したものと判断した。

2350 本件日弁連決議（死刑制度の廃止などを求める決議）は、法律効果を生じるものではないから無効確認の対象とはならない。

2351 生活保護基準の引下げが25条等に違反し違法であると主張したが認められなかった。

2352		東京地裁	令和 4.5.16		判時	2530・5
2353		東京地裁	令和 4.5.19		WLJ	2022WLJPCA051 96002
2354		東京高裁	令和 4.5.24		TKC	25593249
2355		最大判	令和 4.5.25		裁時	1792・3
2356		さいたま地裁	令和 4.5.25		WLJ	2022WLJPCA052 56009
2357		熊本地裁	令和 4.5.25		法教	507・140
2358		最判	令和 4.6.17		判タ	1504・46
2359		大阪地裁	令和 4.6.20		判時	2537・40
2360	二〇代目最高裁長官	最判	令和 4.6.24		民集	76・5・1170
2361		東京地裁	令和 4.6.24		判時	2543・2544・5
2362	戸倉三郎	東京地裁	令和 4.6.30		WLJ	2022WLJPCA063 06001
2363		仙台地裁	令和 4.7.27		TKC	25593296
2364		東京地裁	令和 4.8.2		WLJ	2022WLJPCA080 29001
2365	在任期間 令和4年	名古屋高裁	令和 4.8.26		WLJ	2022WLJPCA082 66001
2366		東京地裁	令和 4.8.29		WLJ	2022WLJPCA082 99001

2355 本件では、最高裁大法廷平成17年9月14日と同様に、違憲判決の他に5000円の国家賠償請求が認められているが、これは疑問である。その算定根拠が曖昧であることに加え、これを認めるならば議員定数不均衡訴訟においても同様の扱いをすべきではないかという疑義が生じるからである。

2352 新型コロナウイルス感染症のまん延下の緊急事態宣言期間中に発出された新型インフル特措法による飲食店に対する営業時間短縮命令の違法性を認めたものの、都知事が職務上の注意義務に違反したとは認めず、都の国家賠償法上の責任を否定した。

2353 大学の医学部の入学試験を受験した女性らが、入学試験において、女性という受験者の属性（性別）をもって一律に男性の受験者より厳しい合格基準を設定する合否判定基準を用いていたことは14条に違反すると主張し、これが認められた。

2354 内閣が平成26年7月安全保障法制の整備に関する閣議決定を行なったこと等が違憲であることの確認を求めたが認められなかった。

2355 最高裁判所裁判官国民審査法が在外国民（国外に居住していて国内の市町村の区域内に住所を有していない日本国民）に最高裁判所の裁判官の任命に関する国民の審査に係る審査権の行使を全く認めていないことは、15条1項、79条2項、3項に違反する。

2356 発電事業は特許事業でなく、22条1項によって保障される営業の自由に含まれると解される。

2357 生活扶助費を減額する旨の保護変更決定が25条1項等に違反し違憲、違法なものであるとしてその取消しを求め、それが認められた。

2358 東京電力福島第一原発事故について、国の損害賠償責任を認めなかった。

2359 同性の者との婚姻届を不受理とされた者らが、同性間の婚姻を認めていない民法及び戸籍法の規定が、24条、13条、14条1項に違反すると主張したが認められなかった。

2360 人格権に基づき本件各ツイートの削除を求めることができるか否かは、各ツイートの目的や意義、各ツイートがされた時の社会的状況とその後の変化など、本件事実を公表されない法的利益と本件各ツイートを一般の閲覧に供し続ける理由に関する諸事情を比較衡量して判断すべきもので、その結果、事実を公表されない法的利益が本件各ツイートを一般の閲覧に供し続ける理由に優越する場合には、本件各ツイートの削除を求めることができる。

2361 生活扶助費を減額する旨の保護変更決定が25条1項等に違反し違憲、違法なものであるとしてその取消しを求め、それが認められた。

2362 いわゆる「持続化給付金」等を性風俗関連特殊営業を行う事業者には給付しないことは14条1項に反すると主張したが認められなかった。

2363 生活保護基準の改定が違法であるとの主張が認められなかった。

2364 葬儀が国葬儀の方式で執り行われるとしても、これにより、個々の国民に対して、安倍元首相に弔意を表すことや喪に服することを強制することになるとは認められず、とむらいの儀式に国民を強制的に参加させることになるとはいえない等として却下された。

2365 犯給法の「事実上婚姻関係と同様の事情にあった者」に該当するためには、同性間の共同生活関係が婚姻関係と同視し得るものであるとの社会通念が形成されていることを要するとして、被害者と共同生活していた同性の男性はこれに含まれないとした。

2366 健康増進法が、喫煙者の「喫煙を楽しみながら飲食を行う自由」を一律に制限する点で、13条及び14条1項に違反すると主張したが認められなかった。

2367	6月24日〜現在	東京地裁	令和 4.9.9	WLJ	2022WLJPCA090 99001
2368		東京地裁	令和 4.9.9	WLJ	2022WLJPCA090 99002
2369		大阪地裁	令和 4.9.22	WLJ	2022WLJPCA092 26002
2370		東京地裁	令和 4.9.30	法教	508・127
2371		横浜地裁	令和 4.10.19	TKC	25593766
2372		山口地裁	令和 4.10.19	WLJ	2022WLJPCA101 99002
2373		最判	令和 4.10.31	裁時	1802・3
2374		名古屋高裁	令和 4.11.15	WLJ	2022WLJPCA111 59002
2375		東京地裁	令和 4.11.30	WLJ	2022WLJPCA113 06004
2376		長崎地裁	令和 4.12.12	WLJ	2022WLJPCA121 29004
2377		最判	令和 5.1.20	WLJ	2023WLJPCA012 09001
2378		最判	令和 5.1.23	WLJ	2023WLJPCA012 39001
2379		最大判	令和 5.1.25	WLJ	2023WLJPCA012 59002
2380		大阪高裁	令和 5.1.25	TKC	25594634
2381		最判	令和 5.2.21	裁時	1810・1

2367 国葬儀の実施及びこれに伴う国費の支出の差止めを求める訴えについて、政府が行う国費の支出につき、その違法を理由として国民に対し納税者ないし主権者としての資格でその支出を差し止める訴訟の提起を認める法律の規定は存在しないとして却下された。

2368 大学の入学試験を受験した女性らが、同試験の採点に際して、性別及び高校卒業時からの経過年数等を理由として不利益な取扱いを受けたことにより損害を被ったと主張し損害賠償請求が認められた。

2369 旧優生保護法下のいわゆる優生手術の規定が、自己決定権、リプロダクティブ・ライツ等の憲法上の権利を侵害する違憲な立法であった等として国家賠償請求が認められた。

2370 本国で日本国民と同性婚を行った外国人が、入管法に基づき、「定住者」への在留資格の変更の申請をしたところ、それが不許可となったのでその無効確認を求めたが、認められなかった。

2371 生活保護基準の変更が違憲・違法であるとして変更決定の取消しが認められた。

2372 処分行政庁が生活保護受給者の文書指示違反を理由に生活保護廃止の処分をしたところ、最良の逸脱濫用があるとして、同処分が取り消された。

2373 東京都議会議員の定数並びに選挙区及び各選挙区における議員定数配分規定は、令和3年7月4日施行の東京都議会議員一般選挙当時、公職選挙法15条8項（投票価値の平等を強く要求している）に違反していたものとはいえない。

2374 民法上の保佐(準禁治産)等の制度は、本人の財産権等を擁護することを目的とするもので、警備業法における規制とは制度の趣旨が異なるのに警備員の欠格事由と定めた警備業法の規定は、その制定当初から、14条1項、22条1項に反するものであったとした。

2375 同性の者との婚姻を希望する者らが、婚姻を異性間のものに限り同性間の婚姻を認めていない民法及び戸籍法の諸規定が14条1項、24条1項及び2項に違反すると主張したが認められなかった。

2376 被爆二世が、原爆の放射線の遺伝的（継世代）影響により抱く健康不安に対して、国の援護を求めこれを受ける権利が、人格的生存に不可欠な基本的人権に基づくものとして13条によって保障されるとの主張が認められなかった。

2377 令和3年10月31日に施行された衆議院議員総選挙の比例代表選出議員選挙において、重複立候補が認められていること、及び定数配分及び選挙区割りが人口に比例していない等として14条違反であると攻撃したがいずれも認められなかった。

2378 いわゆる暴力団対策法は、暴力団員の行う暴力的要求行為等について必要な規制を行うこと等により、市民生活の安全と平穏の確保を図り、もって国民の自由と権利を保護することを目的としており、この目的は正当であることなどから、同法は14条1項に違反しない。

2379 本件選挙は、平成29年選挙の後選挙区間の較差は当時よりも拡大し、選挙人数の最大較差が1対2.079になるなどしていた。しかしながら新区割制度と一体的な関係にある本件選挙区割りの下で拡大した較差も、新区割制度の枠組みの中で是正されることが予定されている。本件選挙区割りの下で較差が拡大したとしても、当該較差が憲法の投票価値の平等の要求と相いれない新たな要因によるものというべき事情等がない限り、憲法の投票価値の平等の要求に反する状態に至ったものということはできない。

2380 選挙において投票したにも拘わらずこれが得票として計上されなかったとして国家賠償を求めたが認められなかった。

2381 金沢市庁舎前広場における集会に係る行為に対し金沢市庁舎等管理規則を適用しその使用を不許可とすることは21条1項に違反しないとされた。

2382	最判	令和 5.3.9		裁時	1811・9
2383	最判	令和 5.7.3		WLJ	2023WLJPCA07036001
2384	最判	令和 5.7.11		WLJ	2023WLJPCA07119001
2385	最判	令和 5.9.12		裁時	1823・3
2386	最判	令和 5.9.26		裁時	1824・1
2387	最大判	令和 5.10.18		WLJ	2023WLJPCA10189002
2388	最大判	令和 5.10.25		WLJ	2023WLJPCA10259001

2388　最高裁平成31年1月23日を変更した。

2382 行政機関等が番号利用法に基づき特定個人情報の利用、提供等をする行為は13条に違反しない。

2383 死刑制度は13条、31条等に反しない。

2384 生物学的な性別が男性であり性同一性障害である旨の医師の診断を受けている一般職の国家公務員がした職場の女性トイレの使用に係る国公法の規定による行政措置の要求を認められないとした人事院の判定が違法とされた。

2385 53条後段の規定により国会の臨時会の召集を決定することの要求をした国会議員は、内閣による上記の決定の遅滞を理由として、国家賠償法の規定に基づく損害賠償請求をすることはできないとされた。

2386 刑法17b条1項の規定は21条1項等に違反しない。

2387 令和4年7月10日に行われた参議院議員通常選挙当時、選挙区間における投票価値の不均衡は、違憲の問題が生ずる程度の著しい不平等状態にあったものとはいえず(3.03倍)、14条1項等に違反するに至っていたということはできない。

2388 性同一性障害者につき性別の取扱いの変更の審判が認められるための要件として「生殖腺がないこと又は生殖腺の機能を永続的に欠く状態であること」を求める性同一性障害者の性別の取扱いの特例に関する法律の規定の下では、性同一性障害者が当該審判を受けることを望む場合には一般的には生殖腺除去手術を受けていなければならないこととなるが、本件規定は13条に違反する。

著者略歴

中里 和伸（なかざと かずのぶ）

弁護士（52期、東京弁護士会）
都立両国高等学校卒業 上智大学法学部法律学科卒業。
現在、東京弁護士会紛議調停委員会、江戸川区法律相談協力会に所属。
東京簡易裁判所民事調停委員。東京暁法律事務所。

【主要著作】
『(改訂版)交通事故実務マニュアル－民事交通事件処理』(共著、ぎょうせい、2012)
『判例による不貞慰謝料請求の実務』 (LABO、2015)
『判例による不貞慰謝料請求の実務 主張・立証編』 (共著、LABO、2017)
『判例にみる債務不存在確認の実務』 (共著、新日本法規出版、2017年)
『判例による不貞慰謝料請求の実務 最新判例編VOL.1』 (LABO、2020)
『判例分析遺言の有効・無効の判断』 (共著、新日本法規出版、2020)
『判例による離婚原因の実務』 (LABO、2021)
『判例にみる離婚慰謝料の相場と請求の実務』 (学陽書房、2022)
『判例による不貞慰謝料請求の実務 最新判例編VOL.2』 (LABO、2023)

東京暁法律事務所

〒104-0061
東京都中央区銀座7丁目12番5号 貝新ビル6階
電話 03-3545-3730
FAX 03-3545-3733
e-mail tokyodawnlawoffice@gmail.com

憲法判例(要旨)集

2023年12月20日 初版発行

著 者 中里 和伸

発行所 株式会社 三恵社
〒462-0056 愛知県名古屋市北区中丸町2-24-1
TEL 052 (915) 5211
FAX 052 (915) 5019
URL http://www.sankeisha.com

乱丁・落丁の場合はお取替えいたします。
ISBN978-4-86693-885-1